放射線被曝の争点

福島原発事故の健康被害は無いのか

渡辺悦司／遠藤順子／山田耕作

緑風出版

いつまでも心に突き刺さる原発事故

あれから5年経つ
あれだけの巨大事故
私たちは　この事態をどのように整理してきただろうか

なぜ起こったのか？　どうすれば防げたのか？
改めて突き付けられた問題は何か？

まだ考え続けなければならないことがあるのに
事態は　事故など払いのけて　カーテンをくぐる様にくぐり抜けて
事故を反省するのは悪いことでもあるかのように　進んでゆく

原発は　「電源別にみると最も安い」と経産省ワーキンググループ
（2015.5.12.朝日）
自由化しても　再生可能エネルギーを選ぶ手がかりを見えにくくする
（2015.5.20.朝日）
そんなバカな仕組みはない
これでは　反省の上立って行動する市民の自由は奪われてゆく

事故直後沸き起こった恐怖は
各原発建屋にある「燃料プール」のことであった
地震が起これば　どこの原発建屋も凶器と化す
列島を取り巻く　原発54基のことが心に浮かんだ

上関原発計画が「電源開発基本計画」に組み入れられた時の議事録は
この国の原発行政のカラクリを教えてくれる
「電気を作る」として「立地決定」がされる
そして　それが現実に　ほぼ100％原発となるのだと
国は　更に念を入れ「運転を開始した日まで指定」とする
「重要電源開発地点の指定」の制度を作ってしまった　閣議了解によって
2004年のことである
蛇に睨まれた蛙のごとき原発立地予定地

もちろん　立地決定時予定地の地盤状況など不明のままである
その不合理を「原発と大津波・警告を葬った人々」(岩波新書)が解き明かす
【弱点を抱えた予定地の状況にも　どうしても原発を造らせてしまう】制度
その結果が、「東京原発福島第一原発大惨事」であったのだ
|東京電力福島第一原発大惨事」は起こるべくして起こる仕組みの中で起こっていた
その仕組みの反省が必要だと考える
そして　その仕組みの解体を目指す必要があるのだと思う

しかし　仕組みの解体どころか　新しい仕組みが仕組まれ続けている
＊原発の電源に占める割合は20〜22％とする。
＊住民の避難計画は審査の対象外、再稼働の法的要件ではない(2015.5.21.朝日)。
＊同意地元は、これまで通り多額の交付金を受けている立地自治体と県のみとする。30km圏内の自治体の心配は無視され、国は「川内」を再稼働モデルケースとする。無責任体制がそのまままかり通る。
仕組みを突き崩すこと無しに　原発依存から脱却することはできないのではないか。

重要なことは
「核ごみ」問題を直視して原発行政に取り組まねばならないこと
そうでなければ
実体を伴わない　脚のない浮遊感を伴ったエネルギー政策となり
解決の方法もない厄介な問題を抱えたまま　未来へと歩くことになる

「核エネルギー」は　宇宙の中の物理反応として存在するもの
「『核』からエネルギーを取り出す」ことは
そこに激しい「核としての物的変化」のある宇宙環境を作り出してしまう
ことになる
それが　放射線であり放射能であり　いきものの適応を拒絶する

「核廃絶」と言う時「核兵器」の廃絶を意味するが
「核廃絶」には「核からエネルギーを取り出すこと」の一切を含めたい
「核ごみ問題」がそれを突き付けているではないか

何としても「核に頼らないエネルギー政策」を構築することが
原発大災害の被害をこうむった人々と
すべてのいきもの達への償いの一つだと思う

            2015 年 5 月 22 日

      上関原発計画の根っこを見る会
        詩誌『火皿』同人
               上里恵子

目次

放射線被曝の争点
——福島原発事故の健康被害は無いのか——

いつまでも心に突き刺さる原発事故・3
序文・12

第一章　福島原発事故により放出された放射性微粒子の危険
その体内侵入経路と内部被曝にとっての重要性
17

はじめに・18
第1節　放出された放射性微粒子に関する主要な研究成果・21
1　福島原発での事故過程の中でどのように放射性微粒子が形成されたか・21
2　観測時期ごとの研究の概観・29
3　以上から導かれる結論・40
第2節　放射性微粒子の人体内への侵入経路・41
1　住民の被曝経路全体の中での放射性微粒子による被曝の位置・41
2　タンプリン、コクランの問題提起・42
3　1969年の日本原子力委員会（当時）の報告書・43
4　内科学および薬学の教科書による肺内沈着の説明・46
5　肺内に沈着した放射性微粒子による内部被曝の危険・47
6　とくにナノ粒子の危険・50
7　放射性微粒子による内部被曝の特殊性、集中的被曝とその危険・52
8　放射線の直接の作用と活性酸素・フリーラジカル生成を通じた作用（「ペトカウ効果」）・54
9　内部被曝と放射性微粒子による健康影響――医学の各分野・疫学・生理学・分子生物学・社会科学など各分野を結合した総合的研究の必要性・63
第3節　再浮遊した放射性微粒子の危険と都心への集積傾向・67
1　福島など高度の放射能汚染地域における疾患の増加・67
2　東京圏における放射性微粒子による汚染・69
3　東京圏への汚染集積の諸要因・72
4　東京圏住民の健康危機の兆候は現れ始めている・77
5　精神科医の見た原発推進政策の病理・83
おわりに・85

第二章　トリチウムの危険性
原発再稼働、汚染水海洋投棄、再処理工場稼働への動きの中で改めて問われる健康被害
87

はじめに・88
第1節　トリチウムの生成と性質・91
第2節　トリチウムの福島事故による放出と原発や再処理工場からの
　　　　日常的放出・94
　1　福島原発事故による汚染水の危険性・94
　2　原発や再処理工場からの日常的放出・97
第3節　トリチウムによる健康被害について・99
　1　ICRPの線量係数とその仮定の誤り・99
　2　低濃度のトリチウムの人間への影響・103
　3　世界各地の再処理工場や原発周辺で報告されている健康被害・104
　4　日本の核施設周辺で認められること・111
おわりに・115

第三章　福島原発事故の健康被害とその否定論
児玉一八、清水修二、野口邦和著『放射線被曝の理科・社会』の問題点
117

はじめに・118
『放射線被曝の理科・社会』の主な内容・119
序　節　低線量・内部被曝の影響とメカニズム――概説・124
　1　放射線とは？・124
　2　放射線量を測る主な単位について・125
　3　閾値（しきい値）とは？　集団線量とは？・126
　4　LNTモデル（直線閾値なしモデル）とは？・127
　5　内部被曝とは？・130
　6　自然界に存在する放射性カリウム40と人工の放射性セシウムとの違いは？・131
　7　内部被曝は局所的被曝であり、シーベルトでは評価できない・131

第1節 「低線量被曝をめぐる論争を検証する」について・132
  1 「LNT（直線閾値なし）仮説は真実というより公衆衛生上の慎重な判断」という著者たちの評価は正しいか？・132
  2 「ベータ線はガンマ線より危険なのか」という彼らの問題提起の危険性・137
  3 特定の臓器への蓄積とミトコンドリア損傷の関連性——バンダジェフスキー氏による説明・140
  4 放射線によるイオンチャンネル系の阻害・損傷がもたらす可能性のある広範囲の健康障害・141
  5 「ホットパーティクルは危険なのか」（42ページ）と放射性微粒子の真実の危険・148
  6 「放射線被曝のリスクを考える」と隠されたリスク・151
  7 放射線のリスクに関する最近の研究結果・153
第2節 「『福島は住めない』のか」と避難の必要性の否定について・158
  1 「美味しんぼ問題が浮き彫りにしたもの」——「福島県民の被曝線量では、被曝が原因の鼻血は出ない」という主張について・159
  2 「『分かっていること』と『分かっていないこと』」という論議の本質——「確率的影響」全体を否定すること・162
  3 「『美味しんぼ』の最大の問題は福島には住めないの扇動」という決めつけ・165
  4 「どんな放射能がどれだけ出たのか」——福島事故の放射能放出量・166
  5 「除染は無駄なのか」という問題のすりかえ・179
第3節 「『福島の食品は危ない』のか」について・181
  1 「福島の食品検査体制と検査結果——食品の基準値をめぐって」・184
  2 「安全な食のための方策」について・186
  3 胎内被爆者のがん発生率（放射線影響研究所ホームページより）・189
  4 遺伝的影響における原爆と原発事故の本質的な相違、それを同一視する方法上の誤り・190
第4節 「福島の今とこれから」について・191
  1 被曝線量はチェルノブイリに比べて「はるかに少ない」という主張・191
  2 モニタリングポストやガラスバッジの過小検出はないという主張・194
  3 「県民健康調査で何がわかったか」（151ページ）——「福島で見つかっている小児甲状腺がんは放射線被曝に起因するものではない」という主張・197
  4 「がんになる人が目に見えて増えることはない」という主張について・204
  5 『理科・社会』は政府・環境省専門家会議「中間取りまとめ」と基本的に同じ立場に立っている・206
  6 健康影響は現実に「目に見える」形ですでに現れている・207
  7 健康被害調査は住民の「恐怖を過度にあおる」ことになるか・211

8 避難は本当に「健康被害を生む」だけで何の効果もないのか?・215
9 支配層中枢は本当に「健康被害は出ない」と信じているのだろうか?・217

第5節 「原発住民運動と放射線問題」——その根本問題と運動の権威
と名誉を著しく傷つける発言について・219

1 被曝の問題では原発推進勢力と「科学的見解を共有する」という見解・219
2 脱原発運動をめぐる現下の根本問題・221
3 福島県住民による『理科・社会』的見解への厳しい批判とそれへの清水氏の反
論——脱原発運動が「奇形児の誕生を待ち望むような傾向」をもっているとい
う暴言について・223
4 『理科・社会』的傾向の客観的な社会的性格——国際的原子力推進勢力への屈
服・227

おわりに・233

補　章　内部被曝を軽減するために
放射性物質の排泄を促し抗酸化力を高める食品とレシピ

はじめに・236

第1節　体内に入った放射性物質の影響をできるかぎり少なくする・236

1 放射性物質を吸着し（キレート作用を含む）体外への排泄を促す成分・237
2 過剰な活性酸素を抑える（抗酸化作用）成分・237

第2節　体内に取り込まれた放射能の除去を促すレシピの例・239

1 玄米と味噌汁（ワカメ入り）を1日1回はとる・239
2 糠（ぬか）ふりかけをとる・240
3 アルギン酸をとる・241
4 ペクチンをとる・241
5 キトサンをとる・243
6 体を温めて体温を下げない・244
7 ヨウ素の摂取とヨウ素剤（iodine tablet）・245

あとがき・247

序文

　福島原発事故から5年が経過し、原発事故の被害である甲状腺がんなどの様々な病気や健康破壊が顕在化し、拡大している。その結果、被害の真相を系統的に調査し、住民の健康を守ることが緊急の課題となっている。にもかかわらず政府は被害を放置し、逆に隠ぺいし、救助の手を差し伸べていない。
　さらに、事故原因もいまだ具体的に解明されていない現状で、政府・電力会社は川内原発と高浜原発の再稼動を強行し、高浜原発の運転が裁判所の仮処分によって差し止められたにもかかわらず、さらに伊方原発などの再稼動を目指している。2年間にわたって続いた原発ゼロの状態で電力供給上何の問題もなかったにもかかわらずである。
　この再稼動に先だって、政府は、「2030年度電源構成案」を発表し、原発の大々的な再稼働によって原発依存度をほぼ福島事故以前の水準に戻すことを最優先する長期計画を決定した。そこでは新鋭炉を用いると仮定して事故確率を見かけ上半分に少なくしているが、実質的に「500炉・年に1回」の福島クラスの苛酷事故リスクを容認している。すなわち、政府の計画通り46基が稼働した場合、およそ「11年に1回」の苛酷事故が起きるというリスクを前提にして再稼働を進めようとしている。
　これは、正気の判断かどうかが疑われるほど危険な方針である。しかも大震災以降、日本周辺での火山活動など地殻変動は顕著に活発化しており、大規模余震や南海地震を含む巨大地震の危険性は著しく上昇している可能性が高い。川内原発1号機起動時には復水器配管に穴が開くトラブルがあって起動が6日遅れるなど、老朽化した原発を運転することによる事故リスクの増大も顕在化している。また原発は止まっていても使用済み燃料プールが地震・津波により冷却不能になる可能性があり、非稼働状態でも重大事故のリスクから逃れられない。これらのリスク要因を加えるならば、いつ重大事故

が起こってもおかしくない状況にあると言っても過言ではない。政府は2016年4月より、不当にも緊急時作業の被ばく限度を100mSv（ミリシーベルト）から250mSvに引き上げることを決定した。

　ところが一方、世界各国は再生可能エネルギーを発展・拡大させている。風力・水力・太陽光・地熱など自然エネルギーを基礎とした電力技術革命が進行中であり、電力のほとんどを自然エネルギーでまかなうことを可能とする技術的基盤が夢ではなく現実に成熟しつつある。このような世界の発展方向にもかかわらず、日本のエネルギー政策は、原発を「ベースロード電源」とするなど致命的な欠陥を持ち、結果として世界の進歩から取り残されることが必至である。

　福島での子どもの甲状腺がんは増加を続けている。すでに1万人に3人余という異常な高率で子どもの甲状腺がんが発見されている。観測期間が異なるので正確な比較は難しいが、異常に高いゴメリを除いたチェルノブイリの汚染地を超える発症率である。その他、心疾患や自然死産率の増加が確認されている。

　最近の台風や豪雨によって、山地に沈着した放射性物質は、平地に、人口密集地に流出していることが明らかになった。さらに被災地に山積みされた除染汚染土の袋が水害で多数流失するなど、放射能汚染の拡大は続いている。事故原発からの高濃度の放射性物質の流出はやまず、さらに無謀で無思慮な廃炉作業の強行は、労働者の被曝の増加、労災の頻発だけでなく、放射性物質の再飛散を招いている。

　このような被曝の現状にも拘わらず、政府と東京電力は年間20mSv以下の汚染地への帰還を強制し、損害賠償を打ち切り、被害者を見捨てようとしている。これは事故を起こした罪人が、罪を償い、被害者を救済するどころか、逆に、住民・被害者を見捨て、住民の生活と健康を破壊するものである。加害責任と人権侵害の問題としても許されないことである。

　さらに福島原発では汚染水が増え続け、貯蔵タンクは満杯に近づき、タンクの寿命も尽き、漏れ出す恐れがある。政府・東電はトリチウムを含む汚染水を希釈して海に放出することをもくろんでいる。これは海を一層汚染し、それは生態系を通じて地球全体に被曝被害を拡大するものである。

　これらの被曝被害の拡大を理論的に支えるものは、一貫して国際放射線防

護委員会（ICRP）を中心とする被曝の隠蔽と過小評価の国際体制である。30年近くになったチェルノブイリ原発事故の被害を経て、被曝の被害の真実の姿が明らかにされてきた。この重要な成果は、バンダジェフスキー氏、ネステレンコ氏、ヤブロコフ氏、綿貫礼子氏など先人の命を賭けた懸命の努力の結果である。われわれも微力ながらその任務に参加したい。われわれは、その一環として、今回被曝問題に注目し、次の諸点を議論したい。

　第1の論点は、放射性物質の多く、とりわけセシウムやストロンチウムが、放射性微粒子、いわゆる「ホットパーティクル」として放出されたことが明らかになったことである。この微粒子は大きさによって、ミクロンレベルでは肺胞に沈着し、ナノレベルでは血液やリンパ液を通じて体内を移動し、臓器にも蓄積する。これが自然の放射物質カリウム40との違いである。ホットパーティクルは体内に長くとどまるとともに、局所的に集中的な被曝を与え、極めて危険である。それ故、従来の原子として被曝を評価するだけではなく、微粒子としての局所的・集中的・継続的被曝の被害を考えなければならないのであり、危険性が格段に高くなる。さらに、この微粒子の問題に関連して説明すべき重大な誤解・偽りがある。天然の放射性物質カリウム40と人工の放射性セシウムなどをベクレル数で比較して危険でないとする「放射線の専門家」たちの説明である。これは根本的な偽りである。陰謀であるといってよい。その理由は、天然のカリウム40は生体中のカリウムチャンネル・ポンプのシステムを通じて体内をほぼ一様に移動するが、人工の放射性物質は臓器に取り込まれ、局所的に偏在し、微粒子による被曝と同様に局所的集中的被曝をもたらすからである。

　第2の論点は、微粒子や元素として体内に入った放射性元素、微粒子によって電離されて生じる活性酸素やフリーラジカルによって脂肪膜等の細胞膜をはじめ、重要な分子や細胞、臓器が障害を受ける「ペトカウ効果」である。近年、一般に活性酸素やフリーラジカルのもたらす病気や健康破壊は医学では重要になっており、放射線によって生じるヒドロキシラジカルなどの危険性が注目されている。さらに元素の性質が似ているセシウムとストロンチウムが、金属の毒性としても放射線照射によっても、細胞のカリウムチャンネルやカルシウムチャンネルに広く損傷を与え、体内の電気信号の伝達を阻害し、心臓や各種神経系に深刻な影響を及ぼすことが明らかになりつつあ

る。これらは、今まで放射線の影響としてDNAの放射線による切断だけが主に問題にされてきたが、もっと大きな被害作用の機構があるということである。

　第3の論点は、福島事故から放出された放射性ヨウ素やセシウムの量がチェルノブイリに比べ「1ケタくらい小さい」とする政府や専門家の事故評価についてである。これは明らかな過小評価である。国際的に信頼性の高いとされるCTBTO（包括的核実験禁止条約機関）の観測データに依拠したストールたちの報告では、大気中の放出量でセシウム137がチェルノブイリ約6割で推計の誤差などを考えるとほぼ同等、放出された希ガス、キセノン131の放出量ではチェルノブイリのおよそ2倍であることが示されている。特にヨウ素131はチェルノブイリの1.5倍ほどとなる可能性があり、子どもの甲状腺がんの異常発生は放出されたヨウ素の吸気からの吸収が主な原因であると考えられる。

　第4の論点は、放射性のトリチウム（三重水素）の問題である。トリチウムの危険性は今まで無視あるいは軽視されて、事実上無制限に放出されてきた。現在、事故原発では、ALPSという装置を用いて、汚染水として放出されたセシウムなどをフィルターに吸着させて、取り除いた汚染水をタンクに保存しているとされている。しかし、トリチウムは吸着では取り除くことができない。政府と東電は、甚大な量のトリチウムを含むタンク貯蔵水や汚染した地下水などの海中への投棄をもくろんでいる。すでに、井戸からくみ出した地下汚染水の海中への放出も実施された。われわれは緊急の課題としてトリチウムの危険性を議論したい。

　以上のように福島原発事故の人的被害は「全くない」か「極めて小さい」とする宣伝にもかかわらず、人口密度からしても、チェルノブイリの事故以上に被害が大きくなる可能性が高い。後述するチェルトコフ氏の適切な表現を借りるならば、日本は放射線被曝による見えざる大量虐殺が静かに進行する「核の収容所」列島と化そうとしていると警告したい。この真実をできるだけ多くの人に知らせ、被害を最小限に食い止めなければならないと思う。

　放射線被曝の問題は核兵器の開発が始まったマンハッタン計画の最初から、隠蔽されてきた問題である。特に内部被曝の危険性は一貫して隠蔽されてきた。とりわけ原発事故が現実に頻発し、その安全性が根拠を失うと「事

故で亡くなった人はいない」とか、「目に見える被害は無い」とか、露骨なデマ宣伝が政府・マスコミや教育機関、学会によって広められてきた。今回われわれはその代表として児玉一八、清水修二、野口邦和著『放射線被曝の理科・社会』を批判の対象とした。この本は被曝被害の真相をゆがめ、被害を隠蔽する作業に「反原発の立場」と言いながら実際には協力する文書であり、住民の生命と健康にとって、極めて危険な役割を果たしていると考える。それを具体的に示すことが本書の第3章の目的である。

　被害者の立場から被曝の問題を議論した中川保雄氏の『放射線被曝の歴史』は福島原発事故後の被曝の問題に対しても基本的に重要な考え方を与えてくれている。本著者の一人山田は彼の病死の前、私的に大変お世話になった。病気とは気づかず中川氏に迷惑をかけてしまった。大変おこがましいが、われわれは、彼にかわって彼の著書の続編の一部を書いたつもりである。つたない書き方はともかく、中川氏は本書の内容に同意してくれると思う。中川氏が目指したように、本書が被曝被害者をはじめ被曝被害と闘うすべての人に確信と勇気を与え、運動の一層の発展に役立つことができれば、著者たちにとって、これ以上の喜びはない。

　橋本眞佐男さんの上関原発地盤の検討以来、「原発いらん！山口ネットワーク」の皆さんと交流があり、今回　上里恵子さんに原発に対する思いを巻頭の詩に託していただいた。

2016年3月18日

執筆分担

第1章　　渡辺悦司、遠藤順子、山田耕作
第2章　　遠藤順子、山田耕作、渡辺悦司
第3章　　山田耕作、渡辺悦司
補章　　　遠藤順子、大和田幸嗣（特別寄稿）、渡辺悦司

第一章 福島原発事故により放出された放射性微粒子の危険

——その体内侵入経路と内部被曝にとっての重要性——

はじめに

　この章の目的は、各研究機関や大学の研究者たちによってすでに発表されている研究成果に基づいて、また民間市民団体などの調査によって明らかにされている事実に基づいて、福島第一原子力発電所の事故により放出された放射性物質の微粒子形態を分析し、放射性微粒子（一般に「ホットパーティクル」と呼ばれている）が人体に侵入する経路と内部被曝によって人体に及ぼす特別の危険性を解明し広く警告し訴えることにある。本章の報告は、われわれが2014年12月18日に「市民と科学者の内部被曝問題研究会」（ACSIR）のブログに発表したものを会員間の議論を通じて検討された成果に基づいている[注1]。議論していただいた多くの方々に感謝する。

[注1]　本論文を作成するに当たって基礎となった作業は、以下の著作等による。
　①原発問題全般については、大和田幸嗣、山田耕作、橋本真佐男、渡辺悦司『原発問題の争点　内部被曝・地震・東電』緑風出版（2012年）。
　②本章の基礎となった論文は「福島原発事故により放出された放射性微粒子の危険性──その体内侵入経路と内部被曝にとっての重要性」である。
　http://blog.acsir.org/?eid=31
　③福島原発事故による放射性物質の放出量については、山田耕作、渡辺悦司「福島事故による放射能放出量はチェルノブイリの2倍以上──福島事故による放射性物質の放出量に関する最近の研究動向が示すもの」（2014年5月16日）「市民と科学者の内部被曝問題研究会」ブログ。
　http://blog.acsir.org/?eid=29
　④汚染水については、山田耕作、渡辺悦司「青山道夫氏の汚染水についての『科学』論文によせて──福島事故による放射性物質の放出量、汚染水に含まれる量、海水への漏洩、それらのチェルノブイリ事故・広島原爆・核実験との比較について」（2014年8月13日）。
　http://blog.acsir.org/?eid=36
　　同じくヨウ素放出量については、山田耕作、渡辺悦司「福島原発事故によるヨウ素131放出量の推計について──チェルノブイリの1.5倍に上る可能性」
　http://blog.acsir.org/?eid=35
　⑤放射線による内部被曝全般については、遠藤順子「内部被曝について──放射線科学から紐解く」、大坪正一・宮永崇史編著『環境・地域・エネルギーと原子力開発──青森県の未来を考える』弘前大学出版会（2013年）第3章に所収、および遠藤順子「遠藤順子医師講演　家族を放射能から守るために〜国際原子力組織の動きと内部被曝」（2014年8月3日、北海道伊達市において行われた講演のビデオ映像）。https://www.youtube.com/watch?v=rgUBXFeX-_o
　⑥政府の放射線に対する基本的考え方と住民の汚染地域への帰還政策の批判については、沢田昭二ほか『福島への帰還を進める日本政府の4つの誤り　隠される放射線障害と健康に生きる権利』旬報社（2014年）、とくに同書第3章所収の山田耕作「『放射線リスクに関する基本的情報』の問題点」。

放射性微粒子の危険性は、文字通り「恐るべき程度に」軽視ないし無視されている。それは、脱原発を主張する多数の学者たちの間でも同じである。最も目立った例を１つ挙げよう。

　安斎育郎氏（立命館大学名誉教授）は、放射線防護の専門家としてNHK特集「終わりなき戦い――ある福島支援プロジェクトの記録」（2015年4月18日放送）に出演し、氏自身が放射性微粒子を吸入する危険性について文字通り恐ろしいほど無頓着であることを自己暴露した。それが無知によるものなのか、意図的なものなのかは分からない。ただ、その無頓着が、多少とも事情を知る者にとっては、一種のおぞましさを感じる程度のものであったことは事実である。

　象徴的な場面があった。薪を燃やしてボイラーとして使っているある女性が、その煤煙による近所の放射能汚染を心配して、依頼により安斎氏らのグループが調査に行く。安斎氏らは、煙突の下側のススの排出用のフタを無造作に開け、灰やススが粉塵としてあたりに飛び散り、その場に居あわせた人々が少しむせかけ、安斎氏が謝るシーンがある。このとき、安斎氏らも調査を依頼した女性もマスクさえもしていない。採取したその煤塵からは、7万5852Bq/kgという極めて高い放射能が検出される。安斎氏らも、調査の依頼者も、NHKのカメラマンも、かなりの放射性微粉塵を吸い込んで内部被曝したことは否定できない。

　NHKは、一方では放射性微粒子についての特集を放送しており（「シリーズ原発事故13『謎の放射性粒子を追え！』」2014年12月21日放送）、微粒子状放射性物質の危険性を知らなかったはずはない。にもかかわらず、このシーンを広く公衆に放送したのである。あたかも放射性微粒子を吸い込んでもさほど危険性はないかのように。われわれは、このような危険極まる、文字通り破滅的な程度にまでなった「無頓着」に対して、強く警告を発したいと考える。

　チェルノブイリ事故では、事故後2年半が経過した頃から、健康被害が急速に顕在化したといわれている。アメリカの週刊誌『タイム』は、チェルノブイリ事故4周年にあわせて、ウクライナ汚染地区の医師を取材している。その証言は、「過去18カ月間に」（すなわち事故から2年半経過したとき以降）、①「甲状腺疾患、貧血症、がんが劇的に増加した」、②「住民は、極度の疲労、視力喪失、食欲喪失といった症状を訴え始めている」、③「最悪のものは、住

民全体の免疫水準の驚くべき低下である……健康な人々でさえ病気が直りきらずに苦労している」、④「子供たちが最悪の影響を受けている」というものであった[注2]。この証言は、アメリカの保守系雑誌でさえも記載せずにおれなかったという意味で、極めて貴重な資料である。

その経過をたどるように、現在福島第一原発事故から5年が過ぎ、福島と日本各地において事故による健康被害が広範囲に顕在化しつつある。メルトダウンと放射性物質の放出から始まり、内部被曝による健康被害にいたるまでには一連の過程がある。その経路を可能な限り具体的かつ全面的に解明することが、今ほど重要になっている時はない。

[注2]　アメリカの週刊誌『タイム』は、1990年4月9日号において、チェルノブイリ事故4周年の報道特集を組んでいる。それによれば、現場の医師の経験した事実として、健康被害が急速に顕在化してきたのは事故2年半が経過した以後であるという。「チェルノブイリ原子力発電所がメルトダウンを起こしてから4年が経過した。だがソ連での核破局の深刻な影響は、現在も深化し続けている。原子炉の周囲に広がる、ウクライナと隣国ベラルーシにまたがる広範囲の人口密集地帯は、高レベルの放射能に汚染されたままである。土地の汚染によって、極度の健康問題と経済的荒廃がもたらされている」。同誌は、事故炉から60km離れたウクライナの農業地区の取材記を掲載している。「ウラジーミル・リソフスキーは、ナローディチ地区中央病院の医師である。彼は、過去18カ月間（1年半）に、甲状腺疾患、貧血症、がんが、劇的に増加したことを強調している。住民は、また、極度の疲労、視力喪失、食欲喪失といった症状を訴え始めており、すべて放射線疾患の症状である。最悪のものは、住民全体の免疫水準の驚くべき低下である。『健康な人々でさえ病気が直りきらずに苦労している』とリソフスキーは指摘する。しかも子供たちが最悪の影響を受けている」「農民たちは、家畜の先天性欠損症が爆発的に増加しているのを目撃している。8本の足をもち、下あごが変形し、脊椎骨の関節が外れた子馬が生まれている。写真家コスティンによれば、ビャゾフスカのユーリー・ガガーリン・コルホーズでは197匹の奇形の子牛が生まれたという。それらのなかには、目がないもの、頭蓋骨が変形したもの、口が歪曲したものが見られた。マリノフカの農場では、事故後に、約200匹の異常をもつ子豚が生まれた」。さらに同誌は「永く続く放射線被曝にもかかわらず、自分の住居を去って避難民になることを拒否している住民も多い。多くの村々を強権的に一斉避難させる計画は中断されたままである。ウクライナ人の中には、非合法に避難区域に帰還した人々もいる。それらの人々にとっては、目には見えない放射性降下物が今後長期にわたって危険であることなど理解できないのであろう」と書いている。日本においては、これと正反対の事態が進んでいる。政府が避難を「拒否し」、「放射性降下物の長期的な危険性」を公然と否定し、危険性を指摘する人々を「風評被害を煽る」ものだと批判することによって、住民をチェルノブイリでは避難地区となっている線量の汚染地域に居住させ続け、そのような地域にさらに住民の帰還を推し進めようとしている。

Anastasia Toufexis: "Environment: Legacy Of a Disaster -- A Soviet photographer captures haunting images of life after Chernobyl", *Time*, Apr. 09, 1990

第1節　放出された放射性微粒子に関する主要な研究成果

1　福島原発での事故過程の中でどのように放射性微粒子が形成されたか

　福島原発事故自体についても、事故による炉心溶融（メルトダウン）と爆発、放射性物質の放出についても、その詳しいメカニズムは解明されていない。それだけでなく、政府も東電も、事故に関する基本的な重要データの多くを公表していない（例えば中性子線量の経時変化など）。放射性微粒子の形成と飛散についても事情はおなじである。このような状況下ではまず、事故過程について予断を持たずに、政府側を含めた各研究機関が公表している研究とそこで観測された事実を多少詳しく概観しておく必要がある。ただその前に、予備的に次の点を確認しておこう。

(1)　放射性物質の放出の諸形態
　事故原発からの放射性物質の放出には、少なくとも3つの形態（大気中・汚染水中・直接海水中）があるが、ここでは大気中への放出のみを問題にする。福島から大気中に放出された放射性物質は、種々の形態を取っており、その主要なものは、
　①破砕された燃料棒および炉構造材のがれき、破片、塵（0.1ミリ以上）
　②微粉塵あるいは微粒子（ミクロンμm単位およびナノnm単位）
　③気体（ガス）
であった。①については、その多くが原発敷地内かその数キロ程度の範囲内[注3]に落下した可能性が高いが、強風など気象条件によっては遠方に飛ばされる可能性もあり、きわめて危険で重要な放出形態であるが、ここでは取り扱わないこととする。広範囲に飛散した②③だけに問題を限定する。また

[注3]　アーニー・ガンダーセン氏は2011年8月21日、米国原子力規制委員会の報告を引用しながら「核燃料の破片は1マイル以上飛散した」と評価している。
　　http://www.youtube.com/watch?v=tSn_-NohjAA

気体③として出たものが冷やされて微粒子②に変化した条件も考察する。

(2) 炉心溶融の温度メカニズム

まず、放射性微粒子がどのような経路で形成されたかを考えてみよう。出発物質の相が固体・液体・気体であるかによって、いくつかの過程がありえる。

①燃料棒が固体のまま爆発によって物理的に破砕されて放出される。
②燃料棒が溶融して液状となり、爆発によって噴き上がり、霧吹きのように飛散し、その後固化して微粉化する。
③高温になって気化した放射性物質が爆発あるいは漏洩によって放出され、その後に大気中で冷却されて微粒子が形成される。

以上３ケースが考えられる。

われわれの見解では、おそらく①②③の過程がすべて、程度の差はあれ現実に生じたが、それらの重要性の度合いを現段階で確定することはできないように思われる。

①についての重要な事実は、炉心溶融過程が初期段階で通過する温度においてすでに、燃料ペレットが固体のまま「微粉化する」という東北大学佐藤修彰氏の実験結果である[注4]。それを前提すると、炉内で何らかの爆発があれば、まだ溶融していない核燃料とそこに含まれる放射性物質は、そのままで微粒子として放出されることになる。他方、②の重要性が前面に出るのは、溶融物の塊の内部で爆発（おそらく核爆発）が生じるような場合、あるいは溶融物が溜まった水に落下して水蒸気爆発が生じ、それが溶融物を一気に噴き上げるような場合であろう。③については、さらに広く生じた可能性が考えられ、爆発によっても、また爆発がなくても破断部から漏洩したりすれば微粒子が生じ、また人為的なベント（放出）でも生じる。金属が気化した後、

[注4] 微粒子形成過程についての分析は、佐藤修彰（東北大学多元物質科学研究所）「福島原発事故における燃料および核分裂生成物の挙動」にある。
　http://www.applc.keio.ac.jp/~tanaka/lab/AcidRain/%E7%AC%AC35%E5%9B%9E/1.pdf

　また炉心溶融過程の温度分析は、工藤保（日本原子力開発機構 安全研究センター）「原子炉の炉心溶融　日中科学技術協会講演会『東電福島事故と中国の原子力安全』」（2011年6月6日）にある。
　http://jcst.in.coocan.jp/Pdf/20110606/1_CoreMeltDown.pdf

表1 溶融発生前の炉心における燃料内の燃料および核分裂生成物の存在状態

存在状態	UO_2固溶体（混晶）	複合酸化物	合金	気体等
元素（類）	希土類[注1] アクチノイド[注2] アルカリ土類[注3] Ⅳ価金属[注4]	アルカリ金属[注5] アルカリ土類[注3] ジルコニウム モリブデン	モリブデン パラジウム ルテニウム ロジウム	キセノン セシウム テルル ヨウ素

出典：佐藤修彰（東北大学多元物質科学研究所）「福島原発事故における燃料および核分裂生成物の挙動」
http://www.applc.keio.ac.jp/~tanaka/lab/AcidRain/%E7%AC%AC35%E5%9B%9E/1.pdf

注1：スカンジウム、イットリウム、ランタン、セリウム、プラセオジム、ネオジム、プロメチウム、サマリウム、ユウロピウム、ガドリニウム、テルビウム、ジスプロシウム、ホルミウム、エルビウム、ツリウム、イッテルビウム、ルテチウムからなる。
注2：アクチニウム、トリウム、プロトアクチニウム、ウラン、ネプツニウム、プルトニウム、アメリシウム、キュリウム、バークリウム、カリホルニウム、アインスタイニウム、フェルミウム、メンデレビウム、ノーベリウム、ローレンシウムからなる。
注3：カルシウム、ストロンチウム、バリウム、ラジウムからなる。
注4：チタン、ジルコニウム、ハフニウム、ラザホージウムからなる。
注5：リチウム、ナトリウム、カリウム、ルビジウム、セシウム、フランシウムからなる。

表2 炉心溶融の温度メカニズム（温度は絶対温度Kと摂氏℃で表されている）

温度	炉心構成材料に生じる高温での現象	シビアアクシデント時
3120K（2847℃）	UO_2の融点	
2960K（2687℃）	ZrO_2の融点	
2800K（2527℃）	ZrO_2/UO_2の共晶温度	被覆管が酸化した場合、約2800Kに到達するとZrO_2とUO_2は共晶により溶ける（注）
2245K（1972℃）	α-Zr（O）の融点	被覆管が酸化していない場合、UO_2の融点より約1000K低い温度で、溶融ジルカロイによりUO_2が溶ける
2170K（1897℃）	α-Zr（O）/UO_2共晶温度	
2030K（1757℃）	ジルカロイの融点 溶融ジルカロイによるUO_2の溶解	
1888K（1615℃）	Zr/BC系の共晶温度	
1720K（1447℃）	ステンレス鋼の融点	
1600～1650K（1327～1377℃）	インコネルの融点	UO_2やジルカロイの融点よりずっと低い温度で、炉心構成材料であるAg-In-Cd合金（制御棒）や鉄などが溶ける
1447K（1174℃）	Fe/B系の共晶温度	
1400K（1127℃）	UO_2/ジルカロイ反応による液相Uの形成	
1200～1250K（927～977℃）	Ni/Zr系やFe/Zr系の共晶温度	
1100K（827℃）	Ag-In-Cd合金の融点	
560～620K（287～347℃）	燃料被覆材温度	
550～600K（277～327℃）	冷却剤温度	

出典：工藤保「原子炉の炉心溶融」日本原子力開発機構（2011年6月6日）
http://jcst.in.coocan.jp/Pdf/20110606/1_CoreMeltDown.pdf
（注）「共晶」とは、混合液体が純粋物質のように一定の融点（凝固点）で溶融（あるいは凝固）して同じ組成の混合物となる現象を言う。共融混合物とも言う。

表3 炉心溶融・破損後の燃料および核分裂生成物の挙動（佐藤修彰氏による）

元素	化合物	破損後の挙動	影響
ウラン	UO_2	・酸化により U_3O_8 微粉末を生成 ・被覆管破損により炉底にデブリ形成 ・水蒸気や冷却材により移動の可能性	サイト内および近傍に堆積
アクチノイド	固溶体	・PuO_2 粉末生成、U_3O_8 と同様の挙動	同上
希土類	固溶体	・Ln_2O_3 粉末、U_3O_8 や PuO_2 より溶解性	同上
アルカリ土類	固溶体 ウラン酸塩	・BaO、SrO は海水等へ溶解	土壌・海洋を汚染
アルカリ金属	ウラン酸塩 ハロゲン化物	・酸化物として揮発（500〜800℃） ・海水等へ容易に溶解	広範囲に拡散
Mo,Te,Tc 等	金属 酸化物	・酸化物の揮発および溶解による移動 ・水蒸気混在下では金属揮発抑制	広範囲に拡散
ハロゲン	ハロゲンガス ハロゲン化物	・燃料破損時に揮発 ・海水等への溶解（I^-、IO_3^-）	広範囲に拡散

注記：佐藤氏はウラン等の「影響」を「サイト内および近傍」としているが、それにとどまらないことが明らかになっている（後述）。
ハロゲン：フッ素、塩素、臭素、ヨウ素、アスタチンからなる
出典：佐藤修彰（東北大学多元物質科学研究所）「福島原発事故における燃料および核分裂生成物の挙動」
http://www.applc.keio.ac.jp/~tanaka/lab/AcidRain/%E7%AC%AC35%E5%9B%9E/1.pdf

微粒子として固化・沈着する現象は、実感しにくいかもしれないが、溶接などの場合に現実に生じており、防護されていない溶接作業者に深刻な微粉塵被害を及ぼしている。他の例は、劣化ウラン弾の戦車装甲板への着弾である（この点は後述する）。

　主要各元素の炉内での存在状態を表1に、炉心溶融に関連する各元素の溶融の温度プロセスを表2に、結果として生じた事態のまとめを表3に、それぞれ掲げてある（表1および3は佐藤修彰氏の論文注4を参照した）。

　炉心溶融については以下の点を確認できる（事故過程の分析には立ち入らない）。
　炉心溶融は、一般に言われているような一挙に生じる現象としてではなく、温度上昇につれて生じる一連の具体的過程としてとらえるべきである。450℃で燃料ウランペレットは酸化が進み微粉化する。500〜800℃でセシウムなどアルカリ金属酸化物が気化する。900℃付近で（600℃付近から生じると

する説もある）被覆管のジルコニウム（Zr）と水蒸気が反応して水素を生じるとともに被覆管を破損する。核燃料の温度は、まずジルコニウムの融点である1855℃（2028K）を越え（ジルコニウムが酸化していない場合、ジルコニウムが溶融すると二酸化ウラン〔UO_2〕は共に溶解する）、さらに二酸化ウラン・酸化ジルコニウム共晶（ジルコニウムが酸化している場合）の融点である2527℃（2800K）を越え、あるいは二酸化ウラン単体の融点2865℃（3138K）に達し、それを超えたと思われる。

　炉内での核反応を止める役割を果たした制御棒（銀・インジウム・カドミウム合金）は、燃料棒よりも顕著に低い温度827℃（1100K）で溶融し、燃料棒よりも時間的に早い段階で溶け落ちてしまっていたことになる。すなわち、メルトダウンの進行の早い段階で原子炉内には、再臨界への歯止めがない状態が生じていた可能性が高いということである[注5]。

　炉心溶融を引き起こした熱源は、主に、核燃料の崩壊熱と考えられてきたが、合わせて水・ジルコニウム反応による発熱も考えられている[注6]。

[注5]　原発推進を目的とする団体である「エネルギー問題に発言する会」は、石川迪夫氏を講師に招き限定した参加者だけで同氏の新著『考証・福島原子力事故－炉心溶融・水素爆発はどう起こったか』日本電気協会新聞部（2014年）についての講演会を開催した。その質疑の中で参加者の一人は、「炉心が形状を保ったままかろうじて屹立していても、十字形の制御棒は溶け落ちていて存在していない。そのような状況で水を注入して再臨界の心配はないのか」と質問した。それに対して石川氏は「（注水による）分断によって燃料形態が崩れれば、再臨界は、実際にはほとんど考えられない」と答えた。ということは、注水時に「燃料形態が崩れなければ」あるいは「崩れるのが一瞬でも遅れれば」、再臨界が起こることは十分に「考えられる」ということに等しい。この資料は、原発推進勢力内部において、再臨界の可能性が非公開の場では本格的に検討されているという事実を示している。
　　「第145回エネルギー問題に発言する会　座談会議事録　考証・福島原子力事故－炉心溶融・水素爆発はどう起こったか」（2014年6月19日）4ページ
　　http://www.engy-sqr.com/lecture/document/145zadannkai-gijiroku.pdf

[注6]　水ジルコニウム反応（900℃以上になると起こるとされる）による発熱は、崩壊熱に加わって、さらに高温を生み出したと考えるのが自然である。水ジルコニウム反応を崩壊熱に対置し、それによって崩壊熱による炉心溶融の事実を否定するために水ジルコニウム反応を利用しようとする試みが行われている。そのようなものとしては、『電気新聞』インターネット版による石川迪夫氏の著書『考証・福島原子力事故－炉心溶融・水素爆発はどう起こったか』の紹介記事がある。同紙は「炉心溶融は崩壊熱ではなく、ジルコニウム水反応に代表される被覆管などの炉心材料と冷却水の化学反応による、急激な発熱によるもの」であり「炉心溶融は崩壊熱により液状となって溶け落ちたのではなく、（注水によって）炉心が急激に冷却されたことにより、バラバラに折れるように崩壊し、その後、ジルコニウム水反応を主体とした化学反応によって溶融に至った」「炉心溶融と水素爆

地震による配管の破断やメルトスルーによって原子炉が破損し炉の密封性が喪失したので、キセノンなどの希ガスは空気中に飛散した。沸点の低い放射性物質は気化してガス状となった（ヨウ素〔沸点184℃〕、セシウム〔沸点671℃〕は制御棒が溶け落ち始める以前に、ストロンチウム〔沸点1382℃〕は被覆管が溶け始める以前に）。

　炉心溶融の後に生じた爆発は水素爆発とされているが、それだけではない可能性が高い。溶融炉心が溶け落ちて（メルトダウンして）水蒸気爆発が生じ炉心溶融物が吹き上げられたことも考えられ[注7]、また炉心溶融物とコンクリートとの相互作用による水素・一酸化炭素爆発が生じた可能性も指摘されている[注8]。

　後述するが、最近、事故当時採取された放射性微粒子が、セシウムだけでなく、ウラン、ジルコニウム、モリブデンなどの原子を均一に含む合金・ガラス状の球体であることが解明された。このような配列は、爆発によってあるいは炉心溶融物内で、温度がメルトダウンの温度（上記2865℃）を大きく超えて上昇した可能性が高いことを示している。

　　　　発のタイミングはほぼ同じ」（すなわち3月12日15時36分ごろ）と書いている。『電気新聞』のホームページより引用。
　　　　　http://www.shimbun.denki.or.jp/news/main/20140403_01.html
　　　　　http://www.shimbun.denki.or.jp/publish/media/books/201404_koushou.html
　　　　しかし、このような評価は、メルトダウンが、1号機で地震発生から「5時間後」（3月11日20時半過ぎ）にはすでに始まっていたとする政府の原子力安全・保安院（当時）の評価や、同22時ごろとするエネルギー総合工学研究所の事故解析ソフトSAMPSONによる解析結果に反する。
　　　　NHKニュースインターネット版 2011年6月6日
　　　　　http://www3.nhk.or.jp/news/genpatsu-fukushima/20110606/2110_hoanin.html
　　　　『検証福島原発1000日ドキュメント』（『ニュートン』別冊）2014年5月15日、38ページ
　　　　石川氏の見解の批判は、山田耕作、渡辺悦司による『石川廸夫著『考証　福島原発事故　炉心溶融・水素爆発はどう起こったか』の問題点」市民と科学者の内部被曝問題研究会ブログを参照のこと。
　　　　　http://blog.acsir.org/?eid=42
[注7]　Ian Goddard, "Fukushima Unit 3: Steam-Explosion Theory"
　　　　　http://archive.lewrockwell.com/orig4/goddard2.1.1.html
　　　　日本語訳は以下のサイトにある。
　　　　　イアン・ゴッダード「福島第一原発　3号機：水蒸気爆発理論」
　　　　　http://blog.livedoor.jp/pph2tm-ikenobu/archives/cat_10118083.html
[注8]　岡本良次ほか「炉心溶融物とコンクリートとの相互作用による水素爆発、CO爆発の可能性」『科学』2014年3月号（岩波書店）

水素爆発の火炎温度は、空気との反応で2040℃でしかなく[注9]、このような高温を生じることができない。

(3) 微粒子形成の条件としての超高温——再臨界の可能性を否定できない

　均質のガラス状放射性微粒子を形成するほどの超高温を生じることができるのは核爆発・再臨界だけであると考えるのが自然であろう。微粒子の分析の結果によれば、再臨界あるいは核爆発が生じていたであろうことは、ほぼ否定できない（とくに3号機、おそらく1号機も）といえる[注10]。この結論は、原子炉建屋上部の鉄骨が溶けて曲がりさらには溶け落ちるほどの熱が生じていたこと、爆発の前後に中性子線が観測されていたこととも合致する（爆発時の中性子線はその有無も線量も公表されていない）。

　おそらく各種の爆発（再臨界＝核爆発、水素爆発、一酸化炭素爆発、水蒸気爆発）が、重なり合って生じたか、あるいは別々に何回にも渡って生じた（東電が公表していない爆発事象も含めて）と考えるのが自然であろう。また大規模な爆発にいたらない部分的な再臨界も生じていたかもしれない。爆発の各形

[注9]　水素の大手供給業者、岩谷産業の「水素とイワタニ」というサイトで解説されている。
　　　http://www.iwatani.co.jp/jpn/h2/faq/faq.html
[注10]　元理化学研究所研究員であった槌田敦氏は、「臨界は簡単には起きないというのはウソであり」「5-10% 低濃縮ウランは、水があれば核分裂を起こして爆発する」として、核爆発を主張している。
　　　「事故から1年半、水素爆発のまま」（2012/10/25）
　　　https://www.youtube.com/watch?v=scVL1tRdbLM
　　　「書き換えられた福島原発事故」（2012/11/25）
　　　https://www.youtube.com/watch?v=dbg0qnWwPq4
　　　「東電福島第一原発事故　その経済的原因と今後のエネルギー」（2012/12/11）
　　　https://www.youtube.com/watch?v=ZBjnfR_5Z1I
　　　講演要旨は以下のサイトにある。
　　　http://www.asyura2.com/13/genpatu32/msg/357.html
　　　核爆発を引き起こした具体的過程については、いろいろな説明が提起されている。アーニー・ガンダーセン氏は水素爆発が引き起こした振動による使用済み燃料プールの核燃料による核爆発を、クリス・バズビー氏はプルトニウム濃縮蒸気の核爆発を、ガンダーセン氏の引用している NRC 秘密報告書は原子炉内の再臨界爆発の可能性をそれぞれ提起している。これらはすべて説得的であるが、東電・政府が決定的データや設備の被害状況を今にいたるも公開していないため、本来は解明できるはずであるにもかかわらず、「仮説」の段階にとどまっている。しかしどのような過程を辿ったにせよ、再臨界・核爆発が生じた事実自体はいまや否定できない。

態を対置・対立させて考え、あれかこれかという議論をするのは、合理的ではない。爆発形態が一つだけということは考えられず、また一つの爆発形態の存在が他の爆発形態の存在を否定する（あるいはその可能性を排除する）論拠にはならない。

　表3は炉心が溶融し破損した後の核燃料および核分裂生成物に生じた結果を示している。放射性微粒子の中に検出されたこれらの放射性核種および原子炉構成物質は、この高温によって気化した可能性が高いと考えるべきであろう（表3）。これらは、希ガスやヨウ素の大半を除き、大気中で冷却されて固体に戻り、集まって微粒子を形成し、さらに高温のプルーム（放射能雲）中で、焼鈍された[注11][注12]と考えられる。これらの点で、福島事故で放出された放射性微粒子は、劣化ウラン弾の着弾時に生じる超高温中（最高6000℃にまで達するとされる）で形成・放出される放射性微粒子[注13]と類似しているといえる。

(4) 放射性微粒子の諸形態および形成諸過程

　放出された放射性微粒子にも多くの種類および形成過程がある。そのうち確認されているのは、

①爆発によって形成されたと考えられる合金状・ガラス状の粒子（およそ粒径2μmとされる）

②大気中に浮遊していたいろいろな粒径の既存のエアロゾルに放射性物質が付着して形成された微粒子

③微粉化した核燃料あるいは炉心溶融物が噴出した放射性微粉塵

④再浮遊した放射性微粒子やがれき・ごみ焼却による粉塵などが加わった二次的三次的な再飛散微粒子

などである。

　以下に、福島原発事故から放出された放射性微粒子に関して今までに観測されている主要事実を、観測時期順に、簡単に概観してみよう。

[注11]　北田正弘『新訂初級金属学』内田老鶴圃（2006年）第8章6節も参照のこと。ちなみに、北田氏は日立製作所（原発メーカー）の中央研究所勤務であった。

[注12]　矢ヶ﨑克馬「矢ヶ﨑克馬教授があの福島原発事故の放射性微粒子の正体に迫る」2014年7月4日
　　　http://www.sting-wl.com/yagasakikatsuma13.html

[注13]　ロザリー・バーテル「劣化ウランと湾岸戦争症候群」嘉指信雄ほか編『ウラン兵器なき平和をめざして』（2008年）合同出版所収

2 観測時期ごとの研究の概観

(1) 事故がピークにあった2011年3月14/15日、3月20/21日に採取されたサンプルに基づく分析――不溶性「セシウムボール」の発見

気象庁気象研究所の足立光司氏らは、事故原発から170km南西の地点(同研究所、茨城県つくば市)において大気中の微粉塵を採取し、そこを通過した2つのプルーム(放射能雲)――2011年3月14/15日および3月20/21日――から微粒子を採取し、第1プルーム(3月14/15日)のサンプル中に、セシウム(134および137)を含む球状の微粒子を発見した[注14]。これらの粒子は、鉄・亜鉛を含有し、微粒子の内部ではこれらの元素が均一に分布しており(evenly distributed within the particle)、合金(alloy)を形成していると判断された。さらに、塩素・マンガン・酸素・ケイ素などもわずかな量で含んでいた。微粒子は、乾性の固体であり、水に対しては不溶性であった。粒径は、他の捕捉微粒子に比較して大きく、約2μm(2.0および2.6μm)であった。これら微粒子のもつ放射能は、セシウム137および134について、それぞれ中央値で、3.27および3.31Bq(ベクレル)、0.66および0.78Bq、137と134の合計で6.58Bqおよび1.44Bqであった。

矢ヶ崎克馬氏は、これらの事実から、次のように推論している。

①福島原発で見られた爆発がこれら元素の沸点を超える「非常な高温」を伴っていたこと、すなわち「水素爆発ではなく核爆発」であったこと。

②通常、微粒子は沸点の高い原子から芯が形成され沸点の低い原子は外側にくっついていく形で生じる(成層構造になる)ので、微粒子内部の元素配置が均一になるためには、爆発の中で形成された粒子が外部放出されるまでに500〜1000℃程度の温度領域に分単位で保たれ「焼鈍(しょうどん)」されて均質化したと考えられる[注15]。

われわれもこの指摘の通りであろうと考える。このような焼鈍が生じる条

[注14] Kouji Adachi, Mizuo Kajino, Yuji Zaizen & Yasuhito Igarashi; "Emission of spherical cesium-bearing particles from an early stage of the Fukushima nuclear accident"
http://www.nature.com/srep/2013/130830/srep02554/full/srep02554.html
[注15] 矢ヶ崎克馬前掲(注12)

件もまた、核爆発による高温のプルームの内部において、あるいは溶融した核燃料の高熱によって生じたと考えられる。

他方、第2プルーム（3月20/21日）から採取された微粒子は、以下に述べる兼保氏らの粒径分布に近く、しかも可溶性であった。足立氏らは、兼保氏の推論（後述）に従って、大気中にある硫酸塩エアロゾルにセシウムが付着したものであろうと評価している。

足立論文は3月11日から30日の間に捕捉された微粒子の粒径分布（原書 Supporting Information S1 および S2）を掲載している。そこでは、エアロゾルの粒径ごとの捕捉数は2μm～、1～2μm、0.5～1μmごとに約10倍程度多いことが示されており、直径2μmよりも小さな粒子、多くはサブミクロンサイズの粒子の数が圧倒的に多いことが示されている。とくに直径20～100nm付近の粒子が多いことも示唆されている[注16]。これらの中にも、足立氏が発見した粒径2μmよりも小さいサイズの「合金状」微粒子が含まれている可能性がある。これは非常に重要なポイントであるが、同論文では（一般に公開されている部分で見る限り）この粒径の小さい微粒子に含まれる放射性物質について、独自の分析はなされていないようである。

(2) 同じく2011年3月14/15日に採取されたサンプルに基づく分析（つづき）──「セシウムボール」にウランを発見

東京理科大学の阿部善也氏らの研究チーム（足立氏も参加した）は、上記3月14/15日に採取された球形セシウム含有微粒子（「セシウムボール」粒径約2μm）を、シンクロトロン放射（兵庫県にある大型の放射光施設「スプリング8」）によって分析し、球状の微粒子中に核燃料由来のウランを発見した[注17]。

また彼らは、同微粒子中に、表4（原著 Figure S4）に由来を示した各元素

[注16] グラフは Kouji Adachi, et al 前掲論文（注14）の "Supporting Information S1 and S2" に掲載されている。
　　　http://www.nature.com/srep/2013/130830/srep02554/extref/srep02554-s1.pdf
[注17] Yoshinari Abe, Yushin Iizawa, Yasuko Terada, Kouji Adachi, Yasuhito Igarashi, and Izumi Nakai; "Detection of Uranium and Chemical State Analysis of Individual Radioactive Microparticles Emitted from the Fukushima Nuclear Accident Using Multiple Synchrotron Radiation X-ray Analyses"; *Analytical Chemistry*, 2014, 86 (17), pp 8521–8525
　　　http://pubs.acs.org/doi/abs/10.1021/ac501998d

が含まれることを発見した。またその中には、原子炉を構成する鉄だけでなくケイ素も含まれていた。このことは、メルトダウンした核燃料が原子炉を溶かし、さらには原子炉格納容器下部のコンクリートと反応を生じたことを示唆している。彼らは、このようなセシウムボールが、高酸化状態で（high oxidation state）、すなわちFe^{3+}、Zn^{2+}、Mo^{6+}、Sn^{3+}などがガラス状マトリックスの形で、存在していることを突き止めた。彼らによれば、このような「ガラス状（glassy state）」の放射性物質は、水溶性のセシウム・エアロゾルとして放出されたものに比較して「長期間環境中に残存するであろう」という。

　非常に重い元素である福島事故由来のウランが、172kmも離れた関東平野で発見されたことは、微粒子による放射性物質の飛散がきわめて広範囲に及ぶことを示した。重力は粒子の半径rの3乗に比例し、浮力を与える摩擦力はストークスの法則で粒子半径rの1乗に比例する。粒径が小さくなると浮力が支配的になり、それ故、重さに依らず遠くに飛ぶからである。

表4　放出された放射性微粒子に含まれる元素の由来（阿部氏らによる）

原子炉部分	由来	区分	元素
圧力容器	一次冷却水	配管腐食防止剤	亜鉛 Zn
	燃料棒	核分裂燃料	ウラン U
		核分裂生成物	ルビジウム Rb
			ジルコニウム Zr
			モリブデン Mo
			銀 Ag
			すず Sn
			アンチモン Sb
			テルル Te
			セシウム Cs
			バリウム Ba
		被覆管	ジルコニウム Zr
			すず Sn
	容器構造物		鉄 Fe
			クロム Cr
			マンガン Mo
格納容器底部	コンクリート構造物		ケイ素 Si

注記：阿部氏らの図に基づいて引用者が作製。冷却水中の亜鉛Znは、配管の腐食防止剤として使われる。Siは足立氏らの論文から追加。
出典：Yoshinari Abe, et al; Detection of Uranium and Chemical State Analysis of Individual Radioactive Microparticles Emitted from the Fukushima Nuclear Accident Using Multiple Synchrotron Radiation X-ray Analyses; Analytical Chemistry
http://pubs.acs.org/doi/abs/10.1021/ac501998d

(3) 爆発後の2011年4月4日から11日までに採取されたサンプルに基づく分析――放射性ヨウ素微粒子を発見

国立環境研究所の大原利眞氏らは、つくば市における4月4日から11日までの観測に基づいて、大気中の放射性ヨウ素131、セシウム134および137の粒径分布を推計している[注18]。それによれば、ヨウ素131は、ほとんどがガス状で、一部が微小粒子であり、1μm以下の微粒子もかなり多い。セシウムは、大原氏らの図で見ると、2.5μmあたりにピークがあり、3.3μm以下の微粒子であった部分が多い。大原氏らによれば、ヨウ素131はほとんどが乾性沈着(大気乱流や重力沈降により地表面に沈着)したのに対し、セシウム137は湿性沈着(雨滴の核になったり降雨に付着して雨とともに地表に落下)が「支配的である」という。

(4) 2011年4月28日から5月12日までに採取されたサンプルによる分析――大気エアロゾルに付着したセシウムが主流に

産業技術総合研究所の兼保直樹氏は、上記環境研究所グループに続く時期(2011年4月28日から5月12日まで)に、同じくつくば市の同研究所において、大気中の放射性微粒子を吸引捕集し分析を行った。兼保氏の示しているデータによれば、この時期には、すでに相対的に粒径の大きな微粒子は大きく減少し、とりわけ大原氏の発見した粒径2μm付近のピークは消えてしまっている。兼保氏らによれば、採取された放射性微粒子は粒径0.2〜0.3μmと0.5〜0.7μmに極大値を持つ「二極性の特徴的な分布」を示したとされる[注19]。

[注18] 大原利眞、森野悠、田中敦「福島第一原子力発電所から放出された放射性物質の大気中の挙動」『保健医療科学』2011年 Vol.60 No.4 292、296ページ
http://www.niph.go.jp/journal/data/60-4/20116004003.pdf
　なおここで参照した粒径分布は国立環境研究所のホームページ大原利眞、森野悠「放射性物質の大気輸送・沈着 シミュレーションの現状と課題」にある。
http://nsec.jaea.go.jp/ers/environment/envs/FukushimaWS/taikikakusan1.pdf

[注19] 兼保 直樹(産業技術総合研究所環境管理技術研究部門大気環境評価研究グループ主任研究員)「風に乗って長い距離を運ばれる放射性セシウムの存在形態――大気中の輸送担体を解明」。ここで参照した粒径分布は同論文中の「図1」である。
http://www.aist.go.jp/aist_j/new_research/nr20120731/nr20120731.html

さらに兼保氏は、放射性セシウムは「単独ではこのような粒径分布の粒子は形成できず、大気中に比較的豊富に存在する何らかの大気エアロゾル成分の粒子に付着するか含まれた状態で浮遊していた」と推論した。兼保氏は、このような放射性セシウム粒子の粒径分布と同時に観測された他の主要物質の粒径分布とを比較し、硫酸塩エアロゾルが放射性セシウムの輸送担体であろうと推定している。この点について、上記足立氏らは、すでに足立氏らが採取した3月20/21日の第2回目のプルームにおいてこのような傾向が出現していることを指摘して、兼保氏の推測を積極的に評価している[注20]。

　しかし、常識的に考えて、硫酸塩だけではなく、いろいろなイオンにも、少なくともほぼ同じ分布を示していたアンモニウムイオンや、一部は硝酸イオンにも、付着していたと考えるのが自然ではないだろうか。また、2 μm より小さいサイズの合金状あるいはガラス状の球状微粒子が浮遊していた可能性も、否定できないであろう。

　一見して明らかなのは、兼保氏の粒径分布では、大原氏らの観測結果にあった2 μm 付近のセシウムのピークがなくなっていることである。これは、観測地点がほぼ同じであることを考慮すると、観測時期の違いによるものが大きいと思われる。兼保氏の観測結果は、4月末以降の時期にはすでにこの粒径の、おそらくは、事故初期の爆発に由来する微粒子（第1節2-(1)および第1節2-(2)で見た）の大部分がすでに沈着するか飛散してしまっていたことを示唆している。

(5) 2011年6月6～14日および6月27日～7月8日に採取された土壌の調査――プルトニウム、ストロンチウムを発見

　別なテーマであるが、文部科学省は、2011年9月30日、福島事故由来であると確認できるプルトニウム（238および239+240）が、原発から最大45km離れた福島県内各地の土壌から発見された、と発表した[注21]。きわめて重い元素がこのような長い距離を飛んでいることから、プルトニウムは微粒子

[注20] 足立前掲論文（注14）
[注21] 文科省「文部科学省によるプルトニウム、ストロンチウムの核種分析の結果について」2011年9月30日
　　http://www.mext.go.jp/b_menu/shingi/chousa/gijyutu/017/shiryo/__icsFiles/afieldfile/2011/10/05/1311753_3.pdf

として飛散したと考えられ、プルトニウムの微粉塵あるいはプルトニウムを含む微粒子が広範に飛散したことは、疑いえない。しかも、この調査によれば、プルトニウム238単独では、茨城県と福島県の80km圏を越える4地点でも検出されており、これらについて政府は事故由来であることを認めていない。しかし事故原発からプルトニウムが流れた方向の4km程度のごく近傍でも、プルトニウム238しか検出されていない地点もあり、政府の評価はきわめて疑問である。プルトニウムが45kmよりもさらに広く飛散した可能性が高いというべきである。

ちなみに、米国環境保護庁（EPA）のデータは、グアム、サイパン、ハワイ、米本土のカリフォルニア州やワシントン州において、2011年3月15日〜24日にかけて、環境中の放射性物質の濃度が、突然、統計に記載されている過去20年間になかったレベルに急上昇したことを示している。その中にはプルトニウム239、ウラン238、ウラン234も含まれており、福島原発から放出されたものと見られている[注22]。

ストロンチウム（89および90）については、日本政府の調査は80km圏に広く飛散している状況を示している。この飛散も、ストロンチウムが微粒子となっていたことを示している。しかし、この場合も、政府は両方の同位体（89および90）が検出された地点のみを事故由来としており、ストロンチウム89の半減期が約50日と短く、測定までの期間（土壌採取が事故の約3カ月後なのでそれ以上）に測定限界以下に減衰していた可能性を考慮すると、評価には上記と同じ疑問が残る。

このように、セシウムやヨウ素と並んで最も危険な放射性核種のうちの2種、アルファ線を出し毒性が強く半減期（Pu239で2.4万年）も生物学的半減期（同200年とされる）もきわめて長いプルトニウムと、ベータ線を放出し半減期がセシウムと同様に長く（Sr90で29年）、生物学的半減期も長く（同49年）、いったん体内に取り込まれると骨に蓄積して生涯にわたる内部被曝を引き起こすきわめて危険なストロンチウムとが、微粒子として広範に放出されたことは、政府の調査結果によって証明されている。

[注22] 『サンデー毎日』（2011年6月12日号）「太平洋を越えたプルトニウムの謎」19〜21ページを参照。さらに、この事実を早くから指摘した下記のブログも参照のこと。
　　http://onihutari.blog60.fc2.com/blog-entry-44.html

表5 福島県における大気中放射性セシウムの粒度分布と経気摂取量推定

項目	アンダーセン式空気捕集装置使用調査 224㎥		放射能量		
	粒度	粉じん量	(mBq/㎥)		
単位	μm	mg (%)	Cs134 (%)	Cs137 (%)	Cs134+137 (%)
	11.4 ~ 100	0.7 (8.1)	0.4 (6.2)	0.3 (6.4)	0.7 (6.3)
	7.4 ~ 11.4	1.1 (12.8)	0.3 (4.6)	0.3 (6.4)	0.6 (5.4)
	4.9 ~ 7.4	1.0 (11.6)	1.0 (15.4)	0.4 (8.5)	1.4 (12.5)
	3.3 ~ 4.9	0.9 (10.5)	0.5 (7.7)	0.6 (12.8)	1.1 (9.8)
	2.2 ~ 3.3	0.6 (7.0)	0.3 (4.6)	0.2 (4.2)	0.5 (4.5)
	1.1 ~ 2.2	0.8 (9.3)	0.3 (4.6)	0.2 (4.2)	0.6 (5.4)
	0.7 ~ 1.1	1.3 (15.1)	0.8 (12.3)	0.4 (8.5)	1.2 (10.7)
	0.46 ~ 0.7	1.3 (15.1)	1.5 (23.1)	1.1 (23.4)	2.6 (23.2)
	0.46 未満	0.9 (10.5)	1.5 (23.1)	1.3 (27.7)	2.8 (25.0)
合 計		8.6 (100)	6.5 (100)	4.7 (100)	11.2 (100)
吸入可能分	4.9>	5.8 (67.4)	4.8 (73.8)	3.8 (80.9)	8.6 (76.8)

出典：小泉昭夫氏（京都大学大学院医学研究科環境衛生学分野）ほか「福島県成人住民の放射性セシウムへの経口、吸入被ばくの予備的評価」表3より筆者作成
http://hes.med.kyoto-u.ac.jp/fukushima/EHPm³011.html

(6) 事故のピークを過ぎた2011年7月2日から8日までに採取されたサンプルの分析——再浮遊が始まっていたことを示唆

小泉昭夫氏（京都大学大学院医学研究科環境衛生学分野）ほかによるセシウム粒子の分析は、明らかに事故のピークが過ぎたと考えられる時期（2011年7月2日から8日）に、事故原発に近く汚染が深刻な福島市内（北緯37°45'42"・東経140°28'18"）で行われた[注23]。その結果は、4.9～7.4μmと0.7μm未満（0.46～0.7μmおよび0.46μm未満）という2つのピークをもつ粒径分布を示している（表5）。また放射性微粒子のうち、数では67％、放射能量では77％が、肺内に沈着する可能性の高い粒径5μm未満の粒子である点も重要である。

上記の兼保氏の分析を踏まえれば、次の点が確認できる。

粒径が大きい方のピーク（4.9～7.4μm）は、大気中に圧倒的に多い、土壌の主成分であるケイ素（エアロゾル）の粒径分布に類似しており（前掲兼保論文）、土壌に沈着した放射性微粒子が再浮遊し飛散した可能性を示唆している。すなわち、この分布は、すでにこの時期には、事故原発からの一次的な

[注23] 小泉昭夫、原田浩二、新添多聞、足立歩、藤井由希子、人見敏明、小林果、和田安彦、渡辺孝男、石川裕彦「福島県成人住民の放射性セシウムへの経口、吸入被ばくの予備的評価」
http://hes.med.kyoto-u.ac.jp/fukushima/EHPm³011.html

放出が続いていただけでなく、放射性微粒子の再浮遊（resuspension）が本格的に始まっていたことを示していると考えることができる。

ピークではないが2μm前後の粒径も1割程度を占めており、福島市のような汚染が深刻な地域においては、足立氏が発見したセシウム・ウランを含むボール状微粒子もまた広く再浮遊していた可能性も否定できないであろう。

2つのピークのうち粒径が小さい方の0.46〜0.7μmおよび0.46μm未満のピークは、兼保氏が指摘した粒径分布にほぼ等しいが、全体の放射能量の半分を占めている。1.1μm未満で見れば約6割を占めている。サブミクロンあるいはナノレベルの微粒子が過半であると推定できる。これは劣化ウラン弾の爆発によって放出される放射性微粒子のサイズである。すなわち福島事故が放出した放射性微粒子の健康影響は、劣化ウラン弾による健康影響と比較可能であることを示している[注24]。

(7) 2012年頃から現在まで：「黒い物質」と呼ばれている黒色の粉塵

2012年ごろから、強い放射線を放出する黒色の粉末状物質の目撃情報が、福島県南相馬市、東京都内各地などで相次いでいる[注25]。この現象は現在でも観測され続けているが、十分に解明されていない。また、法律上「放射性同位元素」としなければならないほど強い放射線を出すことが判明しているにもかかわらず、公的機関による本格的調査も行われていない。

この「黒い物質」と呼ばれる粉末には、性質の違う2種類の微粒子があることが分かっている。一つは、鈴木三男東北大学教授や山内知也神戸大学教授が分析した「藻類」によってセシウムイオンが生物濃縮された粉体、もう一つは、早川由紀夫群馬大学教授が分析した「風雨による集積」の結果生じた粉体である。植物由来か鉱質かの判断は間違いようがないので、2つの種類の「黒い物質」があると考えるのが自然であろう。

両者とも強い放射線を発し、山内氏によれば、南相馬で採取されたサンプ

[注24] ロザリー・バーテル前掲書（注13）
[注25] 黒い物質」「黒い塵」「黒い粉」についての記述は多くあるが、ここでは志葉玲「首都圏を襲う超高線量の黒い物質（その1〜3）」（2012年6月1、4、5日）を挙げておこう。
　　　http://reishiva.jp/report/?id=5888
　　　http://reishiva.jp/report/?id=5891
　　　http://reishiva.jp/report/?id=5896

ルの最高は1kgあたり340万Bq、東京で発見されたものの最高は24万Bqの放射性セシウムが検出されたという[注26]。

　早川氏によれば、黒い塵は「風雨の作用で地表のセシウムが寄せ集められた土」であり、ビルやアスファルトなど「人工構造物に取り囲まれた都市では容易に起こる」という[注27]。われわれが見てきたように、放射性物質が最初から個々の原子レベルではなく微粒子として放出されたという事実を考慮すれば、このようなサイズの大きな粒子への集積は容易に説明できるであろう。

　他方、山内氏は、調査したサンプルについて、足立氏の発見した放射性微粒子（第1節2-(1)記載）とは「直接の関係はないと考えられる」という。平均粒径については、「藻類は割れば細かくなるので、粒径は測定しなかった」とのことである（山内氏から共著者への私信による）。早川氏についても粒径を明確に規定している資料を見いだすことができなかったが、数十から数百μmで、われわれが上で検討してきた微粒子よりはかなり大きいと思われる。ただ重要なのは、山内氏の指摘するように「藻類なので踏みつぶせばいくらでも細かくなる」点で、時間的経過と共に微粒子化し、肺沈着の可能性が高い5μm以下の粒径に変化していく危険がある。

　原子力発電の専門家から反原発活動家に転じたアーニー・ガンダーセン博士とボストン化学データ社の社長で放射性同位元素についての専門的研究者であるマルコ・カルトフェン氏は、事故原発から10km離れた福島県浪江町で採取した塵の放射線分析を行い、それが直接に核燃料に由来する「ホットパーティクル」であることを発見した。その分析結果はインターネットで

[注26] 　山内知也（神戸大学教授）「放射能汚染レベル調査報告書　首都圏における生物濃縮がもたらす高レベルの汚染」（2012年4月20日）
　　　http://tokyo-mamoru.jimdo.com/%E9%AB%98%E6%BF%83%E5%BA%A6%E6%B1%9A%E6%9F%93-%E8%B7%AF%E5%82%8D%E3%81%AE%E5%9C%9F-%E6%83%85%E5%A0%B1/
　　　また『東京新聞』2012年5月17日「江戸川区　路上に高濃度セシウム」も参照のこと。
　　　http://onand.under.jp/genpatsu/index.php?%B9%BE%B8%CD%C0%EE%B6%E8%A1%A1%CF%A9%BE%E5%A4%CB%B9%E2%C7%BB%C5%D9%A5%BB%A5%B7%A5%A6%A5%E0%A1%A1%C1%F4%A4%E4%A5%B3%A5%B1%CE%E0%A4%C7%C7%BB%BD%CC%A4%AB

[注27] 　早川由起夫（群馬大学教授）「『黒い物質』改め『路傍の土』」（2012年5月25日）
　　　http://kipuka.blog70.fc2.com/blog-entry-512.html
　　　このような放射性物質が塊となって沈着する現象は「バルク・ディポジション」と呼ばれている。

公開されている[注28]。それによれば、粉体は、粒径2～10 μm、均質で一様な（homogenous and uniform）粒体で、150万Bq/kgという強い放射線を発し、セシウム137と134だけでなく高濃度のラジウム226が含まれていた（トリウム、鉛チタン酸塩、イットリウム・ランタン化合物、コバルト60も含まれていた）。鉛・希土類を含む微粒子の中には、粒径1～2 μmという呼吸によって肺に沈着する可能性の高い粒子も見られた。彼らは、この粉体が、核分裂生成物だけでなく「燃焼しなかった核燃料の一部」をも含んでいる可能性が高いと考えている。

カルトフェン氏は、2014年8月3日に、福島原発から460km離れた名古屋で採取された掃除機フィルターから、極めて強力な放射線を発する放射性微粒子（粒径10 μm）を発見した。それにはセシウム137・134だけではなく、コバルト60、ラジウム226が検出された。放射線量が法外に高い（1キログラムに換算すると4000京Bq/kg）ことから、カルトフェン氏は、その粒子の少なくとも80％は核燃料自体の破片であろうと評価している[注29]。

京都大学大学院工学研究科の河野益近氏は、2014年8月から9月にかけて、福島県南相馬市内および福島県各地で「黒い物質」を採取し、放射線強度を測定した[注30]。その結果によれば、南相馬では16万～99万Bq/kg、福島市内でも8万Bq/kgが検出されている。これによれば、「黒い物質」は、現在

[注28] "Japan's *Black Dust* with Marco Kaltofen", Fairewinds Energy Education Podcast July 10th, 2013; Podcast Transcript
http://www.fairewinds.org/japans-black-dust-with-marco-kaltofen/
日本語訳は、小林順一訳「放射線科学の世界的権威が明らかにする・日本の黒い塵、その正体（その1～5）」
http://kobajun.chips.jp/?p=13069
http://kobajun.chips.jp/?p=13706
http://kobajun.chips.jp/?p=13975
http://kobajun.chips.jp/?p=14179
http://kobajun.chips.jp/?p=14201
カルトフェン氏による詳細な説明は次のサイトにある。
http://fukushimavoice-eng2.blogspot.jp/2013/06/radiological-analysis-of-namie-street.html

[注29] "The Hottest Particle" April 3rd, 2014
http://www.fairewinds.org/hottest-particle/
日本語訳は以下のサイトにある。「黒い砂の正体はつまり核燃料」
http://ameblo.jp/mhyatt/entry-11866091534.html

[注30] 「フクロウの会」のホームページにある。以下のサイトの4ページを参照のこと。
http://fukurou.txt-nifty.com/fukurou/files/2014_1010ozawa2.pdf

も、多くの住民の生活空間において存在し、数多くの人々を、とくに戸外で遊ぶことの多い子供たちを確実に内部被曝に導いていると考えられる。

(8) 市民の観測によって可視化された放射性微粒子の飛散

事故原発から約17km離れた福島県南相馬市小高区（居住制限区域内）では、一般市民が吸引したフィルターのオートラジオグラフィーによって飛散している放射性微粒子を撮影することに成功している（図1）。観測はフクロウの会の協力のもと小澤洋一氏によって行われ、吸引量は、毎分80リットル、計37日と23時間で4373㎥、大人の人間の182日分（約半年分）の呼吸量と等しいという[注31]。

図1　市民によって可視化された放射性微粒子
放射能を見えるようにした▶オートラジオグラフィーの画像（右）

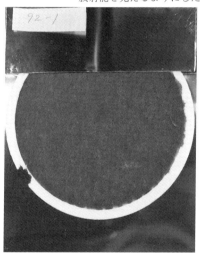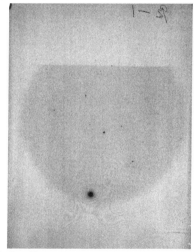

出典：福島県南相馬市小澤洋一氏のご厚意により掲載。詳細は以下のサイトにある。
　　http://astroy.web.fc2.com/Nuk/Minsom/RadiationFukushimaM.html

[注31]　この市民による放射性微粒子の可視化については、「検証『美味しんぼ』鼻血問題　後編『チェルノブイリ規模の放射能汚染でも、国を信じて住み続けて大丈夫か？』」『週刊プレイボーイ』2015年3月30日号に紹介されている。インターネット上では「福島の環境放射能　南相馬　空気中浮遊放射能　エアサンプラーろ紙の放射能を見る　オートラジオグラフィーデータ」を参照のこと。
　　http://astroy.web.fc2.com/Nuk/Minsom/RadiationFukushimaM.html
　その他のオートラジオグラフィーによる放射性微粒子の可視化については、森敏、加賀谷雅道『放射線像　放射能を可視化する』皓星社（2015年）が印象的である。

現在でも南相馬の住民は、わずか半年間にこれだけの放射性微粒子を吸い込んでいるのである。よく見るとこの画像データには、はっきり3種類の微粒子が写っているように見える。
　第1は、下の方に写っている大きな点で、かなり強い放射線を発しているか、粒径がかなり大きいか、その両方であるかであろう。核燃料の破片である可能性も否定できない。
　第2は、散らばっている小さな点（10数個見える）で、再飛散したミクロンレベルの放射性の微粒子であろう。
　第3は、フィルター部分全体が明らかにうっすらと感光しており、左下の拡大写真にも非常に細かな粒子が多数写っている。感光剤の粒径が分からないと結論は出せないが、観測が雨などが入らない環境で行われ、吸引されたのが空気だけだとすると、非常に細かいナノサイズの放射性の超微粒子が極めて多数捉えられている可能性が高い。また、吸引の条件によっては、空気中の水蒸気が凝固してその中に溶けていた放射性物質および可溶性粒子に付着していた放射性物質が溶け出した可能性もあるかもしれない。
　この観測結果は、いろいろな種類の放射性微粒子が再飛散しているという結論を裏付けるものである。このような市民による観測が広がり積み重なっていくことが期待される。

3　以上から導かれる結論

以上検討した観測事実から次のように結論できる。
① 　福島事故においては、放出された放射性微粒子は、主に、いったんは気化した物質が固化して形成された微粒子の形を取っていた。さらには、炉心溶融過程ですでに微粉化していた核燃料（核分裂生成物である多種の放射性物質が固溶している）が爆発により放出されて形成された微粒子もあった。
② 　福島事故において、(a)粒径の点で、(b)不溶性・可溶性の点で、(c)合金・ガラス状か各種大気中エアロゾルへの付着かの点で、生成過程の異なるさまざまな種類の放射性微粒子が放出された。
③ 　そのような性質の違いによって、これらの微粒子は人体内に侵入する

過程において異なった経路を辿ることになる。
④　早い時期から、遅くとも2011年7月には、放射性微粒子の再浮遊が本格的に始まっていた可能性がある。
⑤　福島から東京にかけて広く拡散している「黒い物質」は、ここで検討した福島原発から放出された放射性微粒子であるか、福島事故により放出された放射性物質に由来するものである。またこの事実により、足立氏らが発見した「ホットパーティクル」が、ごく少数の例外的な存在ではなく、広く存在する普遍的現象であることが証明されている。
⑥　核燃料の直接の破片が広い範囲（事故原発から500km程度）にわたって飛散している可能性がある。
⑦　福島原発事故によって放出された放射性微粒子の危険性はきわめて深刻であり、決して無視したり軽視したりできるものではない。

第2節　放射性微粒子の人体内への侵入経路

1　住民の被曝経路全体の中での放射性微粒子による被曝の位置

　放射性微粒子の人体内への侵入経路を考察する前に、放出された放射性物質による住民の被曝の経路を全体として捉え、その中での放射性微粒子による被曝の位置を明らかにしておく必要がある。
　アメリカ疾病予防管理センター（以下CDCと略記）のロスアラモス研究所史料収集評価計画（Los Alamos Historical Document Retrieval and Assessment (LAHDRA) Project）のトリニティ原爆実験に関する文書（付属文書N）は、核実験による住民の被曝の経路を以下のように要約している[注32]。
①　爆発自体による直接かつ即時の放射線照射〔ここでは無視できる〕

[注32]　*Interim Report of CDC's LAHDRA Project − Appendix N* より22〜23ページ　"Potential Pathways of Public Exposure" の項。文書の日付は2007年7月13日となっている。
　http://www.lahdra.org/reports/LAHDRA%20Report%20v5%202007_App%20N_Trinity%20Test.pdf

② 放射能雲が上空あるいは近傍を通過したことによる直接の外部被曝
③ 放射能雲の中に入り込んでしまうことによる直接の外部被曝
④ 土壌〔さらに立木や森林、建物ほか構造物、その他環境全体〕に沈着した汚染物質による直接の外部被曝
⑤ 皮膚〔眼を含む〕・髪（体毛）・衣服に沈着した汚染物質による直接の外部被曝〔および表皮・角膜などからの浸透による内部被曝〕
⑥ 浮遊汚染物質〔気体（液体も）および放射性微粒子〕を吸い込んだことによる内部被曝
⑦ 再浮遊した降下微粒子を吸い込んだことによる内部被曝
⑧ 〔放射性物質イオンおよび放射性微粒子によって〕汚染された食品〔水や飲料も含む〕を摂取したことによる内部被曝

　これは住民被曝の経路の全体像を捉えようとする試みとして注目される。われわれのコメントは角括弧〔　〕内に書き込んである。
　われわれとの関わりでは、①の直接照射はほとんど無視して良いであろう。このリストを見ただけでも、放出放射能による住民被曝の中で放射性微粒子がいかに広範な経路に関連するかは明らかである。②〜④に関わる外部被曝においても放射性微粒子は重要な役割を果たすと考えられるが、今は置いておくこととしよう。ここでは⑤〜⑧の内部被曝についてのみ検討することとしたい。
　これらについても、放射性物質が最初に生体に取り込まれる微粒子（および気体）の形態から、溶解して原子レベルのイオンの形態への移行を、問題にしなければならない。ただ⑧では最初からイオンの形態で取り込まれる場合がある。たとえば、放射性セシウムについて言えば、微粒子形態はもちろん、溶解してイオンとして取り込まれたときも、天然由来の放射性物質であるカリウム40などとは違って、体内の特定部位に偏在し同じように集中的・継続的被曝を与えることが重要である（この点については本書第三章にて詳述する）。

2　タンプリン、コクランの問題提起

　放射性微粒子の人体への影響をどのように解明すべきかについては、

1974年のタンプリン、コクランによる論文「ホットパーティクル用の放射線基準――プルトニウムの不溶性粒子とその他のアルファ線放射体ホットパーティクルに内部被ばくした人間に関する現行放射線防護基準の不適切性についてのレポート」(以下「ホットパーティクルの放射線基準」と表記)[注33]が決定的に重要な問題提起を行っていた。タンプリンは、原爆開発のために設立されたローレンス・リバモア研究所の元研究員であったが、論文でプルトニウム微粒子の特別の危険性を全米と世界に訴えた。論文は、体内での微粒子による被曝は「不均一照射」であり、外部被曝による「均一照射」とは違う考え方を導入しなければならないことを主張し、この点でICRPを「まったく手引きを与えていない」と批判した。

3　1969年の日本原子力委員会（当時）の報告書

日本においては、タンプリンの歴史的とも言える問題提起に先行して、早くも1969年に、当時の原子力委員会が、微粒子による内部被曝のメカニズムを検討し、その危険性を報告している事実があることを確認しておこう（「原子力委員会決定　昭和44年（1969年）11月13日　プルトニウムに関するめやす線量について」）[注34]。

荻原ふく氏はこの文書を発見して、ホームページ「No Immediate Danger」

[注33]　アーサー・タンプリン、トーマス・コクラン「ホットパーティクルの放射線基準」原子力安全問題研究会編『原子力発電の安全性』岩波書店（1975年）所収。
　　小出裕章「プルトニウムという放射能とその被曝の特徴」も参照のこと。
　　http://www.rri.kyoto-u.ac.jp/NSRG/kouen/Pu-risk.pdf
　　タンプリン、コクランの当時の報告はインターネットで見ることができる。
　　Authur R. Tamplin, Thomas B. Cochran (1974.2), "Radiation Standards for Hot Particles, A Report on the Enadequacy of Existing Radiation Protection Standards Related to Internal Exposure of Man to Insoluble Particles of Plutonium and Other Alpha-Emitting Hot Particles"
　　http://docs.nrdc.org/nuclear/files/nuc_74021401a_0.pdf
　　ホットパーティクルに関する論争の紹介は荻原ふく氏の「ホットパーティクル仮説をめぐる論争」を参照のこと。
　　http://noimmediatedanger.net/contents/seminar1976/269

[注34]　原子力委員会の文書は、『原子力委員会月報』14(12)で、以下の政府サイトにある。
　　http://www.aec.go.jp/jicst/NC/about/ugoki/geppou/V14/N12/196901V14N12.html

でこの重要な事実を指摘し、「ホットパーティクル」が福島事故で生成された可能性を調査もせずに否定した日本のICRP委員たちを強く批判している[注35]。

この政府文書は、プルトニウムの微粒子の体内への侵入と内部被曝のメカニズムに関して、きわめて重要な指摘をしている。長くなるが引用しよう。

事故時に放散されるプルトニウムの形態
　……燃料物質が原子炉建屋の外に放散されるような事故を考えるならば、そのときの放散されるプルトニウムの形態は、酸化物のかなり細かい粒子であると考えてよいと思われる。このような形態のプルトニウムが原子炉周辺の公衆と接触するのは、事故時に生じたエアロゾルが格納施設から漏れでて外界に放散されるときと考えられる……仮想される原子炉事故の場合に、最も多くの人が遭遇し、かつ、これらの人々が放射線障害を受ける危険性が最も大きいと考えられるのは、これらのエアロゾルを吸入することによってプルトニウムを体内に摂取する場合である。……

吸入されたプルトニウムの代謝
　プルトニウムがエアロゾルとして大気中に放散された場合、吸入されたプルトニウムの一部は呼気とともに排出されるが、残りは呼吸器系の各部に沈着する。
　①　プルトニウム粒子の呼吸器系への沈着
　　　プルトニウム粒子の呼吸器系の各部への沈着の割合は、その粒子の径によって大きく左右され、さらに粒子の気道中での速度を支配する呼吸量によっても影響をうける。一般に、粒子径が大きいものは鼻咽腔に、中位のものは気管、気管支に、更に微細なものは終末気管支および肺胞の部分にまで侵入して、そこに沈着する。一般に、大気中に放出されるプルトニウムエアロゾルは、単一の粒子径のものではなく、種々の大きさのものが混在する。……（別図、本書では図2）
　②　プルトニウム粒子の沈着後の行動

[注35]　荻原ふく氏のサイトは以下にある。
　　　　http://noimm ediatedanger.net/contents/seminar1976/270

呼吸気道の各部へ沈着したプルトニウム粒子は、それがPuO_2のような不溶性のときは、一部は鼻汁とともに外部へ、残りは嚥下されて消化管へ移る。気管や気管支に沈着した粒子は、これらの部分の呼吸気道に存在する繊毛により粘液とともに上方へ送られ、咽頭部を経て消化管へ移行するが、このときの速度は非常に速く、数分及至数十分と推定されている。……終末気管支および肺胞に沈着した粒子は、その部位では繊毛による粒子の移動がないため、長い期間そこに留まる。肺胞の壁を構成する細胞の中には、粒子を貪食する作用をもつものがあるので、一部の粒子は貪食され、さらに、その一部は細胞とともに肺淋巴節へ移行しそこに長く留まるものと考えられている。

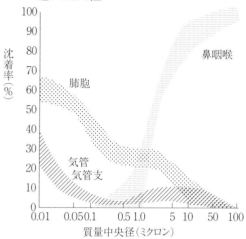

図2　肺の各領域における沈着率の粒径分布の違いによる差

呼吸器：1450mℓ/分
分布パラメーター（幾何学的標準偏流）：1.2〜4.5
対数正規分布

〔注意：原図の横軸左下の2箇所のミクロンの表記（0.1と0.5）は、明らかに誤植で、0.01と0.05としなければならないと思われる。ここでは変更した。〕

　プルトニウムは、肺臓の各部でわずかではあるが血液中に吸収され、また、貪食されたプルトニウム粒子の一部は、淋巴を介して血液中へ入る。

　血液中に入ったプルトニウムは、一部は肝臓へ、他は骨、骨髄に移行する。肺臓に沈着したものは緩慢に減少し、一方、肝臓、骨、骨髄、肺淋巴節では、極めてゆっくり増加する。……

問題とすべき臓器

……肺臓は、その機能の重要度からしても、また放射線感受性という点か

らも重要視すべきであり、とくに吸入後初期には、線量率も肝臓、骨等に比べて著しく高く、また、PuO_2の場合、肺胞のプルトニウムによる積算線量は肺淋巴節に次いで大きく、動物実験においても多数の肺癌が認められているので、肺臓は……問題とすべき臓器の一つである。……

　同報告には前ページ別図（図2）が付いており、これも重要である。「肺の各領域における沈着率の粒径分布の違いによる差」と題されており、とくに鼻咽喉への沈着率は最近の「鼻血」問題との関連で注目される。
　すでに今から45年前に、内部被曝の具体的なメカニズムを明らかにしようとするこのような見解が、政府報告として公式に表明されていたことは、驚くべきである。荻原氏は、この文書が現在までほとんど忘れ去られていた事実に言及している。最も重要な点は、この内容が、そこで述べられているプルトニウムだけではなく、セシウム、ウラン、ストロンチウムほかの放射性物質について同じように当てはまることである。

4　内科学および薬学の教科書による肺内沈着の説明

(1)　『内科学書』（中山書店）の叙述

　もちろん政府報告書のこのような内容は、医学の基本的な学説に沿ったいわば教科書的見解であって、決して特異なものではない。放射性微粒子の肺内沈着のメカニズムは、基本的に「じん肺」を引き起こす過程と同一であると考えられる。内科学の二大教科書のひとつ、『内科学書』（中山書店　第3版1987年）は、「呼吸器疾患13　じん肺」の項で次のように書いている。「一般に吸入された粉じんは、6μm以上の大型粉じんの80％は気道で捕捉され、肺胞腔に達するのは2μm以下の粒子である。0.2μm以下の粒子はそのまま喀出されるか肺胞の食細胞により処理されるので、結局じん肺を起こす最も有害な粒子の大きさは1～5μmと考えられている」。[注36]

　ただし、じん肺の場合は、微粒子は遊離珪酸（SiO_2など）などで、もっぱら細気道に固着してそこに炎症を起こし、肉芽腫が形成されたり、繊維化が生じたりすることが主な病態であるが、福島事故の場合は放射性微粒子であ

[注36]　山村雄一、吉利和編『内科学書』第3版　中山書店（1987年）881ページ

るから、肺に留まればそこで肺病変を起こし、もしも食細胞に捕捉されたときに崩壊をおこして食細胞が破壊されれば、リンパ管からのみでなく、肺胞の毛細血管から体内血流にのり、体内に入り込むことは容易に考えられる。

　また『内科学書』は、「治療総論」の中に「b. 吸入療法 a）エアゾール粒子の大きさと付着部位」の項があり、「正常な機能をもった肺では、深くゆっくりした呼吸を行った場合、肺胞には 1～2μm、細気管支には 5～10μm、気管支には 12～20μm、上気道には 40μm以上の粒子が付着する」としている[注37]。

(2) 吸入薬の使用法についての薬剤師向け教科書の記述

　薬学関係の吸入薬に関する教科書も同じ内容の記述をしている[注38]。最近では吸入薬の薬効を向上させるために、各製薬メーカーによって粒径を小さくする努力がなされている。その関連で、粒径と肺内沈着率が研究されており、粒径 5μm前後では肺内沈着率は 15％程度であるが、1μm程度にまで微細化すると沈着率は 50％を越え 65％程度にまで高まることが明らかになっている。粒径によって気道のどの部分に沈着する可能性が高いかも解明されており、粒径 7～10μmの微粒子は肺内の相対的に浅い部位（気道分岐回数 3～6程度）に、粒径 1～3μmの微粒子は肺内の非常に深い部位（気道分岐回数 15～18程度）に大部分が沈着するとされている。またそれによれば、粒径が小さい場合に、3で引用した政府報告書の「別図」よりも肺内沈着率が高いことが分かっている。

5　肺内に沈着した放射性微粒子による内部被曝の危険

　肺に沈着した放射性微粒子はそこで内部被曝を引き起こす。タンプリンの警告で分かるように、微粒子による被曝は放射性核種の原子単位での被曝よりも影響が桁違いに大きい。主要な影響はもちろん肺がんであるが、がんだけでなく、活性酸素・フリーラジカルによる肺炎を引き起こす可能性もある。『内科学書』第 8版（2013年）には、放射線治療によって生じる活性酸素・フ

[注37]　前掲『内科学書』第 3版　803ページ
[注38]　福井基成監修　吸入指導ネットワーク編　『地域で取り組む喘息・COPD患者への吸入指導　吸入指導ネットワークの試み』フジメディカル出版（2012年）65ページ

リーラジカルが引き起こす「放射線肺臓炎」の項目が記載されている[注39]。また、われわれが仙台錦町診療所・産業医学センターの広瀬俊雄医師にこの点を質問したところ「（活性酸素である）オゾンを我が国の大気環境水準の濃度で実験的にウサギに曝露したところ、組織所見（電顕〔電子顕微鏡〕含めて）で、末梢気道に反応性の細胞の集積（クラスタ）が確認され、その反映と思われる肺機能障害（クローズィングボリューム〔呼気中の N_2 濃度を測定して末梢気道閉塞の程度を調べる検査法〕を用いて末梢気道障害）を確認出来ている」という返答があった[注40]。低線量であっても放射線から発生する活性酸素・フリーラジカルが末梢気道を損傷する裏付けとなると考えられる。

　相対的に大きな（およそ2.5μm超）微粒子は、大量に鼻腔に付着した場合、局所的に毛細血管細胞を破壊し鼻血を引き起こす原因になるであろう。粒径の小さい（およそ2μm未満）放射性微粒子は、肺の最深部まで侵入して肺胞に沈着するので、長期にわたってそこに付着し、体内に取り込まれる比率も高く、内部被曝の危険が何倍も大きいと考えられる。足立氏が発見した2〜2.6μm程度の粒子は、どちらにも働くことができ、非常に危険な存在ということができる。気管に沈着した粒子は、喀痰（タン）として体外に排出されなければ、食道に入り、粒径が0.1μmより小さければ消化器から吸収される可能性がある。

　こうして肺から侵入した放射性物質は、血液とリンパ液を介して体内のあらゆる臓器、組織に侵入していくと考えられる。

　以前より、粉じん作業者には、肺がんを始めとする肺疾患のみでなく、食道がん・胃がん・大腸がんなどの消化器がん、肝臓がん、鼻・副鼻腔がん、脳腫瘍が明らかに多いと報告されてきた[注41]。また、マクロファージ（異物を取り込み消化する大食細胞）などの食細胞が破壊されるなどの細胞性免疫力の低下から、粉じん作業者には全身疾患が有意に多いという報告[注42]があった。

　また、被曝労働の観点から見るならば、アメリカ・エネルギー省関連核施

［注39］　小川聡総編集『内科学書』第8版（2013年）第2巻417ページ。
［注40］　公益財団法人宮城厚生協会 仙台錦町診療所・産業医学センター広瀬俊雄医師の本論文の共著者遠藤への私信
［注41］　海老原勇「粉じん作業による系統的疾患」『社会労働衛生』10巻4号 23-48,2013.3
［注42］　海老原勇「粉じん作業と免疫異常」『労働科学』58巻12号 607-634,1982.12。同「粉じん作業による全身疾患」『社会労働衛生』11巻1号 41-55,2013.6。

設で働く被曝労働者約60万人に対する調査（1980～1990後半）について報告された2000年3月の「クリントン・ゴア教書」では、白血病、悪性リンパ腫、多発性骨髄腫を含む22種のがんについて、放射線起因性であることが明らかにされた[注43]。

　放射性微粒子が肺の奥深くまで到達し、そこに長く留まり、放射線を出し続けたならば、肺がんを始め、肺線維症なども含めた肺疾患を引き起こすであろう。しかし、放射性微粒子が肺には留まらず、肺胞マクロファージなどの食細胞に捕捉された後、肺門部（左右両肺の内側の中央部にあって気管支・肺動脈・肺静脈が出入りする部位）や縦隔（胸腔内の中央にあり左右の肺を隔てている部分）のリンパ節などに長期に留まれば、悪性リンパ腫を発症する可能性があり、血流を介して骨髄に到達すれば、白血病や多発性骨髄腫などを引き起こす可能性がある。また、前述のように、いったん気道に入った放射性微粒子が喀痰などと共に飲み込まれ、消化器系に入り、がんを始めとする消化器疾患を引き起こすことも想像に難くない。

　さらに言えば、マクロファージに捕捉された放射性微粒子が崩壊を起こすことにより、マクロファージが破壊され、さらに再びその微粒子が別のマクロファージに捕捉されて再びマクロファージを破壊するというサイクルを引き起こすことによる免疫力の低下が生じることになる。まさに、このサイクルは後述する福島県及び東京において見られる小児の好中球減少のメカニズムではないかと考えられる。つまりは、あらゆる疾患からの回復力の低下

表6　チェルノブイリ原発事故で被曝した北ウクライナ住民にあらわれた精神身体疾患の変化（1987～1992年）住民10万人当たりの罹患数（成人および青少年）

疾患・罹患臓器	1987年	1988年	1989年	1990年	1991年	1992年	92/87比
内分泌疾患	631	825	886	1,008	4,550	16,304	25.8倍
精神疾患	249	438	576	1,157	5,769	13,145	52.8倍
神経疾患	2,641	2,423	3,559	5,634	15,518	15,101	5.7倍
循環器疾患	2,236	3,417	4,986	5,684	29,503	98,363	44.0倍
消化器疾患	1,041	1,589	2,249	3,399	14,486	62,920	60.4倍
皮膚結合織疾患	1,194	947	1,262	1,366	4,268	60,271	50.5倍
骨格筋疾患	768	1,694	2,100	2,879	9,746	73,440	95.6倍

出典：核戦争防止国際医師会議ドイツ支部著、松崎道幸監訳『チェルノブイリ原発事故がもたらしたこれだけの人体被害　科学的データは何を示している』合同出版（2012年）85ページより作成

[注43]　石丸小四郎ほか『福島原発と被曝労働』明石書店（2013年）206～207ページ

を引き起こす可能性を示唆している。このことは、チェルノブイリ事故後、人々にあらゆる疾患が増え、慢性疾患を有する人々の比率が急増したことの説明のひとつになり得るだろう。

チェルノブイリ事故後、がんだけでなく、がん以外でもほとんどあらゆる疾患が増加した事実は、たとえば前頁の表6に示されている。

6 とくにナノ粒子の危険

本論文で検討してきたとおり（第1節2-(1)から2-(4)までおよび2-(6)）、福島原発事故において粒径1μm未満（ナノレベル）の放射性微粒子が極めて多数放出されていたことは、観測によって証明されている。また、本論文で引用した兼保直樹氏らの観測によれば、放射性微粒子の粒径分布は、放射能量で見て、大部分がナノ粒子であったことが明らかになっている。さらに小泉昭夫氏らによるセシウム粒子の分析によれば、採取された放射性微粒子全体の中で、1.1μm未満の放射性微粒子は重量で40.7％、セシウム放射線量で58.9％を占めている（表5）。また「PM2.5」と並んで最近注目されるようになっている「PM0.5」で見ると、0.46μm未満の粒子は重量の10.5％、放射線量の25％を占めている。粒子の絶対数で見れば、放出された放射性微粒子の中で、これらナノレベルの微粒子が圧倒的に多いと考えるべきであろう。

しかも、環境研究所が行ったディーゼルエンジンの排気ガスに含まれる粒子（DEP）による研究では、ナノ粒子の呼吸器系各部位への総沈着率は、ミクロンレベルの粒子の総沈着率よりも高くなることが明らかになっている（図3）。肺胞への沈着率は10数nm付近で最大となり、1μmの約5倍程度となっている[注44]。

これにより、放射性微粒子についてもこれと同様の傾向があることが示唆される。すなわち、粒径がナノレベルのこのような放射性粒子は、ミクロンレベルの粒子よりも危険性が桁違いに大きいと考えられる。かつては「1μm以下の小さな粒子は、その大半は肺にとどまらずに呼出（息を吐き出す）されてしまう」と考えられていた（たとえば1987年発行の前掲『内科学書』第3版

[注44] 国立環境研究所「微小粒子の健康影響」『環境儀』No.22（2006年10月）
http://www.nies.go.jp/kanko/kankyogi/22/04-09.html

803ページ)。しかし、現在、0.1μm(100nm)以下の微粒子は、肺胞から直接血液中に入り込み、また消化管からも皮膚からも体内に直接吸収されることが知られている[注45]。ナノ粒子の危険性はまだ十分に解明されていない。とくに劣化ウラン弾の爆発で生じるような5nm程度の微粒子は、ガスと同様に作用するので、とくに危険であると警告されている[注46]。しかもナノ粒子は、体内のあらゆるバリア(関門、例えば胎盤や脳血管)を通り抜けてしまい、胎児にも、脳にも直接入り込んでしまう可能性がある[注47]。また、最近の非放射性の重金属(コバルト・クロム)ナノ粒子を使った研究では、バリアを通り抜けなくても、バリア細胞間の信号伝達を攪乱し、バリアの向こう側の細胞のDNAを損傷することが明らかになっている[注48]。

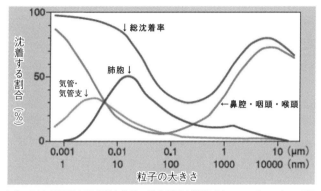

図3　ディーゼルエンジン排気粒子(DEP)の呼吸器系各部位への沈着率

出典：国立環境研究所「微小粒子の健康影響」『環境儀』No.22 (2006年10月)
http://www.nies.go.jp/kanko/kankyogi/22/04-09.html

[注45]　ナノ粒子の体内への取り込みの問題に関する政府側の資料は、例えば、以下の文書に見られる。
　　　環境省ナノ材料環境影響基礎調査検討会「ナノ材料の有害性情報について」
　　　https://www.env.go.jp/chemi/nanomaterial/eibs-conf/02/mat02.pdf
　　　研究の概要については国立環境研究所「ナノ粒子・マテリアルの生体への影響　分子サイズまで小さくなった超微小粒子と生体との反応」『環境儀』N0.46 2012年10月号
　　　http://www.nies.go.jp/kanko/kankyogi/46/46.pdf
[注46]　ロザリー・バーテル前掲(注13参照)
[注47]　安間武訳「あるナノ粒子は胎盤関門を通過する可能性がある　SAFENANO 2009年11月20日」
　　　原著は "Study indicates potential for certain nanoparticles to cross the placental barrier", SAFENANO 20/11/2009
[注48]　「ナノ粒子は細胞バリアを越えてDNAを損傷するかもしれない　ブリストル大学プレスリリース2009年11月5日」。これには安間武氏の要約がある。
　　　http://www.ne.jp/asahi/kagaku/pico/nano/news/091105_nanoparticles_DNA_

7 放射性微粒子による内部被曝の特殊性、集中的被曝とその危険

　ここで、内部被曝の人体への影響が今まで考えられてきた以上に極めて広い範囲に及ぶという点を見てみよう。まず、内部被曝には大きく分けて２つの形態すなわち①放射性原子による被曝と②放射性微粒子による被曝とがあるという点を認識しておくことが重要である。しかもこれらの２形態は、あれかこれかというような相互に対立するものではなく、並行して生じ、相互に結びついて進行し、そのことによって内部被曝の影響をいっそう深刻化し複雑化すると考えなければならない。

　内部被曝は、多くの模式図では各１個の放射性元素原子によって生じる場合が描かれている。確かに可溶性粒子の場合には、含まれている放射性物質がセシウムの場合、各個の原子が体内に入り、内部被曝を起こすであろう。しかし同じセシウムを含む粒子でも不溶性の微粒子の場合、とくにナノ粒子になった場合には、徐々には体液に溶けて行くにしても、長期間粒子のままとどまり、集合体として周囲の細胞や組織を集中的に放射線によって攻撃して行くであろう。いわゆる「生物学的半減期」(そのようなものが存在するとして[注49])は、放射性核種が個々に原子レベルで存在するという仮定の下での数

---

　　　damage.html
　　　原著は University of Bristol; Press release issued 5 November 2009; "Nanoparticles may cause DNA damage across a cellular barrier"
　　　http://www.bris.ac.uk/news/2009/6639.html
[注49]　落合栄一郎氏は、「生物学的半減期」が国際原子力組織（ICRP など）の作り出した虚構であって現実には存在しないと主張している。「落合栄一郎さん来日歓迎講演会『放射能は地球上の生命を徐々に蝕んでいる』」
　　　https://www.youtube.com/watch?v=ImuXpf9am-E&feature=youtu.be
　　　また落合栄一郎『放射能と人体　細胞・分子レベルから見た放射線被曝』講談社（2014 年）79 ページを参照のこと。
　　　放射線医学総合研究所の谷幸太郎研究員は「東京電力の作業員が体内に吸い込んだ放射性セシウムは、当初の予測より、体外への排出が遅い」という追跡調査結果を発表した（読売新聞 2015 年 8 月 10 日）。引用されているグラフによれば、体内のセシウム量は、生物学的半減期から予測されるカーブより上の水準で、低下が止まろうとしている。この現象が被曝した作業員の追跡調査によって実際に観測されたことは重要である。また調査した谷氏は、この原因について「セシウムの一部が水に溶けにくい化合物になり、肺に長くとどまるためではないかと推定している」として、セシウムを含む放射性微粒子が排出されにくい原因であることを示唆している。これらの点で谷氏の研究は、ICRP の体外排出モデル全体

値であり、不溶性微粒子の場合には意味をなさない。また可溶性微粒子の場合でも、溶けるまでには時間がかかるので、微粒子中の放射性物質の「生物学的半減期」が1個1個の原子の場合より長くなることは明らかである。

内部被曝は、各1個の放射性元素原子によって起こる場合もきわめて危険であるが、数個から数百億個[注50]という多数の放射性原子を含む微粒子によって起こる場合は、桁違いに危険であると言わなければならない。さらに微粒子の粒径が小さくなればなるほど、粒子内部で他の粒子による遮蔽効果が少なくなるので、放射性粒子に近接する生体部分の被曝量は大きくなる。

食物より吸収した場合も同様である。放射性微粒子は動物にも同じように微粒子として取り込まれるので、動物の肉として食べた場合も、微粒子とし

の根本的な再検討を迫っており、注目に値する。
　　　読売新聞オンライン「セシウム排出、予測より遅い…作業員を追跡調査」
　　　http://www.yomiuri.co.jp/science/20150810-OYT1T50080.html?from=ytop_main4#

[注50]　おおざっぱな計算だが、セシウム原子の半径が256pm（ピコメートルすなわち 10^{-12} メートル）なので0.256nmとなり、1nmに原子が2個並ぶ。1nmの立方体にはセシウム原子が8個入ることになる。足立氏の発見した粒径2μmはおよそ直径2000nmなので半径はその半分1000nmである。球体の体積は $4\pi r^3/3$ なので、半径は1μmの球体には $4\pi \div 3 \times 1000^3 = 4.19 \times 10^9$ 個の1nmの立方体があることになる。それぞれ8個の原子が含まれるので、セシウムの原子数は 33.5×10^9 個すなわち335億個ほどになる。実際には他の原子も含まれるので、セシウム原子の数はずっと少ないものと考えられる。

小柴信子氏は、足立論文に基づいて、足立氏が採取した2.6μmと2μmの放射性微粒子中のセシウム原子の数をそれぞれおよそ45億個と21億個と推計している。

「足立論文に、直径2.6μmの微粒子から検出したセシウムのBq数から、微粒子に含まれるセシウムの質量濃度は、微粒子の密度を2.0[g/cm³]と仮定すると5.5%とある。これに基づき1微粒子に含まれるセシウム原子数を計算した。
微粒子の体積は球の体積の公式より、9.2 × 10E (-12)［cm³］。
微粒子に含まれるセシウムの質量は、微粒子の体積×微粒子の密度×セシウムの質量濃度なので、
　9.2 × 10E (-12)［cm³］ × 2.0［g/cm³］ × 0.055 = 1.0 × 10E (-12)［g］
セシウム134（原子量134）とセシウム137（原子量137）はほぼ同量検出されているので、セシウムの原子量135.5とすると、セシウムのモル質量は135.5[g/mol]。
1微粒子に含まれるセシウムのモル[mol]は
　1.0 × 10E (-12)［g］/ 135.5[g/mol] = 7.5 × 10E (-15)［mol］
1モルあたりの原子数は6.0x10E (23)［個/mol］（アボガドロ数）なので、1微粒子に含まれる原子数は
　7.5 × 10E (-15)［mol］ × 6.0 × 10E (23)［個/mol］ = 4.5 × 10E (9)［個］
足立氏らが発見した直径2.6μmの1微粒子に含まれるセシウム原子数は45億個となる。またもう一つの粒子の場合も同組成だとすると直径2.0μmなので、体積比は1.33/13=2.197であり、45億個の約半分の原子数となる」。（筆者への私信）

て肉に含まれていた放射性物質はそのまま微粒子として、原子単位で含まれていた放射性物質はそのまま原子として、人体内に入ってくるであろう。植物性食品の放射能汚染も同じと考えるのが自然であり、肉などと同じように原子としてばかりでなく微粒子として取り込まれ、人体内で被曝する可能性がある。

　放射線の人体に及ぼす影響については、落合栄一郎氏の全面的な研究(『放射線と人体』講談社2014年)[注51]があり、同書を参照されたい。落合氏は、はっきりと放射性微粒子による内部被曝の模式図を掲げており、注目される。細胞の大きさと比較すると、落合氏は、ほぼ足立氏らが発見した放射性微粒子(粒径2〜2.6μm)を考えていることが分かる[注52]。

8　放射線の直接の作用と活性酸素・フリーラジカル生成を通じた作用(「ペトカウ効果」)

　被曝とりわけ内部被曝の危険性は、従来、主にDNAに対する損傷だけが注目され、それが引き起こす健康障害も、主としてがんだけが語られてきた。しかし最近、この影響はさらに広く理解されなければならないことが解明されてきている。ここで各項の内容には踏み込むことができないが、全体像を摑むため項目別に列挙してみよう。

　まず、放射線の作用は、主に2つある。

(a)　<u>放射線による直接の作用</u>、すなわち①体内では40μm程度しか飛ばないがその間にほほ10万個の分子をイオン化する強力な破壊力を持つヘリウム原子核であるアルファ線、②10mm未満でおよそ数mm飛び多くの分子をイオン化する高エネルギーの電子であるベータ線、③1mほど浸透し疎らにイオン化し身体を突き抜けてしまう高エネルギーをもつ光子であるガンマ線など[注53]。

[注51]　落合栄一郎前掲(注49)『放射能と人体　細胞・分子レベルから見た放射線被曝』。同書の基礎となった英語版は、Eiichiro Ochiai; Hiroshima to Fukushima — Biohazard of Radiation; Springer Verlag; 2014である。英語版には日本語版において割愛された重要部分(放射線と人類とは絶対に共存できないという氏の強い信条など)もあり、さらに内容豊かなものとなっている。

[注52]　Eiichiro Ochiai 前掲書(注51) 108ページ。

[注53]　矢ヶ﨑克馬「内部被曝についての考察」(「劣化ウラン廃絶キャンペーン」のホー

(b) 放射線による間接の作用、すなわち放射線が生み出す活性酸素・フリーラジカルによる作用（一般に「ペトカウ効果」[注54]と呼ばれている）およびイオンチャンネル阻害作用など。

(1) 放射線の直接的作用

さらに、(a) 放射線による直接の作用については、

① 遺伝子の損傷。
　(イ) DNA鎖の切断や塩基の損傷。
　(ロ) 遺伝子発現過程（DNAメチル化、ヒストンタンパクのアセチル化・メチル化・リン酸化などエピジェネティクス〔DNAの塩基配列の変化をともなわず、染色体の変化によって生じる、安定的に受け継がれうる表現型[注55]〕）の損傷。
　(ハ) （修復されたとしても）遺伝子の不安定化。
② 細胞膜の損傷。
③ 細胞膜にある各種チャンネルの損傷。
④ ミトコンドリアの損傷、それによる慢性疲労性障害いわゆる「ぶらぶら病」。
⑤ 細胞内の水分子のイオン化（以下で検討する活性酸素・フリーラジカルによる損傷）。

　　ムページより）
　　http://www.cadu-jp.org/data/yagasaki-file01.pdf
[注54]　われわれの前掲（注1）『原発問題の争点』第1章第6節「低線量被曝の分子基盤：ペトカウ効果とバイスタンダー効果」を参照のこと。「ペトカウ効果」の語義は、当初の「ペトカウの実験」という意味から、「放射線起因の活性酸素による細胞損傷メカニズム」「活性酸素及びその反応によって生じる過酸化脂質などにより引き起こされる、悪性腫瘍・動脈硬化症・心臓病・脳梗塞を含む多くの病気や老化」へと拡大してきた。この点については、Wikipedia日本語版の「ペトカウ効果」の項目が興味深い指摘を行っている。
　　http://ja.wikipedia.org/wiki/%E3%83%9A%E3%83%88%E3%82%AB%E3%82%A6%E5%8A%B9%E6%9E%9C
　　このような広義の「ペトカウ効果」解釈の基礎となった著作として、ラルフ・グロイブ、アーネスト・スターングラス著、竹野内真理訳『人間と環境への低レベル放射能の脅威』あけび書房（2011年）がある。
[注55]　エピジェネティクスの定義については、仲野徹『エピジェネティクス──新しい生命像をえがく』岩波書店（2014年）21ページ。

⑥　最近クローズアップされてきた問題として細胞外基質（細胞と常に情報を伝達し合い細胞にその機能を指示しているとされる細胞外マトリックス ECM）[注56]の損傷（われわれの見解では、放射線による ECM の損傷は、放射線による1個の細胞の損傷がその周辺の複数の細胞を損傷するという「バイスタンダー効果」を補説する可能性がある）。

　これらは、外部被曝でも内部被曝でも同じように生じると考えられるが、内部被曝は細胞のごく近傍で起こるために桁違いに危険である。

(2)　放射線の間接的作用
　また、(b)　放射線による間接の作用については、放射線によって生じた活性酸素およびフリーラジカル（酸素分子および水分子さらには窒素分子の一連の還元種、過酸化水素、過酸化脂質、オゾンなど）が、基本的には放射線と同じ破壊的作用をいっそう広範囲に行うことが分かってきた[注57]。生物無機化学からと、医学からの双方の観点から見てみよう。

①　生物無機化学からのアプローチ
　生物無機化学の面からの最近の研究により、活性酸素・フリーラジカルの生体への作用についても、がんだけでなくいっそう広く考えなけれ

[注56]　細胞外基質（細胞外マトリックス ECM ともいう）については、Extra Cellular Matrix; Mina Bissell: Experiments that point to a new understanding of cancer 参照。NHK のホームページにある。乳腺細胞をその基質から引き離して培養すると乳汁を産生しないが、また基質内に入れると産生するようになる、がん細胞を正常な基質内に入れると無際限な分裂が止まるなどの興味深い実験が紹介されている。細胞外基質が細胞に対しどう機能すべきかを指示しているのではないかという推論を行っている。
　　http://www.nhk.or.jp/superpresentation/backnumber/140924.html
　　デヴィッド・サダヴァほか著、石崎泰樹ほか訳『アメリカ版　大学生物学の教科書　第1巻　細胞生物学』講談社（2010年）73〜75ページも参照した。
　　関口清俊（大阪大学蛋白質研究所教授）「細胞外マトリックスの多様性とインテグリンシグナリング」も、細胞膜と細胞外基質との情報伝達の具体的メカニズムに関して重要な指摘を行っている。
　　http://www.protein.osaka-u.ac.jp/chemistry/research/ECM.html
[注57]　この際、落合氏の指摘するように、作用が強力で人体内に解毒する酵素がないヒドロキシラジカル・OH がとくに重要である。落合前掲（注49）『放射線と人体』158ページ

ばならないことが明らかになってきている。ここでは、2012年に刊行された最新の生物無機化学の代表的な教科書の一つ、山内脩氏らの『生物無機化学』(朝倉書店) を取り上げよう。

同書は、一方では、生体が活性酸素・フリーラジカルを産生しその酸化損傷力を利用すると同時に、他方では、生体に備わっている解毒酵素 (スーパーオキシドディスムターゼSODなど) をはじめとする抗酸化システムがフリーラジカルを打ち消すという微妙なバランスにある点を指摘している[注58]。そのバランスが崩れ、酸化損傷力が抗酸化システムの能力を上回った場合、「酸化ストレス」が生じるとして、以下の諸過程を挙げている (252および358ページ)。

(イ) ヒドロキシラジカル・OHによるDNA鎖の切断、塩基の損傷。
(ロ) スーパーオキシド ($O_2^{\cdot -}$) および過酸化水素 (H_2O_2) によるミトコンドリアの損傷 ([Fe-S]クラスタなど)。
(ハ) ペルオキシ化による細胞膜脂質の損傷。
(ニ) 活性酸素種によるタンパク質の酸化。
(ホ) $O_2^{\cdot -}$ はリウマチ、心筋梗塞、糖尿病などさまざまな疾病の原因となる (例えば糖尿病患者の赤血球ではSODに多くの糖が結合しSODの活性が低下する)。
(ヘ) 老化の原因となる。
(ト) 筋萎縮性側索硬化症 (ALS、ルー・ゲーリック病) は活性酸素を解毒する酵素 (SOD) の変異に由来する。
(チ) パーキンソン病を引き起こす可能性がある。

放射性物質とくに微粒子による内部被曝は、活性酸素やフリーラジカルを生成し、まさに「酸化ストレス」を持続的に生み出し、上記のこれらすべての過程を促すであろう。活性酸素・フリーラジカルの作用には、局所的な作用と全身的な作用とが考えられる。放射性微粒子によって生じる活性酸素・フリーラジカルはまずは局所的に強力に作用する

[注58] 山内脩・鈴木晋一郎・桜井武『生物無機化学』朝倉書店 (2012年) の2.4および2.5の各節　220〜289ページ

であろうと考えられるが、全身的作用も伴うと考えられる。

〔直接的影響と間接的影響の大きさの比較、間接的影響が圧倒的である〕医学面からの検討に移る前に、放射線による直接的影響と間接的影響の大きさの比較について検討しよう。生田哲氏は『がんとDNAのひみつ』ソフトバンククリエイティブ（2012年）の中で、・OHラジカルを捉える試薬（エタノールとジメチルフルオキサイドDMSO）を使った比較照射実験を紹介している。それによれば「放射線（ガンマ線）によるDNA鎖の切断は、およそ80パーセントがフリーラジカルによるもので、20パーセントが直接におこるDNAダメージである」ことが分かるとし、「放射線によるDNA鎖の切断は、おもに間接的なしくみで進行すると結論できる」と書いている[注59]。DNAの切断だけをとっても、放射線の間接的な影響の方が4倍も大きいのである。しかも以下に検討するように間接的影響はDNA鎖の切断にとどまらず、極めて広い範囲に及ぶのである。

② 医学からのアプローチ

医学面からの最近の研究によっても、活性酸素・フリーラジカルが人体に与える影響をもっと広く考える必要があることが明らかになってきている。

〔がんをはじめ広範な疾患を引き起こす〕活性酸素・フリーラジカルの医学的影響に関する代表的研究者の一人である吉川敏一氏（京都府立医科大学名誉教授）によれば、フリーラジカル（吉川氏は活性酸素も含めた広い意味でこの用語を使っている）が標的とする生体内分子は非常に広範であり、生体の反応も複雑であり、いったんフリーラジカルをめぐる生体のバランスが崩れると、がんをはじめ極めて広範な疾病を引き起こす可能

[注59] 生田哲『がんとDNAのひみつ　放射線はどれだけDNAにダメージを与えるか？　がんからあなたを守るがん抑制遺伝子とは？』ソフトバンククリエイティブ（2012年）77ページ。同じ指摘は、すでに同著者の『がんとDNA　分子生物学で解き明かすがん』講談社（1997年）107〜108ページにある。ここでは、照射されたのは「電磁波」とされており、放射線はγ線であることが分かる。

性があると指摘している（表7～9）[注60]。吉川氏がフリーラジカル生成の原因の一つとして大気汚染、喫煙、ショックなどとともに「放射線」を挙げている（表8）ことは、とくに重要である。

同じく吉川敏一氏監修『酸化ストレスの医学 第2版』診断と治療社（2014年）は、放射線と活性酸素種の関係について新しい観点を提起し

表7　フリーラジカルの標的となる分子

標的	結果
脂質	過酸化（ペルオキシデーション）、膜変化
核酸	細胞サイクル変化、突然変異、塩基修飾
アミノ酸	タンパク質変性、劣化、酵素抑制、原子間の交差結合（クロスリンキング）
炭水化物	細胞表面の受容体の変化
補因子*	代謝上の変化
ヒアルロン酸	脱重合（ディポリメリゼーション）
生物学的因子	α1アンチトリプシンの不活性化、走化性因子、メディエータ、一酸化窒素

*酵素の十分な活性化に必要な無機・有機の物質のこと
出所：吉川敏一「フリーラジカルと医学」京都府立医科大学雑誌120 (6) 2011年 385ページの図8の筆者による翻訳
　　http://www.f.kpu-m.ac.jp/k/jkpum/pdf/120/120-6/yoshikawa06.pdf

表8　活性酸素・フリーラジカルに対する生体の防御機構

活性酸素・フリーラジカルの挙動	生体の反応	主な抗酸化物質
光、放射線、大気汚染、喫煙、ショック、虚血再灌流、金属、炎症、過酸化物とそれらによる活性酸素・フリーラジカルの発生	予防型抗酸化物（第1段階）	SOD、カタラーゼ、ペルオキシターゼ、金属安定化蛋白
標的分子（脂質、タンパク酵素、核酸）への攻撃	ラジカル捕捉型抗酸化物（第2段階）	ビタミンC、ビタミンE、ユビキノール、カロテノイド、ビリルビン
生体膜、組織の損傷	修復・再生型抗酸化物（第3段階）	ホスホリパーゼ、プロテアーゼ、DNA修復酵素、トランスフェラーゼ
生活習慣病、発癌、老化		

出典：吉川敏一氏（元京都府立医科大学教授）「フリーラジカルの医学」『京都府立大学雑誌』126 (6) 2011年　386ページ
　　http://www.f.kpu-m.ac.jp/k/jkpum/pdf/120/120-6/yoshikawa06.pdf

[注60]　吉川敏一（元京都府立医科大学教授）「フリーラジカルの医学」『京都府立大学雑誌』126(6) 2011年　385～386ページ
　　http://www.f.kpu-m.ac.jp/k/jkpum/pdf/120/120-6/yoshikawa06.pdf

表9　フリーラジカルが関与する主な疾患

部位	フリーラジカルによる主な疾患
眼	白内障、ドライアイ、加齢黄斑変性
耳鼻咽喉	花粉症、口内炎、歯周病
脳	脳梗塞、アルツハイマー病、パーキンソン病、認知症
心臓	心筋梗塞、心不全
肺	肺気腫、気管支喘息
消化器	逆流性食道炎、胃潰瘍、炎症性腸疾患
肝臓	アルコール性肝疾患、非アルコール性脂肪性肝炎、肝硬変
腎臓	腎不全、糸球体腎炎
血管系	閉塞性動脈硬化症、動脈硬化症
免疫系	関節リウマチ、膠原病、自己免疫疾患
全身その他	がん、糖尿病、子宮内膜症、老化

出典：吉川敏一（元京都府立医科大学教授）監修『酸化ストレスの医学　第2版』診断と治療社（2014年）より作成

ており、大いに注目される。とくに、放射線によって生じた活性酸素種が生体内で有機物と化合すると「有機ラジカル」となり、極めて長期の寿命をもつ。それによって、酸化ストレスと抗酸化作用とのバランスが一度崩れた場合、影響もまた極めて長期にわたって持続し蓄積することになる。しかもその影響は、細胞分裂後の娘細胞へと次々受け継がれていく。何年何十年も経ってから現れる放射線被曝による「晩発影響」も、このような長期的な酸化ストレスの蓄積によるものとして説明できるという（第1章23節　山盛徹ほか「放射線と酸化ストレス」）。

〔心臓疾患〕また、吉川氏がフリーラジカルのもたらす疾患として心筋梗塞や心不全を挙げている（表9）ことも注目される。放射性セシウムはカリウムに構造が似ているので、カリウムに代わって筋肉に取り込まれやすく、心臓を損傷する危険性が高いが、放射線の間接的作用であるフリーラジカルもまた心臓に損傷を与える。この点は、福島において急性心筋梗塞による死亡が原発事故後に激増している事実（後述）から見ても、極めて重要である。

〔白内障〕吉川氏が列挙しているフリーラジカルによって発症が促される疾患の一つに白内障があるが、この点も重要である。われわれは、放

射線被曝と白内障発症の関連についてすでに指摘し、危険を直視するよう呼びかけてきた[注61]。白内障と被曝との関係は重要である（後述）だけでなく、外部被曝と内部被曝、さらには放射線の直接的影響と間接的影響とが複合的に絡み合っているので、少し詳しく検討しよう。少なくとも次の3つの側面が考えられる。

(イ) 放射能汚染された環境での外部被曝。厚生労働省の文書が引用している資料では8mSv未満でも影響が示唆されている[注62]。したがって、低線量でも年数を経て蓄積すれば、十分発症の条件になり得ると考えなければならない。

(ロ) 体内への放射性物質の蓄積による内部被曝。セシウム137との関連が実証されており、体内蓄積21〜50Bq/kgで15%の子供が発症した事例が報告されている[注63]。体内蓄積した放射性物質の内部被曝による発症については、すでに指摘したように、放射線の直接の影響と、活性酸素・フリーラジカルによる間接の影響の両方があると考えられる。

(ハ) 外からの放射性微粒子の角膜への沈着による外部被曝（至近距離）と内部被曝（水晶体内への浸透）が結合した被曝。角膜は涙液によって常に洗われているが、放射性微粒子が付着することは十分に考えられる。医療現場でよく使われている『今日の眼疾患治療指針』の現行版によれば、「鉄、カルシウム塩、脂質の一部」などが角膜上皮に「沈着しやすい」とされている[注64]。つまり、ここまで検討してきた各種の微粒子――①鉄・カルシウム・カルシウムに性質の似たストロンチウムの少なくとも1つを含む粒径の小さい不溶性の放

[注61] 前掲（注1）『原発問題の争点』、23〜24ページ。数値の原典は、崎山比早子「放射性セシウム汚染と子供の被曝」『科学』2011年7月号。
[注62] 厚生労働省「白内障と放射線被曝に関する医学的知見について」の文献No.824 Cucinotta, F.A. et al.; Space radiation and cataracts in astronauts からの引用。宇宙飛行士のデータの解析による評価。
http://www.mhlw.go.jp/new-info/kobetu/roudou/gyousei/rousai/dl/130726_3-21.pdf
[注63] 前掲『原発問題の争点』（注1）、23〜24ページ。
[注64] 田野保雄ほか総編集『今日の眼疾患治療指針（第2版）』医学書院(2007年)所収、山田昌和著「角膜上皮の沈着物」154ページ。

射性微粒子（第1節2-(1)）、②藻類など微生物にとらえられた、すなわち脂質を含む乾燥した細胞膜に被覆された、放射性物質粒子（第1節2-(7)）、③可溶性の放射性微粒子（第1節2-(4)）——などは、角膜上皮に沈着して水晶体を至近距離から攻撃し、水溶性の放射性物質の場合はさらに水晶体の内部にまで浸透し内側から攻撃することになる可能性がある。白内障治療薬として角膜から水晶体に浸透する点眼薬が開発されている[注65]ことからも分かるように、角膜から水晶体への浸透にはとくに関門のようなものがあるわけではない。

付け加えれば、放射線性の白内障の場合、さらに次の問題が残る。

(ニ) 放射線による白内障発症の機序は、急性症状として出現するものと何年か後に発症するものとでは、発症機序が異なるのかもしれない。
(ホ) 放射線による白内障では、水晶体の混濁する部位が、その被曝形態によって異なるのかもしれない。
(ヘ) 一般的には白内障は左右の眼においてほぼ同じ速度で進むことが多いとされるが、角膜に沈着した放射性物質による被曝の場合、左右で沈着の状況が違えば左右の進行度がはっきり異なることになるかもしれない。
(ト) 白内障以外の眼科疾患も増加させている可能性がある。
(チ) PM2.5など他の環境要因との相乗的な相互作用も考えられる。

〔精神障害〕さらに、最近の研究によれば、精神障害や精神疾患においても、ストレスなど心的な原因だけでなく、一連の化学物質が遺伝子の変異（エピジェネティックな変異も含む）を引き起こし、それが発症の重要な要因となることが明らかになってきている。吉川氏は、前掲表9において、アルツハイマー病やパーキンソン病とフリーラジカルとの関連

[注65] 川合真一ほか編集『今日の治療薬　解説と便覧　2014』南江堂（2014年）「眼科用剤　白内障治療薬」1020ページ

について指摘している。

　黒田洋一郎氏ほかの研究によれば、そのような化学物質とともに、放射性物質とりわけストロンチウム90がヒストン・タンパク質の内部のカルシウム結合位置に入り込み、DNAと染色体タンパク質をその近傍にまで接近して損傷し、生殖細胞（とくに精子）DNAの変異やエピジェネティックな変異を引き起こし、自閉症など多くの精神障害・疾患の発症を促す重要な要因の一つとなる可能性があるという。また同氏は、ストロンチウム90がカルシウムに代わって神経細胞に取り込まれる危険性に注目している。「カルシウムは神経伝達物質の放出の引き金になるなど脳内のさまざまな機能を調節しており、結合部位も多いので、ストロンチウム90の内部被曝が精神疾患、神経疾患をふくむさまざまな脳機能の異常の原因となる可能性がある」と述べている[注66]。

9　内部被曝と放射性微粒子による健康影響──医学の各分野・疫学・生理学・分子生物学・社会科学など各分野を結合した総合的研究の必要性

(1)　被曝の影響はがんだけではない──ほぼあらゆる病気を増加させる

　放射線被曝とくに放射性微粒子による内部被曝は、極めて広範囲の疾患や障害の発症に直接間接に関与し、ほとんどあらゆる病気を増加させると考えなければならない。被曝とがんとの関連は極めて重要である。だが、被曝の影響はがんだけであると考えてはならない。重要なポイントは、被曝が、がんから始まり、種々の内科的、眼科的、整形外科的、精神神経科的な障害・疾患にいたる、非常に広範な健康破壊的影響を及ぼすということである。したがって、医学内部の各科ごとの機械的な分業の枠を越えた、有機的で全面的な研究が必要であろう。というのは、上記の各疾患や症状は相互に結びついており一体のものとしてしか理解できないからであり、それらを過去の一面的な知見によってばらばらに切り離し、被曝との関連の有無を従来から「公

[注66]　黒田洋一郎ほか『発達障害の原因と発症メカニズム』河出書房新社2014年、第9章第5節（291～295ページ）。この節の表題は「放射性物質（ストロンチウム90など）の内部被曝による、自閉症など多くの疾患・障害の発症の可能性とその予防」となっている。

認」されてきた疾患だけに狭く考えるならば、現実の被曝の危険を見逃すことになるからである。

(2) 低線量被曝の「確率的」影響という考え方の一面性

低線量被曝について一般に「影響はすべて確率的である」と言われてきた。ここで検討した放射線被曝に関する最近の研究、とくに活性酸素・フリーラジカルの研究は、「低線量放射線の影響はすべて確率的である」という基本的な考え方そのものの根底からの再検討を迫っている——これがここでの結論である。

「X（ミリ）シーベルトの被曝によりがん発症確率 Y が Z％だけ増大する」というICRP式の考え方の基礎には、影響は「確定的ではない」、被曝しても「影響が現れる人もいれば現れない人もいる」が基礎にあり、被曝は「確率的」にしか人の健康に影響を及ぼさない、すなわち確率を差し引いた「大多数」の人には何の影響も及ぼさない、という考え方が横たわっている。これは、胸部レントゲン撮影のような限られた時間と量の外部被曝については、ある程度までいえるかもしれない。しかし福島事故で問題になっている、長期の、時間的に限りのない被曝（外部被曝と内部被曝との複合被曝）、とくに放射性微粒子による内部被曝については、これを当てはめることはできない。

われわれがここで最近の研究結果を引用して明らかにしようとしたことの１つは、このような低線量被曝に対する確率論が適用される範囲には一定の限界があり、それを越えて確率論を低線量被曝の影響の全ての部面に、とくに放射性微粒子による内部被曝の影響に、当てはめようとする考え方、言い換えれば確率論的楽観論が、いかに一面的で、根本的に間違いであるかということである。

実際には、放射線の間接的作用すなわち活性酸素・フリーラジカルの影響（広義のペトカウ効果）、さらにはセシウムイオンおよびストロンチウムイオンによるイオンチャンネル[注67]阻害・損傷まで考慮に入れると、放射線と

[注67]　イオンチャンネル系については小澤瀞司、福田康一郎監修『標準生理学　第８版』医学書院（2014年）72 〜 103ページ参照。
　　　またインターネット上の「脳科学辞典」の「チャンネル病」の項が参考になる。http://bsd.neuroinf.jp/wiki/%E3%83%81%E3%83%A3%E3%83%8D%E3%83%AB%E7%97%85

くに微粒子の影響は、ちょっとした体調不良、風邪やインフルエンザ、鼻血、筋肉痛、免疫力低下、老化の促進などから始まって、心疾患、その他内臓疾患、眼疾患、精神障害から、さらにはがんにいたるまでをすべて合わせると、決して「確率的」にではなく、被曝し微粒子を取り込んだほとんど「あらゆる人に」「もれなく」「必然的に」現れる、その意味で「確定的」である、ということは明らかである。ICRPも体内に取り込まれた放射性微粒子の周辺の細胞が被曝により死んでしまう（だからがんにはならないというのだが）ことを認めている[注68]ので、この点で微粒子を取り込んだ「あらゆる」人々に何らかの影響が及ぶということは認めていることになる。また被曝の影響の1つとして、「平均寿命の短縮」がいわれる場合もそうである。

(3) 低線量被曝の「一次的影響」と「二次的影響」——ロザリー・バーテル氏の問題提起

　ロザリー・バーテル氏は、低線量被曝の影響に関する1976年の米国議会セミナーで、放射線の全被曝者に対する「一次的影響」と、特定の病気として確率的に現れる「二次的影響」とを区別するべきであると指摘して、次のように述べている。「私たちがここで（このセミナーで）扱うことは、人口全体が被曝すると2、3人ががんになるという問題ではありません。誰もが影響を受けるということです。（被曝は）人間の身体に損傷を与えるもので、年齢、性別を問わず、誰にも起こることです。がんや白血病、その他多くの病気のリスクが増え、そこに偶発的（確率的）要素が入り込むのですが、これらは二次的な影響です」[注69]。

　つまり、われわれは、これら放射線の①一次的影響（被曝したすべての人々に影響を与える）、②二次的影響（偶発的確率的要素が入り込む）、③一次的影響から二次的影響に移行する必然的な過程という3者を解明しなければならないということである。

[注68]　ICRP（国際放射線防護委員会）国内メンバー「放射性物質による内部被曝について」
　　　https://www.jrias.or.jp/disaster/pdf/20110909-103902.pdf
[注69]　ロザリー・バーテル「低線量被曝の影響に関する1976年の米国議会セミナーの議事録」の邦訳より引用
　　　http://noimmediatedanger.net/contents/seminar1976/237/

もちろん「確率的」というのは間違っているかというと、そうではなく、部分的には正しくあるいは部分的にのみ正しい、すなわち、どの疾患として現れるか、がんとなるか、心疾患となるか、白内障となるかなど、放射線の影響の「発現形態」は確率的である、ということである。また、どれか特定の疾患として発症する場合、その重度や部位・形態は確率的だということである。放射線の危険性という必然性の現れる形態が確率という姿をとるのである。

　しかも、確率として現れる放射線の影響は、それらの疾患を引き起こす他の環境的諸原因（大気汚染・電磁波・農薬・食品汚染など）や生活習慣（喫煙・飲酒・過食・運動不足・ストレスなど）などと対立したり、お互いに否定したりするものではなく、相乗効果として、それらの上にさらに付け加わるものであり、被曝の寄与度として、原因中の一定割合、パーセンテージとして評価しなければならない。

(4) 今後の課題

　放射能の人体への影響は、非常に個人差がある。確率は必然性の現れる形態であるから、疫学調査による確率の解明は、それと同時に、またそれと結びつく形で、それを基礎に、バーテル氏の言う3点の解明へと進んでいくことが必要である。われわれは、この意味で、内部被曝のとくに放射性微粒子の健康への影響に関して、研究はICRP式の狭い確率論的思考に対する根本的な批判に基づいて行われなければならないと考える。

　疫学のもつ科学的・医学的性格もまたこの方向を求めている。前掲『内科学書』第8版によれば、疫学とは「人間社会における疾病の頻度（言い換えれば確率—引用者）を観察し、その疾病をきたす要因を明らかにする科学」であり、「単に疾病の頻度や性別の分布・動向のみを観察するものではない」からであり、さらに「原因の解明後は、その原因の除去により疾病を予防することが疫学の目的となる」からである（109〜110ページ）。第3章で見るように、低線量被曝に関する疫学研究の前進と蓄積は、大きな成果を上げてきた。われわれは、内部被曝・放射性微粒子による影響を解明していくためには、医学の各科、疫学、生理学、薬学、分子生物学、生化学、さらに社会科学など各分野を結合した総合的研究が必要不可欠であることを訴えたい。

第3節　再浮遊した放射性微粒子の危険と都心への集積傾向

　ここでは、すでに多くの文献が発表されている福島については概観するだけにとどめ、都心と東京圏における放射性微粒子の危険性と健康への影響を中心に取り上げることにしたい。

1　福島など高度の放射能汚染地域における疾患の増加

　東日本大震災および原発事故後の高度に放射能に汚染された地域における疾患の顕著な増加については、すでに多くの報告で明らかにされている（本書では第3章で扱う）。客観的なデータや多くの人々の生の証言を収集し、これらを総合して福島事故のもたらしている住民健康被害の全体像を明らかにしていくことが課題である。ここでは次の点を付け加えるだけにしたい。

　2012年6月29日付けのNHKニュースでは、「東日本大震災後の1カ月間で東北大学病院が受け入れた心不全患者が震災前の3倍を超えていた」と報じられた。また、福島市の大原総合病院では、心筋梗塞と狭心症の患者数が、事故前の2010年に比較して、2011年で2.5倍に、2012年前半で1.6倍になったとされている（落合前掲書、英語版174ページ、和書274ページ[注70]）。2012年3月18日の日本循環器学会では東北大学循環器内科の下川宏明氏が「東日本大震災では発災以降、心不全をはじめ、急性心筋梗塞と狭心症、脳卒中などの循環器疾患が有意に増加しており、特に心不全の増加は、過去の大震災疫学調査では報告例がなく、東日本大震災の特徴の1つである」と報告している。

　福島県に関しては、震災以前から急性心筋梗塞の年齢調整死亡率は全国で最悪のレベルであった。しかし、東日本大震災発生以降は、全国的に見れば急性心筋梗塞による死亡率は減少しているにもかかわらず、福島県では急性心筋梗塞が増加し続けている。この福島県内の急性心筋梗塞の死亡率とセ

[注70]　落合前掲書（注51）

シウム汚染値の濃淡の関係を解析した結果、「セシウム汚染が濃いところほど急性心筋梗塞の年齢調整死亡率が高いという傾向が見られた」という報告がある[注71]。実際、福島県内では2011年の震災後に高校生3人が急性心不全で亡くなり、2014年9月には小学生が急性心不全で亡くなっている。また、2013年3月までに少なくとも3人の原発作業員が急性心筋梗塞または心臓発作で突然死している。福島県における急性心筋梗塞による死亡率は、原発事故のあった2011年以降急増し、突出して全国1位である。

　また、小児甲状腺がんについては、すでに167人の甲状腺がんまたはその疑いが見つかっている（2015年12月31日現在、2016年2月15日発表）。今回、詳細は未発表であるが、2015年6月30日現在のデータでは、手術の終わった104名の甲状腺がんのうち97名が福島県立医大で手術を受け、リンパ節転移72名、肺転移3名、甲状腺外浸潤38名と報告されていた（2015年8月31日発表）。小児甲状腺がんについては、本書第三章第3節で詳論する。

　東京大学先端科学技術センターの児玉龍彦教授は、その著書『内部被曝の真実』の中で小児甲状腺がんについて、以下のように述べている[注72]。

　「数万人集めて検診を行っても、なかなか因果関係を証明できない。エビデンスが得られるのは20年経って全経過を観測できてからである。これでは患者の役には立たない。それでは、病気が実際に起こっている段階で、医療従事者はどのように健康被害を発見したらいいのか。ここで、普通で起こり得ない『肺転移を伴った甲状腺がんが小児に次から次へとみられた』という極端な、いわば終末型の変化を実感することが極めて重要になってくる」。

　肺転移3名というのは、その始まりではないのだろうか。ちなみに、米国疾病管理予防センター（CDC）のがんの潜伏期間に関するレポート Minimum Latency & Types or Categories of Cancer（改訂2013年5月）では、小児甲状腺がんを含む小児がんの潜伏期間は1年となっている[注73]。同文書のサマリーによれば、主要ながんの最短の潜伏期間は表10の通りである。「いま見つか

［注71］　明石昇二郎「福島県で急増する「死の病」の正体を追う！〜セシウム汚染と「急性心筋梗塞」多発地帯の因果関係」『宝島』2014年10月号
［注72］　児玉龍彦著『内部被曝の真実』幻冬舎新書（2011年）83ページ
［注73］　John Howard; Minimum Latency & Types or Categories of Cancer; World Trade Center Health Program; Revision May 1, 2013
　　　　http://www.cdc.gov/wtc/pdfs/wtchpminlatcancer2013-05-01.pdf

っている小児甲状腺がんは被曝によるものではない」という根拠はすでに崩れたと考えられる。この結論は 2016 年 2 月 15 日の発表で一層明確となった。

表10　米国疾病予防管理センター（CDC）による主要ながんの最短潜伏期間

がんの種類	潜伏期間（年）
中皮腫（成人）	11
全固形がん（中皮腫、リンパ組織増殖性がん、甲状腺がん、小児がんを除く）	4
リンパ組織増殖性がんおよび造血細胞がん（全種類の白血病、リンパ腫を含む）	0.4（146 日）
甲状腺がん（成人）	2.5
小児がん（リンパ組織増殖性がんおよび造血細胞がんを除く）	1

出典：John Howard; Minimum Latency & Types or Categories of Cancer; World Trade Center Health Program; Revision May 1, 2013　7 ページ
http://www.cdc.gov/wtc/pdfs/wtchpminlatcancer2013-05-01.pdf

2　東京圏における放射性微粒子による汚染

最近明らかになってきたのは、福島県とその周辺部だけでなく、東京圏とくに都心において放射性物質による汚染が集積する傾向が顕著になっていること、東京圏においていろいろな病気の多発が始まっている兆候が見られることである。まず前者から検討しよう（後者については第 3 節 4 で検討する）。

例えば、政府の原子力規制委員会「定時降下物のモニタリング」が発表し

表11　月間降下物調査結果が示す再浮遊放射能の都心への集積傾向
（セシウム 137：MBq/km²すなわち Bq/m²）

観測地点	2011 年 8 月	2012 年 8 月	2013 年 8 月	2014 年 8 月
福島（双葉町）	4,930	474	467	200
茨城（ひたちなか）	74	12	6.2	2.2
栃木（宇都宮）	19	40	2.5	0.56
群馬（前橋）	14	1.1	2.0	0.36
埼玉（さいたま）	40	1.4	0.70	0.22
千葉（市原）	8.5	4.0	1.9	2.2
東京（新宿）	9.4	6.2	3.6	7.7
神奈川（茅ヶ崎）	8.5	1.7	0.89	0.70

出典：原子力規制委員会「定時降下物のモニタリング」における「都道府県別環境放射能水準調査（月間降下物）」より筆者作成
http://radioactivity.nsr.go.jp/ja/list/195/list-1.html

ている「都道府県別環境放射能水準調査（月間降下物）」[注74]においては、東京（新宿）で観測される降下量が関東地方の他の観測地点における数値よりも高くなる傾向がはっきり見られる（表11）。放射性降下物の量は季節変動が大きいので、同じ月で比較する必要があるが、2014 年 8 月の数字では、セシウム 137 について、次の事実を確認できる。

(1) 東京（新宿）における放射性降下物量が 2013 年 8 月まで減少した後、2014 年には大幅な増加に転じていること（ちなみに同月の東京の降下量 7.7MBq/km²すなわち Bq/m²は事故直後に大阪・神戸に降ったピークの値7.9にほぼ等しい）、東京に近い市原でも若干の増加を示している。

(2) 東京における放射性降下物量は、事故直後には北関東地区より明らかに少なかったが、2013 年からひたちなかを除いて多くなり、2014 年には、ひたちなかを含む関東の全観測地点の数字よりも大きくなっている。

また、東京の降下量が他のすべての関東の観測地点の降下量よりも大きかった月を数えてみると、

① 2011 年 3 月～12 月には：　　ゼロ
② 2012 年 12 カ月中には：　　ゼロ
③ 2013 年 12 カ月中には：　　1 カ月（2 月）
④ 2014 年 8 カ月中には：　　3 カ月（3 月、5 月、8 月）

であった。

上に加えて、関東の観測点で事故原発に最も近いひたちなか（茨城県）を除くと、東京の放射性降下物量がどの関東の観測地点の降下物量よりも大きかった月は、

① 2011 年 3 月～12 月には：　　ゼロ
② 2012 年 12 カ月中には：　　2 カ月（8 月、10 月）
③ 2013 年 12 カ月中には：　　8 カ月（2 月、3 月、5～10 月）
④ 2014 年 8 カ月中では：　　7 カ月（1 月、3～8 月）

であった。

[注74]　日本政府の原子力規制委員会「定時降下物のモニタリング」が発表している「都道府県別環境放射能水準調査（月間降下物）」は、以下のサイトで閲覧することができる。
　　　http://radioactivity.nsr.go.jp/ja/list/195/list-1.html

表12 各期間の月平均降下量（セシウム137：月平均MBq/k㎡すなわちBq/㎡）

地点＼時期	2011/3〜5	2011/6〜12	2012/1〜12	2013/1〜12	2014/1〜8	cf.2014/8
双葉町	1,179,867	5,034	5,579.6	3,545.3	1,157.5	200
ひたちなか	6,577	52.29	18.87	14.84	8.18	2.2
宇都宮	2,383	23.85	9.75	6.03	3.11	0.56
前橋	1,720	12.03	6.15	5.73	4.29	0.36
さいたま	2,063	29.14	6.58	5.17	1.72	0.22
市原	1,776	12.59	5.77	3.28	1.93	2.2
新宿	2,818	10.06	6.38	9.03	5.16	7.7
茅ヶ崎	1,270	10.56	3.07	1.70	1.00	0.7

出典：原子力規制委員会「定時降下物のモニタリング」における「都道府県別環境放射能水準調査（月間降下物）」より筆者作成
ただし2011年3月は19日からの観測結果。18日以前の数字は発表されていない。
http://radioactivity.nsr.go.jp/ja/list/195/list-1.html

　各年・各期間の平均した降下量も同じ傾向を示している（表12）。

　しかも、東京新宿における放射性降下物量は、昨年2013年3月に、月間で42MBq/k㎡（2013年2月にも25MBq/k㎡）という事故直後2011年5月（74MBq/k㎡）以来最高の降下量を記録している。

　現在でも、福島原発からは、冷却水の中にあるが内部は高温のままであるメルトダウンした炉心からの新規の放射性物質の放出が、汚染水中だけでなく、一部は大気中へも、続いていると考えられる。デブリの内部で局所的な臨界反応が持続的あるいは間欠的に生じている可能性も否定できない。東電発表の数字（1時間あたり1000万Bq以下）は、建屋上部等のダスト濃度を採取したもので、ガスとして放出されたものはほとんど捕捉されておらず、また建屋内からの再浮遊分が含まれ、真の放出規模を明らかにしているとは考えられない[注75]。ただ事故時に比べて大幅に減少しているのは事実であろう（東電の同発表によれば8000万分の1）。

　従って、現在生じている降下物の大部分は、すでに放出された放射性物質

[注75]　長崎大学の小川進教授は、2015年7月に事故原発の沖合1.5キロの海水および海砂からテルル123（半減期13時間）など半減期の短い一連の放射性物質を検出した。この現象を教授は「デブリの臨界反応とみるのが理にかなっていると評価している（『週刊プレイボーイ』2015年10月26日号）。
　　東京電力廃炉・汚染水対策チーム会合第10回事務局会議資料「原子炉建屋からの追加的放出量の評価結果（平成26年9月）」（2014年9月25日付）では、1〜4号機の放出量の合計値は「0.1億Bq/時以下」と評価している。言い換えれば、現在も最大で1000万Bq/hが出続けており、1日では2.4億Bq、年間では876億Bqの放出が続いているということである。
　　http://www.tepco.co.jp/life/custom/faq/images/d140925-j.pdf

の再浮遊による二次的三次的汚染と考えるべきであろう。上記の東京都心における降下量の変動もまた、再浮遊による結果であろう。しかし、再浮遊する放射性物質の源泉は、明らかに事故原発、それに近い福島県、汚染のひどかった北関東地域であろうから、東京への降下物がそれら北関東の観測地点よりも高くなる傾向は、風や雨などの気候条件や地形などの自然的条件だけでは説明できないように思われる。

3　東京圏への汚染集積の諸要因

以下のような一連の人的要因が関連していると考えるほかない。

(1)　福島事故原発の工事による放射性物質の放出

　第1は、福島事故原発での廃炉工事による放射性物質の再浮遊と飛散である。東電は十分な準備や飛散対策をしないまま事故原発での廃炉工事を急いでいる。2013年8月中旬には、福島原発3号機のがれき処理作業によって大量の放射性物質の再放出事故（放出量は1兆1200億Bqに上ったといわれる）が起こった[注76]。だが、このような事故は、他にも公表されないまま繰り返されている可能性がある。この2013年8月の飛散事故も、東電ではなく農林水産省の発表によって明らかになったのであり、東電は事故をそれまでひた隠しにしていた。この事実は深刻な結果をはらんでいるというほかない。とくに1号機の廃炉工事のための放射性物質飛散防止用建屋カバーの撤去工事など今後飛散事故が頻発したり、重大化する危険性に注目しなければならない[注77]。

[注76]　この放出事故についての報道は多いが、ここでは以下の2つを挙げておこう。
　　　　NHKニュースインターネット版 2014年7月23日
　　　　　http://www3.nhk.or.jp/news/genpatsu-fukushima/20140723/1753_houshutsu.html
　　　　東京新聞インターネット版 2014年7月24日
　　　　　http://www.tokyo-np.co.jp/article/feature/nucerror/list/CK2014072402000185.html
[注77]　読売新聞インターネット版「放射能監視体制を強化…福島県」2014年7月31日
　　　　　http://www.yomidr.yomiuri.co.jp/page.jsp?id=102725
　　　　インターネット上にはこれに関する多くのブログがある。
　　　　　http://saigaijyouhou.com/blog-entry-3850.html?sp

福島原発事故直後3カ月間の平均降下量を見ても分かるように、東京は茨城（ひたちなか）に次ぐ降下量を記録している。福島で放出された放射性物質は、一度海上に出てから東風に乗る形で、東京に届きやすい自然的条件があると思われる。また都心に林立する超高層ビル群は低層雲の最底部（高度約100m）よりも高くそびえており、いわば雲の中に衝立のように立ちはだかって、浮遊してきた微粒子の沈着を促している可能性もある。

(2) 焼却施設からの放射性物質の放出

　第2には、ごみや産業廃棄物の焼却である。震災がれきの焼却を含めて、放射性物質で汚染されたごみを焼却すれば、人口が密集してごみ焼却施設も集中立地している東京圏の再汚染が進むことになるのは必然である。環境省が放射性物質を「99.99％除去できる」という「バグフィルター」が、微粒子ではなく焼却炉内で気化したセシウムを捕捉できないのは当然であって、環境省の主張は「虚偽」と言われても仕方がない。井部正之氏によれば、バグフィルターによるセシウム137の除去率は60％程度であり、約4割が外部に漏れている可能性があるという[注78]。気体として放出されたセシウムは大気中で微粒子となるであろう。さらに、政府の現行の基準では、1kgあたり8000Bqまでの廃棄物は通常のごみとして焼却処理できる。これは、高濃度の放射性廃棄物がごみとして焼却されることによって、微粒子による深刻な二次汚染を生じさせていることを意味する。「福島老朽原発を考える会（フクロウの会）」のリネン吸着法（布を張ってそれに付着する放射性物質を測定する）による降下放射能の調査によれば、東京都の日の出処分場のエコセメント化工場の近傍（日ノ出町二ッ塚峠）では、現実にセシウム137の付着（1時間あたり

---

　　　http://www.asyura2.com/14/genpatu39/msg/507.html
　　　http://www.asyura2.com/14/genpatu39/msg/445.html
　　　http://saigaijyouhou.com/blog-entry-3311.html
　　　2014年7月には、福島と関東地方から北海道にいたる広い地域で放射線量の異常な上昇が観測されている。
[注78]　井部正之「静岡市の震災がれき試験焼却で明らかになった広域処理での放射能拡散増加の可能性」『ダイヤモンド・オンライン』
　　　http://diamond.jp/articles/-/30406
　　　ほかに同氏による「焼却炉のフィルターをくぐり抜ける放射能　拡大する管理なき被曝労働（1）および（2）」『ダイヤモンド・オンライン』も参照。
　　　http://diamond.jp/articles/-/27576
　　　http://diamond.jp/articles/-/26833

1㎡の布に 2.9mBq）が観測されている[注79]。

(3) 物流・交通機関による放射性物質の運搬と集積

　第3は、物流や交通機関によって運ばれる危険である。政府は、福島県や周辺の汚染が深刻な地域のJR線や高速道路や国道の再開を急いでいる。再開通した国道や高速道路や鉄道路線において、汚染がひどい地域を通った後に、これら列車やトラックその他の交通車両の除染が行われているという報道はない。これは、運転手や関連作業員の被曝だけでなく、物流や運輸により汚染が全国に拡大されている可能性があることを意味する。とりわけ物流や交通機関が集中する都心や首都圏に、付着した放射性微粒子が集積する客観的な条件となっていると考えなければならない。1台1台に付着する放射能量はわずかでも、すべて集まれば莫大な量となるからである。

　しかも、2012年5月に行われた原子力安全基盤機構の実測による調査[注80]によれば、事故原発の近郊を通る国道6号線を通過した車両（側面、底面、タイヤハウス）に付着する放射性物質は、天候にかかわらず、平均で 2Bq/㎠ と算定されている。同調査は、ここから「国道6号を通過する車両に付着する汚染は僅かである」と結論づけている。しかし、故意に小さく見せようとする数字の操作をはぎとり、1㎡に換算すれば2万Bqであり、事故直後のひたちなかで観測された3カ月間の降下量に等しく、決して「僅かな」量どころではない。小型乗用車（プリウスなど）のコーティング処理表面積はおよそ10㎡なので[注81]、実際の表面積をこれの2倍（20㎡）と仮定すると、通行によっ

[注79]　青木一政（「福島老朽原発を考える会（フクロウの会）」事務局長）「リネン吸着法による大気中の粉塵の放射能調査」
　　　http://fukurou.txt-nifty.com/fukurou/files/2010_1010aoki.pdf
[注80]　原子力安全基盤機構「警戒区域内の国道6号線等の通過に伴う車両への放射性物質の影響及び運転手の被ばく評価に関する調査報告書」（2012年5月）
　　　http://www.nsr.go.jp/archive/jnes/content/000122709.pdf
[注81]　タイヤハウスを含む乗用車の表面積のデータは、見いだすことができなかった。ボディのコーティング処理の際の料金のベースとなる数字は、以下のサイトにあり、ここでは全表面積をそのおよそ2倍と仮定した。
　　　SS = 8.5㎡未満（適合車種例：ワゴンR、ムーヴ）
　　　S = 8.6㎡以上 10.5㎡未満（適合車種例：ヴィッツ、フィット）
　　　M = 10.6㎡以上 12.2㎡未満（適合車種例：プリウス、BMW3シリーズ）
　　　L = 12.3㎡以上 14.0㎡未満（適合車種例：クラウン、ベンツEクラス）
　　　LL = 14.1㎡以上 17.6㎡未満（適合車種例：エルグランド、レクサスLS）
　　　XL = 17.7㎡以上（適合車種例：アストロ、ハマー）

て1台あたり40万Bqの放射性物質が付着することになる。大型乗用車だとコーティング面積がおよそ15㎡なので60万Bqが付着することになる。トラックやバスだとその大きさに応じて、この数倍から100倍以上になるであろう。現在、国道6号線の通行量は、開通区間で、平日1万台前後であり[注82]、通行車両の平均表面積を大型乗用車程度と仮定すると、通行車両により運ばれる放射性微粒子の量は、1日あたり60億Bq、1年間では2兆Bqを越えることになる。広島原爆のセシウム137放出量の40分の1になるレベルである。表面積の大きいトラックやバスなどの通行が多いと、この数字はさらに何倍も多くなるであろう。

　政府は、国道に続いて常磐自動車道も開通させたが、これにより通過する交通量が飛躍的に増えている。当然、車両に付着して運ばれる放射性物質の量もまた飛躍的に増えていることが予想される。さらに、汚染の大きい中通り（福島市、郡山市など）を通る東北自動車道、国道など幹線道路についても、程度は違うであろうが、同じことが言える。

　JR常磐線・東北線、東北新幹線など鉄道も、放射性微粉塵を運んでいるであろうし、列車の表面積は桁違いに大きいので、運ばれる放射性物質の量は、比例して大きいと考えられる。これらの車両の洗浄の際に放射性物質の除染が行われているとは考えられない。JR東日本は、事故直後の2011年10月に、常磐線広野駅に放置していた車両を、除染せずに車両センターに移送し、その後常磐線の不通区間を部分開通させたが、これに対しJRの労働組合は乗務員の被曝に反対してストライキを行った[注83]。JRは、2017年春に常磐線を全線開通させようとしている[注84]。前述のリネン吸着法による「フクロウの会」の調査によれば、福島県伊達市内では、鉄道の脇でのセシウム137の捕捉量（17.7mBq/㎡・h）が、他の観測点の2.8倍から4.7倍と目立って多くなってお

---

　　　　http://www.keepercoating.jp/proshop/02845.html
[注82]　国道6号線の通行量については、「国道6号通行量増加　震災前に迫る」『河北新報』オンラインニュース2014年10月15日を参照した。
　　　　http://www.kahoku.co.jp/tohokunews/201410/20141015_63022.html
[注83]　動労千葉「JR東日本　労働者への被曝を強制するな！」『日刊動労千葉』第7205号（2011年10月7日）
　　　　http://www.doro-chiba.org/nikkan_dc/n2011_07_12/n7205.htm
[注84]　『日本経済新聞』インターネット版2014年5月22日
　　　　http://www.nikkei.com/article/DGXNASFK2202L_S4A520C1000000/

り、鉄道の往来による粉塵が原因と推定されている[注85]。これら交通機関や物流は、多くが東京都心へと向かい、またそこから日本全体に広がるにしても一度は東京圏を通ることが多い。このように、放射性微粒子の再浮遊による被曝の拡大とくに東京都心への集積傾向は、きわめて深刻な問題である。

(4) 首都圏の放射能レベルの実測

桐島瞬氏らは、2015年2月28～3月2日、東京都内と成田空港などで放射線量を実測し、首都圏において多くの「要除染スポット」が現実に存在することを実証した(『フライデー』2015年3月20日号「放射能は減っていない！首都圏の(危)要除染スポット」)。桐島氏の挙げている表を再編して表13に掲げる。

本来は、短寿命の放射性物質の崩壊が進むため線量レベルは明確に減少していくはずであるが、実測結果によれば、東京圏の主要地点における放射線量は、2013年3/4月、2014年7/8月、2015年2/3月の観測において、そのような減少を示しておらず、ほぼ横ばいか、むしろ増加している地点も多くある。桐島氏らが調査した20カ所のうち15カ所が、国の除染基準(0.23μSv/時)を超えていた(平均値では14カ所)。

これらの事実は、われわれが検討してきたように、いくつかの経路で放射性汚染物質が東京圏に新たに流入しており、東京圏への放射性物質とくに微粒子の集積過程が現実に生じている可能性が高いことを示唆している。

さらに、汚染の高かった測定地点を整理してみると、①物流や人の流れの集中する鉄道駅や空港、②地形・気候条件から放射性物質の沈着が促される高層ビル群、③人の多く集まる遊園地やスポーツ施設や観光スポット、④福島や汚染地域との交通往来の多い東京電力や報道機関、⑤放射性微粒子物質が沈着しやすい公園、広場、河川敷などで汚染が目立つ。これらは、われわれがここまで分析してきた結果と一致する。桐島氏は東京を「放射性物質にまみれている」「汚染都市」と名付け、都や市区など当局の対応の鈍さを批判し、「東京の市民が、被曝の不安から解放される日は遠い」と書いているが、まさに的を射た表現である。

[注85] 青木一政前掲 (注79)

表13　首都圏の主要地点における放射線量──2013～2015年

(単位：μSv/時)

	測定場所（詳細）	13年 3～4月	14年 7～8月	15年 2～3月
駅・空港・ビル	JR東京駅（丸の内口業務用エレベータ脇）	**0.26**	**0.26**	**0.23**
	JR渋谷駅（ハチ公前広場）	**0.25**	**0.27**	**0.29**
	成田国際空港（第一ターミナル前のバイク置き場）	未測定	**0.55**	**0.42**
	羽田空港（第一ターミナル駐車場出口）	未測定	0.19	**0.31**
	月島高層ビル群（東京住友ツインビルディング広場）	**0.26**	**0.32**	**0.28**
	恵比寿ガーデンプレイス（センター広場階段）	0.20	未測定	**0.32**
	サンシャインシティ（隣接の植え込み）	0.14	**0.25**	**0.26**
人が集まる所	東京電力本店（正門近くの緑地）	**0.23**	**0.24**	**0.23**
	フジテレビ（タクシー乗り場植え込み）	**0.23**	**0.36**	**0.33**
	東京ドーム（三塁側外壁廃棄物集積場）	**0.28**	**1.88**	**1.32**
	東京ディズニーランド（イクスピアリ前歩道）	未測定	**0.63**	**0.41**
	浅草寺（本堂階段横の側溝）	**0.52**	**0.42**	**0.33**
	早稲田大学（大講堂近くの平和祈念碑）	**0.25**	**0.27**	0.09
	東京スカイツリー（ソラマチひろば）	**0.23**	**0.25**	0.07
公園や川原	新宿中央公園（広場前の階段）	未測定	**0.23**	0.20
	皇居（桜田門付近）	0.14	0.16	0.10
	上野恩賜公園（ラジオ体操広場）	**0.29**	**0.79**	**0.33**
	葛西臨海公園（下水トンネル横）	**1.52**	**0.24**	0.22
	港の見える丘公園（霧笛橋上［横浜市］）	未測定	0.19	0.18
	多摩川河川敷（国道246号線橋脚下）	**0.28**	0.09	**0.23**

出典：桐島瞬「放射能は減っていない！首都圏の（危）要除染スポット」『フライデー』（講談社）2015年3月20日号87ページ。政府の除染基準である毎時0.23μSv以上の数値は太字にしてある。2015年は3回の測定値が記載されているが、ここでは3回分の平均値を掲載した。2013年と2014年は桐島論文に記載されている数値である。

4　東京圏住民の健康危機の兆候は現れ始めている

　東京圏への放射性物質の集積は、東京圏におけるがんや心筋梗塞をはじめあらゆる病気の急増という破局的な結果をはらんでいるといっても過言でない。その兆候とでも言うべきものはすでに現れ始めている。

(1)　がん発症の増加

　日本のがん統計は、すでに事故以前の10年間について、全がんで51.3％増（年平均4.26％増）という、がん罹患数の大幅な、危機的ともいえる増加を示している（国立がん研究センター「全国がん罹患者数・率推定値」）。このような傾向の背景に、人口の高齢化、環境汚染（大気汚染、農薬、有害化学物質、重

表14　順天堂大学付属順天堂病院・血液内科の外来新規患者数およびその内訳

	2011年	2012年	2013年	2013/11
患者総数	230	822	876	3.8倍
悪性リンパ腫	86	231	231	2.7倍
血球数の異常	記載なし	153	174	(13.7％増)
貧血／貧血疾患	13	128	129	9.9倍
血小板減少症紫斑病／同症（ITPを含む）	20	83	105	5.3倍
骨髄増殖性疾患	24	41	48	2倍
MGUS／形質細胞腫瘍	19	41	41	2.2倍
骨髄異形成症候群	18	32	40	2.2倍
凝固異常／凝固異常症・血栓性疾患	7	26	25	3.6倍
急性白血病（骨髄性およびリンパ性）	10	15	22	2.2倍
リンパ・組織球系疾患	記載なし	9	9	
多発性骨髄腫	13	記載なし	記載なし	
その他	20	63	52	2.6倍

2011年と2012年・2013年では分類が若干違っている。A／Bと記している場合Aは2011年の分類、Bは2012・2013年の分類である。
出典：順天堂大学医学部附属順天堂医院　血液内科　診療実績より筆者作成
http://www.juntendo.ac.jp/hospital/clinic/ketsuekinaika/kanja03.html

金属、食品添加物、遺伝子組み換え作物、電磁波、オゾン層破壊、薬害など）、労働環境や労働条件の悪化、社会矛盾の深刻化やストレスの増加などさまざまな客観的諸要因があることは明らかである。だがそれだけではない。これらと複合的に組み合わさる形で、広島・長崎への原爆投下、米ソなど核保有国による核実験、原発や核工場の運転による日常的な放出、繰り返されてきた核事故や原発事故など、歴史的に環境中に放出され蓄積されてきた大量の放射能が、発がん要因として大きな役割を果たしていることもまた明らかである[注86]。福島原発事故によって放出された放射性物質によって生じるがんの多発は、このトレンドの上に付け加わることになる。

　日本政府のがん罹患者数統計は恐ろしく不備であり、本論文執筆時の最新統計は事故前の2010年でしかない。また県別の統計は2007年までしか発表されていない。しかし、複数の個別の病院のがん統計は、東京を中心とする関東圏でがんが急増している可能性を示している。

　東京都文京区にある順天堂大学付属順天堂病院のホームページに、血液内科について受診した患者数とその症例の統計が記載されている（表14）。そ

[注86]　落合栄一郎前掲書（注51）

れによれば、放射線との関連性が高く潜伏期間が0.4年と短い（上記CDCレポート）とされる悪性リンパ腫、白血病など血液関連のがんが2011年以降2倍以上に増えており、がんの多発が、日本で最も人口の多い、東京を中心とする関東圏で現に生じ始めている可能性を示唆している。

　もちろんこのような新規患者の急増は、病院施設の拡張によるものであろうとも考えられよう。そこで、表にはないが、入院患者の総数を見てみると、2011年から2013年に、209人から304人へと45.5％の増加であり、施設・人員の増強は（未確認であるがもしあったとしても）5割程度でしかないと推定される。したがって、たとえ施設・人員増があったとしても、このような新規患者の2倍以上の増加は、説明できない。また、もし施設拡張があったとしても、そのような拡張自体が患者の急増を反映するものであろう。

　血液関連のがんが急増する同じ傾向は、患者統計が利用できる順天堂病院以外の首都圏の4病院でも確認されている。『原発通信』第716号（遠坂俊一氏提供）の資料によれば、骨髄異形成症候群による入院患者数は、表15のように急増している。

　さらに、国立がん研究センターが発表している「がん診療連携拠点病院院内がん登録」統計は、2015年7月にようやく2013年の統計が公表されたが、上記の個別病院統計と同じような東京における血液がんの急増傾向をはっきりと示している。表16は、2009年に調査対象であった17病院について、血液がんの登録患者数の推移を示したものである。事故前の2009年から2010年の増加率は、血液がん合計で1.1％なので2年間に換算して2.2％である。このトレンドと比較すれば、表14に示された2010年から事故後2013年への増加率28.8％は、明らかに大きな加速ということができる。また全国の血液がん患者数の増加率18.4％と比較しても、東京における増加率は突出している。

　これらのデータは、潜伏期間が4年の固形がんが、2015年以降、多発する可能性を強く示唆するものである。しかも、ロザリー・バーテル氏が指摘するとおり[注87]、放射線は、単に直接にがんを発生させるだけでなく、身体全

[注87] ロザリー・バーテル氏が寄稿したロシアのジャーナリスト、アーラ・ヤロシンスカヤの著作 Alla A. Yaroshinskaya, Chernobyl: Crime without Punishment; Transaction Publishers（2011）への序文。

表15 首都圏の病院における骨髄異形成症候群による入院患者数（単位：人）

	2010年	2011年	2012年	2013年	増加率
NTT東日本関東病院（東京都品川区）	28	56	76	80	2.9倍 (13/10)
千葉大学医学部付属病院（千葉市）	9	28	17	24	2.7倍 (13/10)
順天堂大学順天堂病院（東京都文京区）〔表12と同じ〕		18	32	40	2.2倍 (13/11)
武蔵野赤十字病院（東京都武蔵野市）	2	3	10	11	5.5倍 (13/10)
東京逓信病院（東京都千代田区）	5	7	12	未公表	2.4倍 (12/10)

『原発通信』第716号の資料により筆者作成。
　出典：原データを掲載している各病院のサイトはそれぞれ以下の通りである。順天堂病院は表12参照。
　http://www.ntt-east.co.jp/km c/guide/hematology/result.html
　http://www.ho.chiba-u.ac.jp/dl/patient/section/ketsueki_01.pdf
　http://www.musashino.jrc.or.jp/consult/clinic/3ketsueki.html
　http://www.hospital.japanpost.jp/tokyo/shinryo/ketsunai/index.html#jisseki

表16 「院内がん登録」統計による東京都内17病院の血液がん患者数
（単位：人）

	2009年	2010年	2011年	2012年	2013年	13/10増
悪性リンパ腫	*1,456	*1,421	*1,519	*1,605	*1,741	22.5%
多発性骨髄腫	*246	256	276	330	316	23.4%
白血病	*511	551	557	623	652	18.3%
その他の血液がん	*266	*278	357	477	*518	86.3%
東京血液がん合計	*2,479	2,506	2,709	3,035	3,227	28.8%
全国血液がん	31,506	34,684	*37,294	*39,632	41,080	18.4%

注記：*が付いているものは実数、それ以外は筆者の補正値である。
　「院内がん登録」統計における東京都の調査対象病院は、2009年の17施設から、2010年に20施設に、2011年および2012年の25施設、さらに2013年に27施設に拡大している。国立がんセンターの統計は、この事情を考慮せずに各がんごとの合計値を計算している。したがって、年ごとの数値を比較するためには、2010、2011、2012、2013各年についても、2009年に調査対象であった17病院に限定して計算する必要がある。
　この表では、同統計「付表1～6」に記載されている東京都全体の登録患者数から、各年ごとに新たに付け加わった病院の患者数を差し引いた数字を掲げてある。また、同統計では10以下の数字は、プライバシーを理由に伏字で表記されている。ここでは、伏せられた数字をすべて5と仮定して計算した。この事情により、患者数には実数として確定することができないものがある。*が付いている以外の上記の数字はすべて補正した概数である。
　上の方法で計算された東京都の数字は調査病院数とほぼ比例するので、2009年から2010年の全国の患者数は、2012年をベースとし、調査対象病院の総数（それぞれ376、387、397、397、409施設）に比例すると仮定して補正した。
出典：国立がん研究センター　がん対策情報センター　がん統計研究部　院内がん登録室「がん診療連携拠点病院　院内がん登録　全国集計報告書　付表1～6」2009～2013年版より筆者作成。各年の報告書は以下のサイトからダウンロードできる。
　http://ganjoho.jp/professional/statistics/hosp_c_registry.html

体のがん抑制力を低下させてすでにある微小な潜伏期のがんの発症を促進し、しかも発症するがんを悪性化させる方向でも作用する。この点を考慮に入れるならば、血液がん以外のいろいろな部位のがんの多発もまた、差し迫っているだけでなく、すでに始まっている可能性が高いと考えるべきであろう。

(2) 白内障と眼科疾患の増加

もう一つの兆候は、東京圏における眼科疾患とりわけ白内障の増加傾向である。東京都内有数の眼科病院の一つである井上眼科病院の患者統計は、この傾向をはっきり示している。同じ井上眼科病院グループの西葛西・井上眼科病院の患者統計も、白内障手術件数のいっそう顕著な増加を示している[注88]。

さらに、白内障や眼科疾患については、2012年末以降、明らかな受診抑制や手術抑制が行われている可能性もある。杏林大学医学部付属病院眼科では患者が増え、2012年末以降「現在の眼科常勤医師では対応しきれない状況」[注89]が生じているという(この注意書きは2015年9月16日時点でもサイト上に掲載されている)。現実の白内障の発症数は、これらの統計の示しているところを上回る可能性が高い。

また、東京圏ではないが、東京圏と同じように福島に次いで汚染度の高い地域である宮城県仙台市およびその周辺でも白内障や眼科疾患が急激に増えていることが示唆されている。例えば、東北労災病院眼科の患者統計では、白内障手術数は、事故前の2010年から事故後の2012年までにおよそ2倍になっている[注90]。

これらの事実は、眼科疾患とりわけ白内障をめぐって極めて重大な事態が現に生じつつあることを示唆している。

[注88] 平成22～24年度は、「災害情報ブログ」より。
http://saigaijyouhou.com/blog-entry-1157.html
平成23～25年度は、井上眼科病院のホームページによる。
http://www.inouye-eye.or.jp/about/statistics.html
http://www.inouye-eye.or.jp/about/statistics.html
[注89] 杏林大学医学部付属病院眼科「眼科初診についてのお願い」(2012年12月7日付け)この文書は2015年9月27日現在もホームページに掲載されている。
http://www.kyorin-u.ac.jp/hospital/introduction/news_detail-612.shtml
[注90] 東北労災病院眼科ホームページにある。
http://www.tohokuh.rofuku.go.jp/patient/outpatient/cons_info/ganka/

(3) 住民とくに子供たちの健康状態の全般的悪化と免疫力の低下

東京圏の子供たちの健康状態の深刻な悪化を示す兆候が出てきている。2014年3月まで東京小平市で医院を開業していた三田茂医師は、同市での医院を閉じ、岡山市に転居した理由について小平市医師会にあてた手紙の中で、次のように書いている。

……私は2011年12月から放射能を心配する首都圏の親子約2000人に、甲状腺エコー、甲状腺機能検査、血液一般、生化学を行ってきました。

10歳未満の小児の白血球、特に好中球が減少している。

震災後生まれた0～1歳の乳児に好中球減少の著しい例がある（1000以下）。

ともに西日本に移ることで回復する傾向がある（好中球0→4500）。

鼻出血、脱毛、元気のなさ、皮下出血、肉眼的血尿、皮膚炎、咳、等々特異的でないさまざまな訴えがあります。

小平は関東では一番汚染が少なかった地域ですが、2013年中旬からは子ども達の血液データも変化してきています。

東京の汚染は進行していてさらに都市型濃縮も加わっています。

市民グループの測定によると東大和、東村山の空堀川の河原の線量はこの1～2年で急上昇しています。

その他最近私が気になっている、一般患者の症状を記します。

気管支喘息、副鼻腔炎などが治りにくくなっている。転地すると著明に改善する。

リウマチ性多発筋痛症の多発。中高年の発症が増加している。

「寝返りがうてない」「着替えができない」「立ち上がれない」などの訴えが特徴的。

チェルノブイリで記載されていた筋肉リウマチとはこのことか？

インフルエンザ、手足口病、帯状疱疹などの感染症の変化。

当医院が貼り紙等で事故直後から放射能被曝の懸念をしていたことを知っているからでしょうか、多くの患者さんが「今までこのようなことはなかった」「何か普通とは違う感じがする」と訴えます。……[注91]

[注91] 三田茂（三田医院）「私が東京を去った訳」小平市医師会あての手紙

とくに「10歳未満の小児の白血球とくに好中球の減少」は子供の免疫力の全般的低下を示す指標として注目される。

さらに住民全体の免疫力の低下が生じている可能性があり、新型インフルエンザやエボラ出血熱など各種の流行性の病気が危機的に蔓延する危険も高まっていると言わざるをえない。

5　精神科医の見た原発推進政策の病理

政府は、被曝の現実的危険を真正面から見ようとせず、必要な対応も取ろうとせず、反対に汚染地域への住民帰還を進め、東京圏の住民と国民全体に放射線被曝を強要しながら、原発の再稼働を進め、さらには原発新増設・核燃料再処理も含め福島事故以前の原発推進路線に復帰しようとしている。このような政府の政策が続いて行くなら、福島やその周辺地域はもちろん東京圏の住民さらには日本国民全体の破局的な健康破壊という結果は避けられないのではないかと危惧される。

現在進行中の福島事故の破壊的結果は、一般の住民に降りかかるだけではとどまらない。首相も政府閣僚も、天皇も皇族も、政府高官も高級官僚も、財界首脳も大資本家も、その本人と家族・親族の大部分は東京圏に暮らしており、影響は必然的に彼らにも及ぶであろう。

さらに、経済産業省の公式文書[注92]に公然と記載されているように、政府の想定する福島事故のような原発の重大事故の起きる確率は、原子炉1基につき約500炉年に1回であり、残存する原発50基について計算すれば約10年に1回となる。これとは別に、原発の立地点ごとの存在年数で計算しても、

---

　　http://blogs.yahoo.co.jp/hagure_geka/11743139.html
[注92]　経済産業省　原子力委員会原子力発電・核燃料サイクル技術等検討小委員会「核燃料コスト、事故リスクコストの試算について」2011年11月10日付　表3の注記。
　　http://www.aec.go.jp/jicst/NC/about/kettei/seimei/111110.pdf
　　政府の「10年に1回」という重大事故確率は50基を稼働した場合のものである。福島第1原発4号機の事故で明らかなように、稼働していない原発も重大事故を起こす可能性があり、また自然災害が原発立地点全体を襲う可能性が高いという事情を考慮する必要がある。

苛酷事故の実績頻度は現在の18立地点につき約30年に1回である[注93]。つまり、原発を維持し運転し続ければ、今後10〜30年間に、再度福島のような破局的事故が生じる可能性が高いのである。この程度の高い可能性は、事実上、第2第3の福島原発事故が「いつ起きてもおかしくない」状態であることを意味している。

　無知によるものなか、意図的なのか、いかなる精神状態によるのかは分からないが、日本の政府と指導層は、彼ら自身の立場から見ても、自己破滅的な政策をとっているというほかない。

　精神科医の久邇晃子氏は、破局的事故にもかかわらず原発に固執する政府の政策について、その「愚かさ」を指摘するだけでなく、さらに進んでその精神分析を試みている。久邇氏はそのような政策の中に「一種の病的な強迫行為」あるいは「心理学用語でいう『否認』の状態」を見いだしている。すなわち「安全でないと困るから安全であることにする。自分にとって都合の悪い事実は、無かったことにする。これが『否認』の状態であり、一種の絶望の表れ」であるという。さらに久邇氏は「自らを破滅させるようなことになるかもしれない綱渡りに乗りだし（しかも）硬直化してやめることが出来ない」という状況は「集団自殺願望」を「疑いたくなる」とも述べている[注94]。

　付け加えるならば、久邇氏のこの発言は旧民主党政権時代に行われたものであるが、現在の安倍自民党・公明党政権についてはさらに的を射て、いっそう直接に当てはまると言える。政府と原発推進勢力は、自分たち自身とその家族だけでなく、福島とその周辺地域の住民を、また東京圏の住民を、そして日本国民全体を、さらには世界の人類すべてを、このような「集団自殺」に強制的に巻き込もうとしているのである。

[注93]　原発の苛酷事故確率については、渡辺悦司「原発再稼働の経済と政治——経済産業省専門家会議『2030年度電源構成』の分析と批判」市民と科学者の内部被曝問題研究会ブログを参照のこと。
　　　http://blog.acsir.org/?eid=43（1 − 3章）
　　　http://blog.acsir.org/?eid=44（4 − 6章・参考文献）
[注94]　久邇晃子「愚かで痛ましいわが祖国へ」『文藝春秋』2011年11月号　170、175ページ。
　　　同論文の内容の詳しい紹介は、以下のブログにある。
　　　http://hourakuji.blog115.fc2.com/blog-entry-2979.html
　　　http://hourakuji.blog115.fc2.com/blog-entry-3074.html
　　　この論文のもつ政治的意味については、われわれの前掲（注1）『原発問題の争点　内部被曝・地震・東電』緑風出版（2012年）176ページを参照のこと。

おわりに

　福島原発事故により放出された放射性微粒子の危険性について、物理学・金属学・生物無機化学・医学・薬学など多様な観点から、可能な限り総合的に議論した。メルトダウンした原発からナノからミクロン（10^{-9}mから10^{-6}m）サイズの多様な微粒子が放出されたことが示された。そして、身体への侵入経路は微粒子の大きさによって異なり、それぞれに異なる危険性が具体的に明らかにされた。その結果、かつて、ホットパーティクルとしてプルトニウムで恐れられたのと同様の内部被曝の危険が、今回さらにセシウム、ストロンチウムなど多様な元素でも生じる現実的可能性が指摘された。また、劣化ウラン弾によって生じるのと同様のいっそう小さな微粒子により、血液やリンパ液を通じて放射性微粒子が全身に拡散し、白血病、骨髄腫、さまざまながん、白内障や眼科疾患、免疫力低下など多くの重大な病気を引き起こす危険性が示された。

　さらに、福島だけでなく、東京はじめ関東における放射性物質の再浮遊による深刻な汚染の現状を指摘するとともに、すでに在京の一部病院で放射性微粒子を含む被曝による疾患と思われる血液系疾患や白内障の増加が見られることを報告した。いま必要なことは、現状を注意深く直視するとともに、情報を組織的・系統的に集約することであり、この点でのみなさまのご協力を訴える。そして、原発の再稼動や被災地への帰還を進めることは決しておこなうべきではない。

第二章 トリチウムの危険性

――原発再稼働、汚染水海洋投棄、再処理工場稼働への動きの中で改めて問われる健康被害――

トリチウム（三重水素）は放射性物質であるにもかかわらず、人間と生物への影響が過小評価され続けてきた。その中でトリチウムは、原爆投下や水爆実験によって地球上に大量にばら撒かれ、原子力発電所や再処理工場からも日常的に放出され続けてきた。そして今まさに福島第一原発から気体および液体（トリチウム水）として放出され続け、さらにタンクにたまった汚染水はトリチウムを除去することなく海へ放出されようとしている。

　本章では、トリチウムの物理化学的性質と生成のメカニズム、マウスを使った動物実験や核施設周辺での健康被害の事例を紹介し、今まで無視・軽視されてきたトリチウムの危険性を訴える。また、とくに青森県六ヶ所再処理工場が本格稼働した場合のトリチウム大量放出の脅威を警告する。

はじめに

　現在、トリチウムの危険性をめぐる問題は、放射線被曝をめぐる最大の争点の1つとなっている。福島事故原発からのトリチウム汚染水の海洋投棄、各地でのトリチウムを大量に放出する加圧水型原発の再稼働、桁違いに莫大な量のトリチウムを放出する再処理工場の稼働という3つがあわせて切迫しているからである。

　東京電力は、2015年9月14日、事故原発建屋近くの井戸（サブドレン）から汲み上げ浄化したという汚染地下水の海洋放出を始めた。9月26日までに、3310トンの汚染地下水が港湾に放出された。これは、原子炉建屋に流れ込んで汚染水化する地下水の量を減らすためだと報道されている。だがそれだけではない。もっと重大な目的が込められている。周知の通りトリチウムはALPS（多核種除去設備）によって吸着回収ができない。東電と政府は、トリチウムを高濃度で含む大量の汚染水（60万㎥[注1]）を希釈してすべて海洋放出する計画の実施に向かって動き出している。今回の汚染地下水の放出は、実際には、それに向けての第一歩にされようとしている。

　原子力規制委員会の田中俊一委員長は、早くから（2013年9月から）「基準値

[注1] 青山道夫（福島大学環境放射能研究所教授）「東京電力福島第一原子力発電所事故に由来する汚染水問題を三度考える」『科学』2015年10月号所収0981ページ、岩波書店

以下のものは海に出すことも検討しなければならない」と発言していたが、原子力規制委員会は、2015年1月、その方針に従って早ければ2017年度から処理汚染水の「規制基準を満足する形での海洋放出」を「中期的なリスクの低減目標」に明記した。国際原子力機関IAEAも「基準以下の処理水の海洋放出を検討すべきだ」という見解を公然と表明してきた[注2]。今まで海洋放出反対の立場を取っていた福島県漁業協同組合が今回の放出を容認したことで、この動きを今まで押しとどめてきた勢力配置の一角は大きく崩されてしまった。

今回放出された「処理水」のトリチウム濃度は、1リットル当たり330〜600Bqとされている[注3]。だが、政府の「規制基準」はこのおよそ100倍、1リットル当たり6万Bqである。今回1回の放出量は850トンとされている。この量がおそらく現有の日量放出能力であろう。それが毎日稼働し続けたと仮定して、東電のトリチウム現存量推計（0.89 PBq後述）を前提とすると、大ざっぱな計算で、半減期を考慮に入れて、およそ20年程度で、現在汚染水タンクにたまっているすべてのトリチウム汚染水を放出することが可能となる。放出設備能力を増強すれば、さらに短期間で、すべての処理済み汚染水を排出することが可能となる。このように、汚染水海洋放出の準備は整いつつあり、大量のトリチウムの海洋放出、それによる日本近海だけでなく太平洋全体の海洋汚染が現実の脅威となりつつある。

福島から太平洋に放出すれば、放射性物質は日本近海に広がるだけではなく、東に流れ、約4年でまずはアメリカ・カナダ西海岸を汚染することになる。さらに南に流れ、次に西転して南太平洋、東南アジア、インド洋に達する。また20〜30年後には日本に戻ってくる[注4]。汚染は太平洋・インド洋地域全体の深刻な問題になるであろう。

今回の海洋放出は、これから再稼働が計画されている原発からのトリチウムの日常的な放出への突破口ともなろうとしている。政府・電力会社が先行して再稼働を進めようとしている加圧水型（PWR）原発、とくに川内と高浜の次に再稼働されようとしている伊方原発は、トリチウムの発生量が大き

[注2]　「処理水高まる海洋放出論」読売新聞2015年2月1日
[注3]　「福島第一地下水を海へ放出」読売新聞2015年9月14日
[注4]　青山道夫著「東京電力福島第一原子力発電所事故に由来する汚染水問題を考える」『科学』2014年8月号所収0859-60ページ、岩波書店

く[注5]、瀬戸内海に放出されて滞留しやすいため危険度も高い。

　また重要な点は、この始まった海洋放出が、後述するように、原発とは桁違いのとてつもない量のトリチウムを放出する再処理工場の稼働への突破口とされようとしていることである。自民党の河野太郎氏は、2015年9月に、再処理工場の稼働に反対し核燃料サイクル推進を止めるように求める見解を経済誌に寄せた[注6]。また、自分の公式ホームページでも、再処理工場稼働反対の主張を掲げていた（同氏の入閣に伴い削除された）[注7]。そこで河野氏は、政府・自民党内の重要な情報を明らかにしている。「六ヶ所村に使用済み核燃料の再処理工場が造られ、この工場の稼働が迫っている」ということである。

　これら政府・電力会社側の動向に対応して、トリチウムの危険性を軽視し否定するマスコミなどの宣伝は強化されている。原発推進派の読売新聞は書いている。「トリチウムは透過力の弱いベータ線しか出さず、体内に取り込んだ時の内部被曝だけが問題となる。ただ尿や汗として排出されるので10日前後で半減する。……国の放出基準（1リットル当たり6万Bq）のトリチウムが含まれる水を毎日2リットル摂取するという極端な場合でも、年間の被曝線量は0.79mSvで、国が定めた食品からの被曝量の上限値（1mSv）に達しない」と。6万Bqでも何の健康影響もないというのである。同紙は、富山大学水素同位体科学研究センターの波多野雄治教授を引用して次のように結んでいる。「トリチウムは、他の放射性物質に比べて危険性は低いと言える。その性質をよく理解し、冷静に受け止める姿勢が大切だ」[注8]と。政府・支配層はトリチウムの大量放出を「冷静に」受忍せよと国民に要求しているのである。

　だがこれは本当であろうか？　このような見解は科学的事実に合致するのであろうか？　これを検討するのが本章の課題である[注9]。

[注5]　「＜参考資料＞日本の発電用原子炉トリチウム放出量（2002年～2012年度実績）」
　　　　http://www.inaco.co.jp/isaac/shiryo/genpatsu/tritium_3.html
[注6]　河野太郎「必要なくなった核燃再処理工場　青森県と向き合う首相の決断を」『週刊エコノミスト』2015年9月15日号、毎日新聞社
[注7]　河野太郎「六ヶ所村の再処理工場の稼働に反対する1・2」河野太郎公式ホームページ（現在削除されている）
　　　　http://www.taro.org/policy/saishori1.php
　　　　http://www.taro.org/policy/saishori2.php
[注8]　読売新聞前掲（注2）
[注9]　この点では、以下のサイトもぜひ参照されたい。

第1節　トリチウムの生成と性質

　トリチウムは水素の放射性同位元素である。通常の水素原子が正の電荷をもつ陽子1個と負の電荷をもつ1個の電子からできているのに対して、トリチウムは電荷をもたない中性子2個を陽子に加えて質量数3の原子核を持つ水素原子である（図1）。中性子1個を水素原子に加えた場合の水素原子をデューテリウム、重水素と呼んでいる。トリチウムは三重水素とも呼ばれる。中性子と陽子はほぼ重さが等しく、電子はそれら陽子、中性子に比べて約1800分の1の重さなので、トリチウムは通常の水素より3倍重い水素原子である。原子炉においては、ウランやプルトニウムが核分裂により3つに分かれる三体核分裂反応によって生じる。また、重水素やリチウム、ボロン（ホウ素）などの軽い元素と中性子の反応によっても生じる。軽水炉でも0.015%程度含まれる重水や水を構成する水素が中性子を捕獲して生じた重水が、さらに中性子を捕獲してトリチウムを発生する。原子炉では主に二酸化ウランUO_2の三体核分裂反応で生じるが（図2）、そのトリチウムが燃料棒に蓄積さ

図1　トリチウム概念図

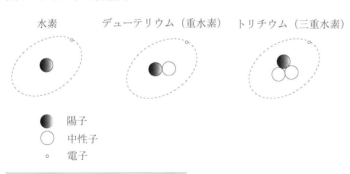

いちろうちゃんブログ「トリチウム（三重水素）の恐怖」
http://tyobotyobosiminn.cocolog-nifty.com/blog/2015/04/post-9414.html
矢ヶ﨑克馬「【死せる水トリチウム】三重水素の恐怖の正体とは？　矢ヶ﨑克馬教授」
http://www.sting-wl.com/yagasakikatsuma11.html

図2　三体核分裂とトリチウムの生成（模式図）

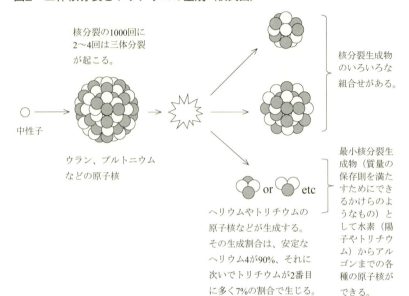

参考文献：日本原子力学会「トリチウム研究会——トリチウムとその取り扱いを知るために」
　　　　　http://fukushima.jaea.go.jp/initiatives/cat05/pdf/20140311.pdf
　　　　　"Ternary fission", *Wikipedia* 英語版　https://en.wikipedia.org/wiki/Ternary_fission
　　　　　Edward L. Albenesius, et al., "Discovery That Nuclear Fission Produces Tritium"
　　　　　http://www.c-n-t-a.com/srs50_files/127albenesius.pdf

図3　トリチウムのベータ崩壊の概念図

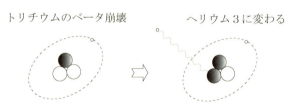

中性子の1つが電子（ベータ線）を放出して陽子に変わる

れる。事故や再処理などで燃料棒が破壊されると外部に放出される。

　トリチウムの化学的な性質は、陽子と中性子から形成される原子核の周りに束縛されている負電荷をもつ電子によって決まるので、水素原子と変わりがなく、どこでも通常の水素に置き換わり、いろいろな原子と結合する。酸素と結合して通常の水 HHO から、トリチウム T を含む水 HTO となる。特に有機高分子化合物と結合して有機結合型トリチウム OBT になると体の一部となるので長く体内にとどまり、大変危険である。細胞の構成要素、特に遺伝情報を担う DNA 中の水素とも置き換わるので、次に述べるベータ崩壊により DNA はじめ細胞が損傷される。

　トリチウムは物理的な半減期約 12.3 年でベータ崩壊し、電子を放出し、正電荷の陽子 2 個、中性子 1 個で質量数 3 を持つヘリウム 3 になる（図 3）。このベータ崩壊で放出される電子のエネルギーは最大 18.6keV（キロ電子ボルト）、平均 5.7keV で小さく、射程距離は 1 〜 10μm 程度であるが、局所的な被曝となり狭い領域に集中的な被曝を与える。それ故、低エネルギーでもかえって危険である。もう一点危険なことは、水素原子がトリチウムに置き換えられると、ベータ崩壊で結合に寄与していた三重水素原子がヘリウム 3 になることにより、結合が切れることである。水素結合は DNA の二重らせんを支える基本構造となっており、この切断が遺伝子で起こると DNA の分子構造が壊れ、遺伝情報が失われたり書き換わってしまうため、いっそう危険である。

　トリチウムの危険性に関しては「広島 1 万人委員会」のサイトがすぐれた報告をしている[注10]。特に加圧水型の原子炉は、ボロン（ホウ素）やリチウムを含むのでトリチウムの放出量が多く[注11]、同サイトは伊方原発の日常運転におけるトリチウム被曝の危険性を指摘している。

　トリチウムの健康被害については以下の諸点を確認しておくことが重要である。トリチウムが化学的には水素であり、HTO の形で水となり、通常の HHO の水と区別ができない。それ故、トリチウムを水から分離することができない。さらに、体内の有機体の高分子化合物の水素におけるトリチウム

[注10]　「広島市民の生存権を守るために 伊方原発再稼働に反対する1万人委員会」
　　　　http://hiroshima-net.org/yui/1man/
[注11]　前掲（注10）参照

の濃度が環境における濃度と平衡になるように紛れ込む。遺伝子のDNAは水素結合や水素を持つから、置き換わったトリチウムのベータ崩壊によって重大な被害を受ける。どのような原因であれ、環境中のトリチウム濃度の上昇は、水を通じてトリチウムを細胞内に取り込むので、生体にとって極めて危険である。気体の形で放出されたトリチウムが高分子化合物と結合した有機結合型トリチウムOBTを食事などを通じて体内の細胞に取り込むと、その重要な構成要素となり、容易に体外に排出されない。

例えば次のような記述がある。「最近の雨水中のトリチウム濃度をリットル当たり2Bq/ℓとして、この水を1年間摂取すると、実効線量は約0.00004mSvになる」。しかし、これは局所的な10μm程度の距離の領域の被曝をICRPの方法で臓器を一様物体として平均して、ICRPの換算係数を用いて被曝の実効線量を求めたもので、根拠もない過小評価である。トリチウムのベータ線が低エネルギーだからといっても、内部被曝ではより危険でさえある。その理由は局所的・集中的被曝と後述のトリチウムの元素変換効果による。

第2節　トリチウムの福島事故による放出と原発や再処理工場からの日常的放出

1　福島原発事故による汚染水の危険性

上澤千尋氏は『科学』誌によせた論文「福島第一原発のトリチウム汚染水」(2013年5月号)[注12]で「セシウムの濃度を低下させた処理済みの汚染水のなかには、なおストロンチウム89および90をはじめとする放射性物質が、きわめて高い濃度で含まれている。処理済み汚染水から、プルトニウムなどのアルファ核種、コバルト60、マンガン54などの放射化生成物、ストロンチウ

[注12]　上澤千尋「福島第一原発のトリチウム汚染水」『科学』2013年5月号、岩波書店、504ページ。以下のサイトで読むことができる。
　　http://www.cnic.jp/files/20140121_Kagaku_201305_Kamisawa.pdf

ム 89 および 90 などの核分裂生成物など、62 の核種をあるレベル以下になるように取り除くために設置されたのが、多核種除去装置（Advanced Liquid Processing System, 略称 ALPS）である。……多核種除去装置が用いる方法は、ろ過、凝集沈殿、イオン交換などの方法であり、水として存在するトリチウム（三重水素）を取り除くことはできない」と述べている。それ故、トリチウムはタンクに今も保存されざるを得ない。除染しても海にトリチウムを放出してはならない。東電や政府、原子力規制委員会はトリチウムの被害を過小に評価し、海などに投棄したいと考えている。それ故、トリチウムの汚染被害の被曝がどのような危険性を持つのかは重要な問題である。

　東京電力は以下のように発表している（東京電力「福島第一原子力発電所でのトリチウムについて」2013 年 2 月 28 日）[注13]。

　「滞留水はサンプリング結果からトリチウム濃度が100 万〜 500 万 Bq/ℓ 程度であると考えられる」（多核種除去装置 ALPS ではトリチウムが除去できないことから処理した水、ならびに廃棄物に含まれる水にも同程度のトリチウムが含まれると考えられる）。トン当たりにすると 10 億 Bq/t 〜 50 億 Bq/t となる。毎日 400 トン汚染水が出るとすると 4000 億 Bq から 2 兆 Bq が毎日タンクに溜まっていることになる。もしタンクに溜まった総量が 70 万トンとするとトリチウムの総量は 700 兆から 3500 兆 Bq となる。

　東京電力の発表（2014 年 3 月 25 日時点）によれば「三体核分裂反応が主なトリチウム生成の機構とするコード ORIGEN2 を用いた計算では福島原発 1 から 3 号機までの（掲載されている表の表題では 1 〜 4 号機となっている）トリチウムの総量が 3400 兆 Bq としている（表 1）。その内訳はタンク貯留水 830 兆 Bq、建屋やトレンチ内の貯留水中 96 兆 Bq、「その他」2500 兆 Bq としている。注があり「その他」は「主に燃料デブリ内などに存在するものと想定される」としている。

　問題は、気体として大気中に放出されたトリチウムの量の記載がないことである。液体として海水中あるいは地下水中に漏れたトリチウム量も記載されていない。3400 兆 Bq が事故時の総残存量なら、漏出量は「その他」に含

[注13]　東京電力「福島第一原子力発電所でのトリチウムについて」2013 年 2 月 28 日
　　　http://www.tepco.co.jp/nu/fukushima-np/handouts/2013/images/handouts_130228_08-j.pdf.

まれていることになる。しかし、一方、東電は「事故前は評価結果のトリチウムのうち、約60％程度が燃料棒の被覆管に吸蔵していたと考えられる」としているので、燃料棒に吸蔵されない40％が水素や水蒸気などの気体として大気中に、また汚染水として海水中（あるいは地下水中）に放出された可能性もある。もしこの40％が気体あるいは液体として大気中・海水中に放出されたとすると 3400 × 0.4 = 1360 兆 Bq が放出されたことになる。

　もう一つ別の推計を試みよう。国連科学委員会のチェルノブイリ事故時の4号炉1基のトリチウムの総残留量の推定値は 1400 兆 Bq となっている[注14]。チェルノブイリではセシウム 134 と 137 の生成比が 0.55 対 1 である。福島ではその比が 1 対 1 であり、134 の割合が大きい。これは燃焼度が福島原発の方がチェルノブイリ原発より約 1.82 倍大きい結果と推定される。もしこの仮定が妥当で、UO_2 の三体核分裂反応が燃焼度に比例するとして、福島原発事故炉とチェルノブイリ原発4号炉の出力比をおよそ2対1と計算すると、福島でのトリチウム発生量は 1400 兆 Bq を 1.82 × 2 倍して約 5100 兆 Bq

表1　福島第一原子力発電所の事故原子炉におけるにおけるトリチウムの量
　2014.3.25 時点

	トリチウムの量（Bq）	トリチウムの量（g）[注1]	備考
総量	約 $3.4 × 10^{15}$	T: 約 9.5	注2
タンク貯留水	約 $8.3 × 10^{14}$	T: 約 2.3（THO 約 15.5）	注3
建屋滞留水	約 $5.0 × 10^{13}$	T: 約 0.14（THO 約 0.9）	注4
海水配管トレンチ内水	約 $4.6 × 10^{13}$	T: 約 0.14（THO 約 0.9）	注5
その他	約 $2.5 × 10^{15}$	T: 約 6.9	注6

注1：トリチウム原子の重量、カッコ内は THO 形態に対応する量
注2：事故時の炉内トリチウムインベントリーを ORIGEN2 を使用し評価
注3：淡水化装置出口濃度データとタンク貯水量より評価
注4：淡水化装置出口濃度データと建屋貯留水量（約9万 2000㎥より）推測
注5：淡水化装置出口濃度データとトレンチ内帯留水量（約1万 1000㎥）より推測
注6：総量からタンク貯留水・建屋貯留水・トレンチ内水のトリチウム量を差し引いて算出
　　（タンク・建屋・トレンチ以外のトリチウムは主に燃料デブリなどに存在するものと想定される。）
出典：経済産業省「東日本大震災関連情報」ホームページ
　　http://www.meti.go.jp/earthquake/nuclear/pdf/140424/140424_02_006.pdf#search='%E4%B8%89%E4%BD%93%E6%A0%B8%E5%88%86%E8%A3%82%E5%8F%8D%E5%BF%9C'

[注14]　UNSCEAR, "Annex J: Exposure and effects of the Chernobyl accident": Page 518, Table 1 Radioactive inventory in Unit 4 reactor core at the time of the accident on 26 April 1986.
　　http://www.unscear.org/docs/reports/annexj.pdf

となる。上記の東電の「総量」の推計（3400兆Bq）が大気中・海水中放出量をまったく含んでいないとすると、福島からのトリチウムの大気中・海水中への放出量は1700兆Bq（5100 − 3400）となる。

　これは第3章で検討するストールのセシウム137放出量（（3京6600兆Bq）と1桁程度の違いで、十分比較可能な水準であり、トリチウムの被曝の影響を考慮すべき値となる。いずれにせよセシウムと比較しても無視できない放出量である。

　2015年4月1日のロイターの発表[注15]では「福島第一には現在、900兆Bq規模のトリチウムがたまっているが、事故前の2009年には年間2兆Bqを海に出している。電力各社が出資する日本原燃が青森県六ヶ所村に建設した核燃料再処理施設は、本格操業した場合、福島第一でたまっている量の20倍規模となる 1.8×10^{16}（1京8000兆）Bqのトリチウムが1年間で排出される」という。ここでの900兆Bqは東電発表の汚染水中のタンク・建屋・トレンチの合計926兆Bqを用いているようである。政府は放出量の推計において、トリチウム放出量をなぜか一切発表していない。

　日本のトリチウムの排出基準は6万Bq/ℓつまり、6000万Bq/tである。東京電力の発表によれば、ALPS処理水のトリチウム濃度は52万〜420万Bq/ℓとされている（「福島第一原子力発電所における汚染水処理とトリチウム水の保管状況」2014年1月15日）。したがって、9倍〜70倍に希釈すれば廃棄することができることになる。総量の規制はないので、全量を海洋投棄することが可能である。これはICRP基準に基づき、内部被曝の局所性を無視し、被曝の具体性を無視した極端な被曝の過小評価を口実にした不当な基準である。

2　原発や再処理工場からの日常的放出

　加圧水型原子炉では、出力を調整するために原子炉水中にホウ素とリチウ

[注15]　ロイター日本版「焦点：袋小路の原発汚染水処理、トリチウム放出に地中保管の案も」2015年4月1日
　　http://jp.reuters.com/article/2015/04/01/analysis-fukushima-idJPKBN0MS3QN20150401?feedType=RSS&feedName=businessNews&utm_source=feedburner&utm_medium=feed&utm_campaign=Feed%3A+reuters%2FJPBusinessNews+(News+%2F+JP+%2F+Business+News)&sp=true

図4 再処理工場の工程と危険性

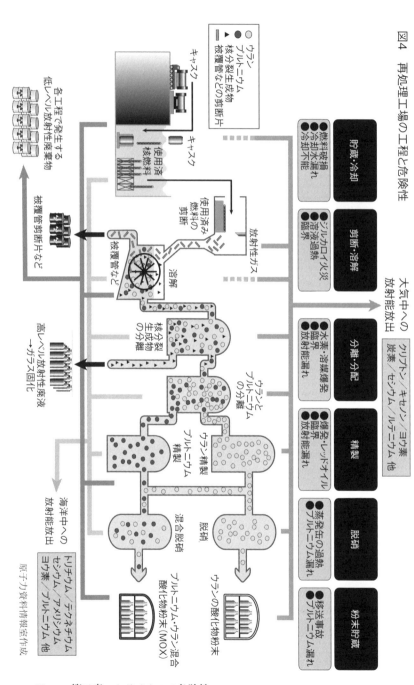

原子力資料情報室作成

98　第二章　トリチウムの危険性

ムが添加されており、このため沸騰水型炉よりトリチウムの生成量が多くなる。

「広島 1 万人委員会」のサイトによると、四国電力のデータで、平均すると、伊方原発は稼働中に、年間 57 兆 Bq、事故を起こした東京電力福島第一原発全体が 27 カ月間で出したトリチウムが約 40 兆 Bq と言っているから、大雑把に言って、伊方原発は、事故を起こした福島原発全体が毎年出すトリチウムの 2 倍以上を、出していることになる。

図 4 に見るように、再処理工場ではせん断・溶解工程で燃料棒を破壊することによって、燃料棒の中に閉じ込められていたトリチウムが外部に大量に放出される。燃料中のほとんど全てのトリチウムが放出される。これは大変恐ろしい事実であるが、一般にはほとんど知られていない。

第 3 節　トリチウムによる健康被害について

1　ICRP の線量係数とその仮定の誤り

トリチウムの人体への影響については過小評価されてきた。それは、ICRP がトリチウムの線量係数を「セシウム 137 の 100 〜 1000 分の 1」と見積もってきたことに代表される（表 2）。

そもそも線量係数という「体の中に入った放射性物質が、体の組織全体に均質に影響する」という考え方自体に問題がある。しかし、それだけではなく、「トリチウムの線量係数決定に際する仮定が誤っている」とグリーンピースのイアン・フェアリー氏は述べている[注16]。

ICRP のモデルでは、「トリチウム水（HTO）として体に入ったトリチウムは 100％血液に入っていき、生物学的半減期は 10 日間であり、3％が有機結合型トリチウムに変わるが、その影響は無視して構わない」としている。また、ICRP は、「有機結合型トリチウム（OBT）として体内に入ったトリチウ

[注 16]　Dr. Ian Fairlie, "Tritium Hazard Report :Pollution and Radiation Risk from Canadian Nuclear Facilities", June 2007, GREEN PEACE

表2 ICRPの線量係数（μSv/Bq）の比較　　成人の場合

	吸入摂取		経口摂取
トリチウム水素ガス		1.8×10^{-9}	–
トリチウムメタン		1.8×10^{-7}	–
微粒子エアロゾル	Fast	6.1×10^{-6}	–
	Moderate	2.1×10^{-6}	
	Slow	2.3×10^{-6}	
トリチウム水		1.8×10^{-5}	1.8×10^{-5}
有機結合型トリチウム		4.1×10^{-5}	4.2×10^{-5}
セシウム137	Fast	4.6×10^{-3}	1.3×10^{-2}
	Moderate	9.7×10^{-3}	
	Slow	3.9×10^{-2}	

出典：ICRP72より。日本原子力学会『トリチウム研究会――トリチウムとその取り扱いを知るために』2014年3月4日配付資料より作成。原表の単位はシーベルト（Sv）だが、わかりやすくするため単位をマイクロシーベルト（μSv）とした。すなわち、ICRPによれば、トリチウム水18万ベクレルBqが1マイクロシーベルト（μSv）に相当するのに対し、セシウム137では130ベクレル（Bq）が1マイクロシーベルト（μSv）に相当するというのである。

ムも、結局血液中に入り、その生物学的半減期は40日である」という仮定をしている。しかし、イアン・フェアリー氏は、様々な研究結果から、炭素と結合した有機結合型トリチウムの生物学的半減期は非常に長く、200〜550日に及ぶことを示している。

　また、よく言われるのが、「トリチウムの崩壊エネルギーは、平均5.7keV（最大18.6）のベータ線であり、飛程距離も1μmしかないから、人体に影響しない弱いエネルギーしかない」とされるものだ。しかし、数々の動物実験によって、トリチウム水や有機結合型トリチウムを与えることにより、特定の臓器細胞のDNAやヒストン（核たんぱく質の一種）にトリチウムが結合することがわかっている。

　細胞分裂過程でDNAが複製される際にその材料として使われる一連のアミノ酸と糖との単純な化合物（ヌクレオシド）があり、それらの化合物に含まれる水素原子をトリチウムに置き換えた有機結合型トリチウム（トリチウムチミジン、トリチウムシチジンなど）は、容易に複製中のDNA内に取り込まれる。

　この現象はすでに1960年代から広く知られている。たとえば、1966年出版の日本放射性同位元素協会編『新版 ラジオアイソトープ　講義と実験』（丸善）には、「DNA合成にあたって、トリチウムチミジンが選択的に新生染色体の中に転入すること」を利用した実験方法が記載されており、実際に、

マウスの小腸細胞や皮膚扁平上皮がん細胞のDNAに、トリチウムチミジンが取り込まれた写真も掲載されている。また、「人体の体内標識は禁忌である」と断った上で、「静注（静脈注射）されたトリチウムチミジンは数分以内に、その大部分がDNAに合成される」とも記載されている（575～577ページ）。

体内では、有機結合型トリチウムは、トリチウム水よりも危険性が高い。トリチウム水の場合は生体内に広く分布するため、全身にほぼ均一な被曝となり、損傷はまばらになるのに対して、有機トリチウムの場合には細胞内に長期にとどまり、飛程が細胞内に限られ、上記トリチウムチミジンのようにDNAに取り込まれた場合はもちろん、取り込まれない場合でも、特定の細胞とDNAや細胞器官に集中的に損傷を与えるからである。

ヨウ素125のオージェ電子（壊変によって放出された放射線のエネルギーが内部転換によってはじき出す電子）を使ったがん治療の研究をしてきた名取春彦医師は、以下のように記述している。「オージェ電子は、エネルギーが低く飛程も数十ナノメートルであるが、微小な飛程の限局された範囲は強烈なダメージを受け、DNA分子に致命的な損傷を与える。DNA分子そのものにヨウ素125が取り込まれ、そこからオージェ電子が放出されるのだから、DNAは直接焼き切られるように破壊され、がん細胞は死滅する。……（低エネルギーと極小飛程の点でオージェ電子と類似している）トリチウムのベータ線の効果は、ヨウ素125のオージェ電子ほどではないが、エネルギーはかなり低く飛程は0.56ミクロンと極めて小さい。DNAに取り込まれたなら細胞は強力なダメージを受けるだろうと予想される」[注17]。

前述のように、有機トリチウムによる細胞損傷は、二重の破壊を受けるとされている[注18]。ひとつは、DNAに組み込まれたトリチウムから出たベータ線によるDNA損傷、もうひとつは、ベータ崩壊した後にトリチウムがヘリウムに変化するために元のDNA分子構造が壊れることによる元素変換効果

[注17]　名取春彦著『放射線はなぜわかりにくいのか』あっぷる出版社（2013年）221ページ

[注18]　The Ontario Drinking Water Advisory Council, "Report and Advice on the Ontario Drinking Water Quality Standard for Tritium", May 21, 2009
http://www.inaco.co.jp/isaac/shiryo/genpatsu/052109_ODWAC_Tritium_Report.pdf

である。

　また、京都大学名誉教授の齋藤眞弘氏は、2003年の論文で、マウスの実験を通して「トリチウムがトリチウム水として体内に摂取された場合には、トリチウムが体内の特定の場所に集まることはない。しかし、トリチウムが生物の体内で、特定の場所に集まりやすい性質を持つ有機化合物に結合している場合は別である」として、「たとえば、DNAの材料であるチミジンに結合したトリチウムは、細胞増殖が盛んでDNAが盛んに合成されている骨髄、胃腸管、脾臓などに集まりやすい」と述べている[注19]。また、齋藤眞弘氏は、さらに、「妊娠マウスにトリチウム水を摂取させると妊娠マウスの胎児中の脂肪組織にトリチウムが取り込まれていること」も報告している[注20]。

　また、さらに付け加えるならば、水の形で体内に入ったものだけが危険なのではなく、気体の形で取り込まれたトリチウムも同様に危険である。放射性物質はそのほとんどが、傷や熱傷などのない正常な皮膚からは侵入できないとされているが、放射線医学総合研究所／監修『人体内放射能の除去技術』には「蒸気あるいは液体のトリチウム、ヨウ素などは、例外的に正常な皮膚からすみやかに体内に侵入する」と記載されている[注21]。また、2014年3月4日に開催されたトリチウム研究会（主催：日本原子力学会）において、トリチウムの内部被曝は、吸入被ばく（皮膚・肺）と経口被ばくに分類され、「吸入被ばくの場合は、トリチウム水蒸気のうちの2/3が肺から1/3が皮膚から体内に吸収される」と報告されている[注22]。実は大変恐ろしいことだが、「1951～52年に（米国）ワシントン州リッチランドにあるジェネラルエレクトリック社およびロスアラモス研究所で14人の被験者がトリチウム水の水蒸気で前腕または腹部をさらされる」という人体実験がなされていた。その実験結果によると、「ヒトではネズミの4倍の速さでトリチウムを（皮膚から）吸収

[注19]　齋藤眞弘、（大阪大学教授）「トリチウムの環境動態と人体影響」（核融合科学会研究報告書2003年から）
　　　　http://anshin-kagaku.news.coocan.jp/a_index_tritium.html
[注20]　齋藤眞弘「トリチウム、水、そして環境(2)」（2003年）
　　　　http://homepage3.nifty.com/anshin-kagaku/sub040208saitou.2.htm
[注21]　放射線医学総合研究所／監修『人体内放射能の除去技術』講談社サイエンティフィク（1996年）78ページ
[注22]　宮本霧子「環境生態系のトリチウム影響」（2014年3月4日、トリチウム研究会報告より）

していた」というのである[注23]。

　これらのことは、トリチウムは、その形態が、トリチウム水としてでも、また有機結合型であっても、さらには水蒸気であっても、生物の体内に取り込まれ、ある一定の割合で体内組織の水素に置き換わり、人体に影響を与えることを意味している。

2　低濃度のトリチウムの人間への影響

　上記の動物実験などの結果は、人間においてもトリチウムを体内に取り込むことによって、体内の細胞のDNAの破壊が生じうることを示唆している。実際、1974年という早い段階から、放医研の中井斌遺伝研究部長らによって「ごく低濃度のトリチウムでも人間のリンパ球に染色体異常を起こさせる」ことが報告されてきた[注24][注25]。具体的には、「トリチウム水とトリチウムチミジンの濃度を変えてヒトのリンパ球で染色体異常の起こる割合を調べたところ、トリチウム水では0.001μci／mℓ（マイクロキュリー／ミリリットル）以上の濃度では染色体異常の発生率が高くなり、トリチウムチミジンでは、トリチウム水に比較して、染色体異常誘発効果は約100倍高い。また、0.05μci／mℓのトリチウムチミジンでリンパ球の10個に1個が染色体切断される」と報告されている[注26]〔注）0.001μci＝37Bq〕。

　ちなみに、現在の原発におけるトリチウムの排水中の濃度限度は、トリチウム水としては60,000Bq／ℓ＝60Bq/cm³≒0.0016μci／mℓであり、有機結合型トリチウムとしては40,000Bq／ℓ＝40Bq/cm³≒0.0011μci／mℓとなる。人間のリンパ球で染色体異常の増加が確認されている濃度（それぞれ0.001および0.00001μci／mℓ）を越える濃度のトリチウムが、海に大量に放出されているのである。

　また、この論文の中には、「トリチウムによって誘発される染色体異常は、

[注23]　放医研前掲書（注21）90ページ
[注24]　堀雅明、中井斌　「^{3}H-標識化合物によるヒト培養リンパ球における染色体異常」日本放射線影響学会第18回大会（1975年）
[注25]　朝日新聞1974年10月8日付記事「トリチウム　染色体異常起こす」
[注26]　堀雅明、中井斌　「低レベル・トリチウムの遺伝効果について」『保健物理』11,1-11（1976年）
　　　　https://www.jstage.jst.go.jp/article/jhps1966/11/1/11_1_1/_article/-char/ja/

そのほとんどが染色体分体型の切断であった」という記述があるが[注27]、このことは非常に重要である。なぜなら、ダウン症候群は、21番目の染色体が通常より1本多い3本ある染色体異常による疾患であり、また、急性骨髄性白血病では様々な染色体異常が確認され、急性リンパ性白血病でも約4人に1人の割合でフィラデルフィア染色体という染色体異常が見つかっているからである（フィラデルフィア染色体というのは、9番目の染色体と22番目の染色体が入れ替わってつながったもの）。

　後述するように、カナダ・オンタリオ州トロントの近くにあるピッカリング原発周辺の都市では、通常の1.85倍ものダウン症の増加が認められ、新生児死亡率とトリチウム放出の相関関係が見られ、また、白血病死亡率増加の傾向も認められた。

　このことは、トリチウムによる染色体切断により、これらの疾患が発症したことを示唆し、さらに言えば、日本を含む全世界の再処理工場周辺、原発周辺で垂れ流されているトリチウムによって、ダウン症や白血病などが増えている可能性があることを意味している。では、実際はどうなのか。

3　世界各地の再処理工場や原発周辺で報告されている健康被害

　世界各地の原発周辺、再処理工場周辺では、恐るべき健康被害がこれまで多数報告されてきた。しかし、その健康被害の結果の多くが「原因不明」とされ、被曝の影響は無視されてきた。

〔カナダ〕
　前掲上澤論文によれば、カナダのピッカリング原発やブルース原発といったCANDU炉が集中立地する地域の周辺で、子供たちに異常が起きていることが市民グループによって明らかにされた。冷却に重水を用いたカナダのCANDU炉では、重水に中性子が当たるとトリチウムが発生するためトリチウムの発生量が多い。カナダ原子力規制委員会がまとめたAECB報告でも、「データとしては遺伝障害、新生児死亡、小児白血病の増加が認められてい

[注27]　堀・中井前掲論文（注26）

る」と上澤千尋氏は報告している[注28]。

また、低線量放射線の健康影響の専門家ロザリー・バーテル博士は、カナダ原子力安全委員会宛ての書簡において、この原発周辺の健康被害について下記のように報告している[注29]。

Ⅰ　1978〜1985年の間のピッカリング原発からのトリチウム放出量と周辺地域におけるそれ以降の先天欠損症による死産数および新生児死亡数との間には相関関係が見られる。

Ⅱ　ピッカリングでは1973〜1988年の調査期間に生まれた子どものダウン症の発生率の増加が1.8倍、少し離れたエイジャックスで1.46倍であり、これは高いトリチウム放出量と新生児の中枢神経系の異常との関連を示唆している。

Ⅲ　国際がん研究機関IARCが行った各国の原子力労働者の調査では、カ

[注28]　上澤千尋「福島第一原発のトリチウム汚染水」、『科学』May_2013_Vol.83_No.5
http://www.cnic.jp/files/20140121_Kagaku_201305_Kamisawa.pdf

[注29]　Rosalie Bertell, "Health Effects of Tritium" 2005
http://static1.1.sqspcdn.com/static/f/356082/3591167/1247623695253/health_effects_tritium_bertell.pdf?token=sUZODhODCuiBjSSVrMuOi6TrM9o%3D
なおバーテル氏が依拠している文献は以下の通りである。

Ⅰ．McArthur, D., "Fatal Birth Defects, New Born Infant Fatalities and Tritium Emissions in the Town of Pickering Ontario: A Preliminary Examination", Toronto Ontario. Durham Nuclear Awareness. 1988
この論文はインターネット上では公開されていないようであるが、その要旨の紹介は以下のサイトにある。
http://www.wiseinternational.org/nuclear-monitor/361/study-finds-increases-birth-defects-near-candu-reactor

Ⅱ．"Tritium Releases from the Pickering Nuclear Generating Station and Birth Defects and Infant Mortality in Nearby Communities", Atomic Energy Control Board, Report INFO-0401, 1991
http://www.nuclearsafety.gc.ca/eng/about/past/timeline-dev/resources/documents/infohistorical/info-0401.pdf

Ⅲ．Lydia Zblotska, J.P. Ashmore and the Radiation Protection Bureau of Health Canada, "Analysis of mortality amongst Canadian nuclear power industry workers following chronic low-dose exposure to ionizing radiation", Radiation Research 161, 633-641, 2004
http://www.jstor.org/stable/3581008?seq=1#page_scan_tab_contents

Ⅳ．AECB "Childhood Leukemia around Canadian Nuclear Facilities. Phase 1 and 2" AECB-INFO-0300-1/2
http://www.nuclearsafety.gc.ca/eng/about/past/timeline-dev/resources/documents/infohistorical/info-0300-1.pdf
http://www.nuclearsafety.gc.ca/eng/about/past/timeline-dev/resources/documents/infohistorical/info-0300-2.pdf

表3 全米平均と原子炉閉鎖地域の1歳以下の子どもの死亡減少率の差（アメリカ）

	原子炉閉鎖年	1歳以下の子どもの死亡率変化率（％）
ラクロス、WI	1987	－15.4
ランチョセコ、CA	1989	－16
フォートセントブレイン、CO	1989	－15.4
トロージャン、OR	1992	－17.9
ビッグロックポイント、MI	1997	－42.9
メーンヤンキー、ME	1997	－9.3
ザイオン、IL	1998	－17
ピルグリム、MA	1986	－24.3
ミルストン、CT	1995	－17.4
閉鎖9エリア合計		－17.3
全米平均	1986～2000	－5.6

出典：Joseph J.Mangano, "Radiation and Public Health Project"
http://www.radiation.org/spotlight/reactorclosings.html

ナダの労働者の被曝関連がんの発症率は、同一線量を被曝した他の諸国の労働者におけるよりも高く、カナダ原発のトリチウム放出量が他国よりも高いことと関係している可能性がある。

Ⅳ　AECB報告においても、小児白血病死亡数はブルース原発が稼働して以降1.4倍に増加したことが明らかにされている。

〔アメリカ〕

アメリカにおいては、原発の廃炉前と廃炉後の周囲の乳児死亡率の変化を調べた調査がある。免疫学や環境問題などを専門とする医師、大学教授などで組織する「被曝公衆保健プロジェクト Radiation Public Health Project (RPHP)」が、1987年から97年までに原子炉を閉鎖した全米9カ所の原子力発電所を対象に半径80km以内に居住している1歳以下の乳児死亡率を調べたところ、「原子炉閉鎖前に比して閉鎖後2年の乳児死亡率は激減した」という結果が得られている[注30][注31]。9カ所の乳児死亡の平均減少率は17.3％だが、

[注30]　Joseph J.Mangano, "Radiation and Public Health Project"
アメリカで閉鎖された各原発の風下方向の郡において、乳児死亡率がどれほど低下したかを一覧表として見ることができる。
http://www.radiation.org/spotlight/reactorclosings.html
[注31]　東京新聞 2000年4月27日付「原子炉閉鎖で乳児死亡率激減」

図5　乳がん死亡率の高いところの分布（地図の黒い部分）

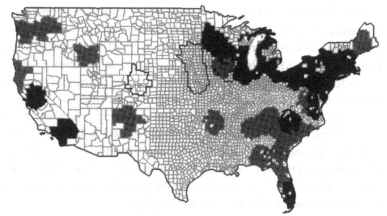

出典：『低線量内部被曝の脅威』（緑風出版）217ページより

　ミシガン州ビッグロック・ポイント原発周辺では42.9％も乳児死亡率が減少していた（表3）。また、乳児死亡率減少の理由は、「がん・白血病・異常出産などが減少したため」とされた。しかし、このデータがNGOによるものだったため、政府や原子力業界は、結果を無視してきた。

　また、アメリカではもうひとつ重要な調査結果がある。ジェイ・M・グールド博士やアーネスト・J・スターングラス博士らによる乳癌死亡リスクの調査である。この調査では、「1950年以来の公式資料を使って、100マイル（160km）以内に核施設がある郡と無い郡で、年齢調整乳癌死亡率を比較し、核施設がある郡で有意に乳癌死亡率が高い」という調査結果が出たのである[注32]。この調査結果は、世界に衝撃を与えた。図5の「乳がん死亡率の高いところの分布」は、「米国の核施設の分布」にほぼ一致する。

　2011年12月28日、NHKで「追跡！真相ファイル：低線量被ばく　揺らぐ国際基準」という番組が放送された。この中で、アメリカ・イリノイ州シカゴ近くの原発周辺で、子どもたちのがんや白血病が増えていたという内容が伝えられた。小児科医のジョセフ・ソウヤー氏の報告によれば、シカゴ近くのブレイドウッド原発とドレスデン原発の周辺では1997年から2006年

[注32]　Jay M. Gould 著、肥田 舜太郎、齋藤 紀訳『低線量内部被曝の脅威』緑風出版（2011年）第7章、第8章、図2は217ページ

の10年間に、白血病や脳腫瘍が、それ以前の10年間に比して1.3倍に増加し、小児がんは2倍に増えていたという[注33]。そしてその後、これらの原発が、2006年までに10年以上にわたり、数百万ガロン（米ガロンはおよそ3.75リットル）のトリチウムを漏洩してきたという文書が当局により公開されたのである[注34]。

　脳の重量の約60%は脂肪である。前述のマウスの実験のとおり、トリチウムは脂肪組織に取り込まれやすいことがわかっており、小児脳腫瘍の増加は、脳の脂肪組織へのトリチウムの取り込みによって生じた可能性がある。

〔ドイツ〕
　2007年12月にドイツの環境省と連邦放射線防護庁が、「原発16基周辺の41市町の5歳以下の小児がん発症率の調査研究（KiKK研究）結果」を公表した[注35]。その結果は「通常運転されている原子力発電所周辺5km圏内で小児白血病が高率に発症している」というものだった[注36]（表4、表5）。

　しかし、ドイツ環境省は、「総体的に原発周辺5km以内で5歳以下の小児白血病発病率が高いことが認められるが、原発からの放射線の観測結果からは説明することは出来ない。原発に起因性があるとすれば、ほぼ1000倍の放射線量が必要だ。引き続き因果関係を検証するために、基礎的な研究を支援

[注33]　Joseph R. Sauer, "Health Concerns and Data Around the Illinois Nuclear Power Plants"
　　　http://dels.nas.edu/resources/static-assets/nrsb/miscellaneous/Sauer_morning_present.pdf
　　　この件に関しては、矢ヶ﨑克馬氏の以下のサイトを参考にした。「教えて矢ヶ﨑克馬教授　【死せる水トリチウム】三重水素の恐怖の正体とは」
　　　http://www.sting-wl.com/yagasakikatsuma11.html
[注34]　"Illinois open records law often a closed door", Chicago Tribune, March 8, 2009
　　　http://www.chicagotribune.com/news/chi-public-records-08-mar08-story.html
[注35]　ドイツ・連邦放射線防護庁の疫学調査報告「原子力発電所周辺の幼児がんについての疫学的研究」。原題は、Epidemiologische Studie zu Kinderkrebs in der Umgebung von Kernkraftwerken
　　　http://www.krebs-bei-kindern.de/downloads/leukaemie-atomkraftwerke-kinderkrebsregister.pdf
[注36]　原子力資料情報室　澤井正子「原子力発電所周辺で小児白血病が高率に発症－ドイツ・連邦放射線防護庁の疫学調査報告」
　　　http://www.cnic.jp/modules/smartsection/print.php?itemid=122

表4　「KiKK研究」における5km圏のオッズ比

	オッズ比	95%信頼区間 下限値	症例数
全小児がん	1.61	1.26	77
全小児白血病	2.19	1.51	37

表5　5km・10km圏の小児白血病のオッズ比

	オッズ比	95%信頼区間 下限	5km地域の 症例数
全白血病			
原発から5km圏	2.19	1.51	37
原発から10km圏	1.33	1.06	95
急性リンパ性白血病			
原発から5km圏	1.98	1.33	30
原発から10km圏	1.34	1.05	84
急性非リンパ性白血病			
原発から5km圏	3.88	1.47	7
原発から10km圏	1.30	0.66	10

出典：(表5、6) ともに、原子力資料情報室　澤井正子氏論文より
　　http://www.cnic.jp/modules/smartsection/print.php?itemid=122

する」としたのである[注37]。

〔フランス〕

　フランスでは、「フランス放射線防護原子力安全研究所(IRSN)の科学者研究チーム」が、2002年から2007年までの期間における小児血液疾患の国家記録をもとに、フランス国内の19カ所の原子力発電所の5km圏内に住む子どもたちの白血病発生率を調べた。結果は「原発から5km圏内に住む15歳以下の子どもたちは、白血病の発症率が1.9倍高く、5歳未満では2.2倍高い」というものだった。しかし、「原因は不明」とされている[注38]。

　1997年の『ブリティッシュ・メディカル・ジャーナル(BMJ)』誌に、ブサンソン大学のヴィエル教授などが、フランスのコジェマ社経営「ラ・アーグ再処理工場周辺で小児白血病が多発し、10km圏内では小児白血病発症率が

[注37]　田中優『放射能下の日本で暮らすには？』筑摩書房 (2013年) 170ページ
[注38]　ルモンド紙　2012年1月12日　(要約「フランスねこのニュースウオッチ」)
　　　　http://franceneko.cocolog-nifty.com/blog/2012/01/5112-bb91.html

フランス平均の2.8倍を示す」という疫学調査の結果を公表した[注39]。しかし、様々な原因説が流され、結局「原因が再処理工場からの放射能という証拠はない」とされた。

〔イギリス〕
　2002年3月26日、「イギリス・セラフィールド再処理工場の男性労働者の被曝とその子どもたちに白血病および悪性リンパ腫の発症率が高いことの間に強い関連性がある」という論文が『インターナショナル・ジャーナル・オブ・キャンサー』誌に掲載された[注40]。この研究の結論は、「セラフィールド再処理工場のあるカンブリア地方の白血病および悪性リンパ腫の発症率に比べて、再処理労働者のうちシースケール村外に居住する労働者の子どもたちの発症リスクは2倍であり、さらに工場に近いシースケール村で1950～1991年の間に産まれた7歳以下の子どもたちのリスクは15倍にも及ぶ」というものである[注41]。

　これらの全ての現象つまり核施設周辺でのがん・白血病・先天異常の増加を、「トリチウムのみによるもの」と言うつもりはない。他の放射性物質（たとえばヨウ素、セシウム、ストロンチウム、プルトニウム、ウランなど）による影響のものもあるだろう。しかし、トリチウムの危険性を過小評価し、最初からトリチウムという原因を排除してきたことも、これらが「原因不明」とされてきたひとつの要因ではないのだろうか。われわれはトリチウムと他の放射性物質や化学物質との複合的な効果も含め、研究を進展させる必要があると考える。
　では、日本ではどうなのか。

[注39]　Dominique Pobel & Jean-Francois Viel, "Case-control study of leukaemia among young people near La Hague nuclear reprocessing plant: the environmental hypothesis revisited", *BMJ* 314 1997
[注40]　H. O. Dickinson, L. Parker, "Leukaemia and non-Hodgkin's lymphoma in children of male Sellafield radiation workers", *International Journal of Cancer*, vol.99,2002: pp437-444
　　　　http://www.ncbi.nlm.nih.gov/pubmed/11992415
[注41]　原子力資料情報室通信339号　上澤千尋「セラフィールド再処理工場周辺の小児白血病リスクの増加　父親の放射線被曝の影響を再確認」(2002年8月30日)
　　　　http://www.cnic.jp/modules/smatsection/item.php?itemid=63

表6　日本の発電用原子炉トリチウム放出量（2002－2012年度）

トリチウム水　液体放出量　単位は兆（テラ）Bq

原発名	所在地	炉型	炉数	02年	03年	04年	05年	06年	07年	08年	09年	10年	11年	12年	合計TBq
泊	北海道古宇郡	PWR	3	29	22	19	31	29	27	20	30	33	38	8.7	286.7
大飯	福井県大飯郡	PWR	4	64	90	93	66	77	89	74	81	56	56	22	768
伊方	愛媛県西宇和郡	PWR	3	52	54	68	63	46	66	58	57	51	53	1.8	569.8
玄海	佐賀県松浦郡	PWR	4	91	95	73	74	99	86	69	81	100	56	2	826
川内	鹿児島県薩摩川内市	PWR	2	32	38	51	48	35	38	53	50	30	37	1	413
高浜	福井県大飯郡	PWR	4	63	59	63	69	68	60	40	43	65	38	6.8	574.8

出典：「原子力施設運転管理年報」（平成25年度版　参考資料より抜粋）

4　日本の核施設周辺で認められること

　まず、日本の原発の通常運転時に、どのくらいのトリチウムが垂れ流されているのかを示しておく（表6）。PWR型原発の場合、トリチウム水としてのみでも年間20～90兆Bqも海に垂れ流されている。

　さて、北海道庁管轄の「北海道健康作り財団」（理事長は北海道医師会会長）が集計した北海道内の市町村別年齢調整がん死亡率のデータを、西尾正道北海道がんセンター名誉院長が紹介している。その集計によると、泊原発周辺の村のがん死亡率は、北海道の平均の1.4倍ほどあり、泊村のみでなく、近隣の岩内町や積丹町もがん死亡率が高くなっているという[注42]。そして、このデータに関して、西尾正道医師は「トリチウムが関係しているのだと私は思います」と言及している。

　また、玄海原発がある佐賀県玄海町の白血病による死者数は、全国平均の6倍以上や佐賀県の平均の4倍ほどを示している（表7）。表6で示したように、確かに平常運転時でも玄海原発からのトリチウム放出量は、年平均83兆Bq、積算で826兆Bqと掲載した中でもダントツに多いトリチウムを放出している。

　たしかに、九州地方とくに鹿児島・宮崎・長崎においては、ウィルス性（HTLV-I）の白血病が地域的に多いことが分かっている。しかし原発立地点

[注42]　小出裕章、西尾正道『被ばく列島　放射線治療と原子炉』角川oneテーマ21（2014年）48ページ

表7　1998年～2007年までの10年間の人口10万人あたりの白血病による死者数

	1998～2002年の平均	2003～2007年の平均
全国平均	5.4人	5.8人
佐賀県全体	8.3人	9.2人
唐津保健所管内	12.3人	15.7人
玄海町	30.8人	38.8人

出典：厚生労働省人口動態統計より（参照「広島市民の生存権を守るために伊方原発再稼動に反対する1万人委員会」http://hirosima-net.org/yui/1man/）

近傍でのこのように高い白血病死亡率の原因をHTLV-Iに帰することは不可能であろう。

　2015年12月5日に開催された第32回日本科学者会議九州沖縄地区シンポジウムにおいて、森永徹医学博士が「玄海原発と白血病」と題する報告を行い、「玄海町における白血病死亡率の上昇は、高齢化やHTLV-1の影響だけでは説明できない」「原発から放出されるトリチウムの関与が強く示唆される」と結論している[注43]。

　では最後に、青森県のことを記すことにしよう。青森県には下北半島に、東通原発があり、六ヶ所再処理工場がある。また、かつて放射能洩れ事故を起こした原子力船むつが停泊していた港がむつ市にある（そのほかにむつ市には中間貯蔵施設があり、大間町に大間原発が現在建設中）。

　驚いたことに原発から出るトリチウム排水の濃度限度はあるが、日本の再処理工場にはトリチウム排水の濃度基準がなく、「管理目標」というものを決めているという。その管理目標がなんと1年間に1京8000兆Bqという桁違いの数値なのである。六ヶ所再処理工場はまだ本格稼動はしていない。しかし、本格稼動すれば、この量が海に放出されることになる。すでに述べたように、再処理においては、使用済み核燃料棒を細かく切断して化学処理する際に、燃料棒の中にあるトリチウムがほぼすべて漏出するため、再処理工場からのトリチウムの放出は桁違いに大きいものになるのである。

　六ヶ所再処理工場が、現在までのアクティブ試験で最大のトリチウム水を放出したのは2007年10月であるが、たった1カ月で520兆Bqものトリチウムを放出していた（表8）。恐ろしいことに表6で見た、原発各立地点の日

[注43]　森永徹「玄海原発と白血病」（第32回日本科学者会議九州沖縄地区シンポジウム発表資料）http://ad9.org/pdfs/nonukessaga/y2015/dec12lect/morinaga.pdf

表8　六ヶ所再処理工場のトリチウム放出実績

年度	液体トリチウム (Bq)	気体トリチウム (Bq)
2006.4～2007.3	490兆	6兆
2007.4～2008.3	1300兆*	9.8兆
2008.4～2009.3	360兆	3.7兆
管理目標 (年)	1京8000兆	1900兆

＊）2007.10はひと月で520兆Bq/月
出典：(2015/1/24-25　山田清彦氏による反核学習会資料より抜粋して作成)
　　　原資料は青森県の「青森県の原子力安全対策」ホームページにある日本原燃(株)「安全協定に基づく報告」のサイトにおいて見ることができる。
　　　http://www.aomori-genshiryoku.com/report/jnfl/safety/

表9　福島原発事故以降の六ヶ所村再処理工場からのトリチウムの放出量（兆Bq）

	2011年度	2012年度	2013年度	2014年度	2015/4～5	以上合計
液体放出	0.90	1.1	0.58	0.32	0.054	2.95
気体放出	0.44	0.16	0.14	0.10	0.023	0.86
合計	1.34	1.26	0.72	0.42	0.077	3.82

出典：日本原燃「安全協定に基づく定期報告書」より作成。同再処理工場は現在「アクティブ試験運転」中であるとされている。
　　　http://www.jnfl.co.jp/safety-agreement/

常的放出の10年間分程度がわずか1カ月で放出されたのである。

　六ヶ所村再処理工場からのトリチウムの放出は、福島原発事故以降も止まっていない。事故以後最近までの放出量は上記の通りである（表9）。

　国立がん研究センターの発表によると、「全がん75歳未満年齢調整死亡率」において、青森県は2004年以来ずっと全国1位である（表10）。

　2015年10月18日の毎日新聞によると、2014年のがん死亡率が国立がん研究センターによって発表され、2014年も青森県ががん死亡率全国1位であり、2004年以来　連続11年間全国で最悪の1位であるという。歴史を顧みれば、六ヶ所での高レベル放射性廃棄物貯蔵が始まったのが1995年、再処理工場の化学試験の開始が2002年、ウラン試験開始が2004年、東通原発の運転開始が2005年である。前記のように、六ヶ所再処理工場のアクティブ試験が開始されたのは2006年である。それ以来、青森県東方の太平洋にはトリチウムが大量に流されてきた。

　2014年10月に、弘前大学の松坂方士准教授によって、「青森県内の保健医療圏別のがん罹患率や死亡率に関する研究」が発表されたが、市町村別の詳

表10　青森県の全がん75歳未満年齢調整死亡率全国ワースト順位（男女計）

年	1995	1996	1997	1998	1999	2000	2001	2002	2003
男女	7位	4位	6位	4位	4位	5位	2位	2位	2位

年	2004	2005	2006	2007	2008	2009	2010	2011	2012	2013
男女	1位	1位	1位	1位	1位	1位	1位	1位	1位	1位

出典：国立がん研究センター「がん情報　がん登録・統計」より抜粋して掲載
　　　http://ganjoho.jp/reg_stat/statistics/dl/index.html#pref_mortality
　　　「全がん死亡数・粗死亡率・年齢調整死亡率（1995年－2013年）」
　　　Pref_All_Cancer_motality（1995-2013）.xlsの項にある。

表11　いわき測定室「たらちね」による2015年4月・5月・9月のベータ線測定結果より

一部抜粋

試料品名	採取地	採取月	測定結果		不確かさ	検出下限値	
ふき	いわき市好間	2015年4月	T（自由）検出下限値以下 T（組織）5.70 Sr90　　　1.34	 Bq/kg乾 Bq/kg生	― ± 2.70 ± 0.47	4.40 2.50 0.45	Bq/ℓ Bq/kg乾 Bq/kg生
落ち葉	いわき市常磐	2015年4月	T（組織）3.80 Sr90　　　0.16	Bq/kg乾 Bq/kg生	± 1.80 ± 0.08	1.90 0.08	Bq/kg乾 Bq/kg生
メバル	福島第一原発 1.5キロ沖	2015年9月	T（組織）2.85 　　　　　1.65	Bq/kg乾 Bq/kg生	± 2.20 ± 1.30	2.21 1.28	Bq/kg乾 Bq/kg生

T（自由）：トリチウム（自由水）　T（組織）：トリチウム（組織結合水）
出典：http://www.iwakisokuteishitu.com/pdf/weekly_deta.pdf

しい調査結果は報告されていない[注44]。見てきたように再処理工場からのトリチウム放出量は原発の比ではない。是非とも、市町村別の詳細な調査をお願いしたい。

　最後に、福島県いわき市にある「いわき測定室たらちね」で2015年4月、5月に測定されたフキや落ち葉から、9月には福島沖で獲れたメバルから有機結合型トリチウムが検出されていたことを報告しておきたい[注45]（表11）。言うまでもなく、これは実態の氷山の一角に過ぎない。

[注44]　平成26年度第1回青森県がん医療検討委員会　資料　http://www.pref.aomori.lg.jp/soshiki/kenko/ganseikatsu/files/2015-0106-1747.pdf
[注45]　いわき測定室「たらちね」2015年4月,5月の測定結果 HYPERLINK "http://www.cnic.jp/modules/smartsection/item.php?itemid=63"
　　　http://www.iwakisokuteishitu.com/pdf/weekly_deta.pdf

おわりに

　これだけ世界のあちらこちらでトリチウムが放出され、そして原発・核燃施設周辺の住民に健康被害が出ている事実がありながら、各国政府と原子力産業界は、無視するか、「原因不明」と言うか、あるいは「ウイルスのせい」や「人口が急激に増えたから」という理屈を付けて、「放射能のせいではない」と言い募ってきた。とりわけ、トリチウムは　その軍事的意味もあってか、あたかも無害のような扱いをし、被曝影響を過小評価し続けてきた。

　かつて、ICRPの第二委員会の委員長を務めたカール・モーガン博士は、その著書の中で「トリチウムの線量係数を4あるいは5に上げるよう命がけで努力した」と記している（しかし、結局彼がICRPを去ってから、トリチウムの線量係数は1.7から1に引き下げられてしまった）。そしてさらに、「ICRP主委員会の会議の際に、英国出身のICRPメンバーであるグレッグ・マーレイが（トリチウムの）線量係数をそのように変えると、政府はトリチウムを使った兵器製造ができなくなるということを公に認めた」と記している[注46]。

　多くの人たちが、今まで何度もトリチウムの危険性について言及し、核施設周囲での健康被害の実態との関連性を述べてきたにもかかわらず、政府や核関連企業側は、ICRP理論という権力側の放射線防護理論を楯に、無視し続けてきた。

　福島原発事故が起こり、大量のトリチウム水が溜まり、それが太平洋に大量に放出されようとしている。グアム、ハワイはもちろんだが、対岸のアメリカ西海岸に被害を及ぼす可能性があるような事態に陥ってもなお、日本政府は、言葉を弄し、「放射能の被害はない」と言い繕うつもりだろうか。

　福島事故による汚染は　いまだに進行中だが、それよりもずっと以前からこの地球のあちらこちらで、トリチウムが大気中に放出され海に垂れ流されてきたということの意味を、今一度われわれは考えなくてはならないだろう。もう、「知らない」では済ますことはできないし、知らない振りをして黙って暮らすことも、もはや許されない。

[注46]　カール・Z・モーガンほか著、松井浩ほか訳『原子力開発の光と影　核開発者からの証言』昭和堂（2003年）154〜155ページ

第三章 福島原発事故の健康被害とその否定論

——児玉一八、清水修二、野口邦和著『放射線被曝の理科・社会』の問題点——

はじめに

　政府は、環境省の「東京電力福島第一原子力発電所事故に伴う住民の健康管理のあり方に関する専門家会議」の「中間取りまとめ」(2014年12月22日)によって、公式に福島原発事故による健康被害は一切出ないと宣言した。同文書は、「今般の事故による住民の被曝の線量に鑑みると」福島県及び福島近隣県において、①「がん罹患率に統計的有意差をもって変化が検出できる可能性は低い」、②「放射線被曝により遺伝性影響の増加が識別されるとは予想されない」、③「不妊、胎児への影響のほか、心血管疾患、白内障を含む確定的影響が今後増加することは予想されない」というのである。つまり、福島原発事故では人間の健康被害は「ゼロ」であるという。被害は調査をする前から「ない」と断定されているのである。

　福島県における小児甲状腺がんの多発はすでにはっきりと現れている。だが、政府と福島県当局は多発の事実は認めても、放射線の影響は「考えにくい」として、原発事故との関連はあくまで否定し続けている。

　政府による漫画「美味しんぼ」に対する攻撃についても同様である。鼻血が被曝の影響かもしれないとフィクションである漫画に書いただけで、安倍首相を先頭に政府が「風評」だと大々的に非難したのは、なぜだろうか。鼻血程度でそうなのだから、ましてや被曝による病気やがん死など「ハナからありえない」「あったとしても口にしてはならない」という社会的雰囲気の形成が目的だったと評価するほかない。

　この意味では、政府の最初から「ゼロ」という事故被害想定は、実際に生じてくる健康被害について、放射線被曝との関連は「ない」と強弁するための、したがって政府も東電も健康被害について何の責任も取らず賠償も補償もしないためのこじつけの論理である。

　政府は、福島県内の20mSv/年以下の汚染地域に対する避難指示を次々に解除して住民の帰還を促してきた。さらに政府は、2015年6月12日、現在年間20～50mSv地域の避難指示を2017年3月までに解除し帰還を促す方針を閣議決定した。また福島県は、2015年7月9日、住宅援助などの避難者支援を2017年3月をもって打ち切る方針を公表した。

これは、「帰還による被曝か避難による生活苦か」の選択を避難者個人に強要する残酷きわまりない政策である。現在11万人に上るとされる避難者は、政府と県当局による経済的・社会的圧力により、法律上の上限値である年間1mSvを大きく上回る被曝を子供や妊婦までも含めて半ば強要されようとしている。

　さらに、2015年7月に決定された政府の「2030年度電源構成」にはっきりと示されているように、政府と電力会社・原発推進勢力は、福島クラスの原発事故がおよそ十年から数十年の確率的周期で起こるリスクを前提として、大規模な原発再稼働を次々と進め、原発使用年限を60年まで延長し、再処理工場も動かし、核燃サイクルも推進し、常陽やもんじゅまでも何とかして動かそうとしている。

　そして、福島事故の健康被害ゼロ論こそ、このような危険極まる、自滅的ともいえる原発推進政策の大前提なのである。事故が起こっても被曝による健康被害や人的被害は「予想されない」のだから、「事故が起こってもよい」のであり、「事故が起こることを前提に」原発・核燃サイクルを推進するとしても何の問題もないのである。

　残念ながら、このような政府の福島事故被害ゼロ論に呼応するかの動きが、脱原発運動の内部から起こってきたとしても、不思議ではない。ここでは、脱原発運動内部からの福島事故健康被害否定論を検討することを通じて、政府の見解を批判していくことにしたい。

『放射線被曝の理科・社会』の主な内容

　児玉一八、清水修二、野口邦和の3氏による『放射線被曝の理科・社会――4年目の「福島の真実」』という本（以下『理科・社会』と略す）が2014年12月に出版された[注1]。読者の中には、同書を詳細に読みこなす余裕がないか、同書の内容が分かりにくいと感じる人もいるかもしれない。また同書の主要な主張や見解は、にわかには信じがたいものであるかもしれない。それは、曖昧で混濁している場合も多いが、おおむね以下の諸点に整理することができるであろう。

[注1]　児玉一八、清水修二、野口邦和『放射線被曝の理科・社会』かもがわ出版（2014年）。

(1) 福島事故の健康被害について
―― 福島原発事故の結果としての放射線被曝によりがんや病気が「目に見えて増えることはない」という健康被害ゼロ論の主張（6、55、173、176ページなど）。これが同書の軸となる最も中心的な論点である。
―― 世界保健機関（WHO）や原子放射線の影響に関する国連科学委員会（UNSCEAR、以下国連科学委員会と表記）による、福島事故の公衆への放射線の健康影響が検出可能なレベルで増加することは予想されないという報告を被災者の立場から見て「朗報」であるとして高く評価するべきだという主張（7ページ）（実際には、政府・東電が健康被害に対する賠償を逃れるための正当化に使われるにもかかわらず）。

(2) ICRPの見解の評価について
―― 放射線被曝の問題では、「原発賛成の人」すなわち国際放射線防護委員会（ICRP）や政府・原発推進勢力の見解が「科学的」であり、「脱原発の立場」に立つ人々はその見解を「共有」するべきであるという主張（177ページなど）。
―― 100ミリシーベルト（mSv）以下の低線量領域での「確率的影響」については「分かっていない」「低線量領域での人のデータがない」「科学的な決着は付いていない」が、事実上は「閾値がある」という主張。その閾値のレベルについて同書は2つの見解の間で揺れている――①10mSv〜50mSvのいずれかの線量に閾値があるという主張（8〜9、17、69ページ）と、②100mSvとする主張（153ページ）「100mSv以下での明らかな健康への影響は確認されていない」というのが「専門家の間での共通認識」であるとする。その上で、同書の本音は②である。

(3) 福島原発事故の規模について
―― 福島原発事故の規模のチェルノブイリとの比較では、ヨウ素131やセシウム137を基準（政府発表で10分の1あるいは5分の1）とする政府の評価は「間違い」であり過大評価である。プルトニウムやストロンチウムの放出量を比較のベースとすべきであり、チェルノブイリ事故に比較

して極めて小さい（70分の1から数千分の1程度である）という主張（44、73～74、79、81ページなど）。

(4) 内部被曝について
── 福島事故において食品汚染や放射性微粒子による内部被曝は「問題にならない」「無視してよい」という見解（43、46、83、123、144ページなど）。
── 自然界に存在する放射性カリウム40の人体内の挙動（臓器に斉一に拡散する）を基礎として、セシウム他の人工放射性物質の挙動を考えていかなければならないという見解（125ページなど）。

(5) 福島の現状について
── 福島の被曝量では「鼻血は出ない」という主張、まして鼻血よりも深刻な健康影響はありえないという主張（58～69ページ）。
── 福島事故の放射線量では「遺伝的障害は生じない」とする主張（132～134ページなど）。
── 福島からの避難は必要ない、除染は「効果的」であって、福島は「十分安全に安心して住むことができる」、避難はストレスを高めかえって病気を生み出し危険であるという主張（9、88～91、145～146ページなど）。
── 福島の食品の「安全性は十分に担保されている」という主張（第3章とくに117、123ページなど）。
── 福島でいま生じている小児甲状腺がんは「放射線被曝に起因するものではない」という主張。日本人はヨウ素摂取量が多いので被曝による小児甲状腺がんは、事故後10年間は生じないし、また10年後に生じたとしても被曝起因かどうかの「判断は困難」であるという主張（156～157ページなど）。
── 県民調査委員会が下した、小児甲状腺がんと放射線の影響との関連は「考えにくい」という判断は「信頼すべき」ものである。著者たちは同委員会の「信頼性」を高めるために活動している。その「信頼を落とした」のは「マスコミの罪」だという主張（151～152ページ）。
── 現に表に出ている健康被害である震災関連死（福島で1700人）は、放射能とは関連がなく、「避難生活による健康被害」が原因であるという

主張（70、159 ページ）。

(6) 脱原発運動について

―― 脱原発運動は福島原発事故の「被害が大きければ大きいほど都合がよい」と考えているという主張。あるいは脱原発運動は放射線被曝の影響を「誇大に言い立てて」おり、被害がないことを願う住民の「心情」を踏みにじっているという主張（7、136、177 ページなど）。

―― 福島の健康被害の主因は、「放射線自体より以上に」「放射線への恐怖をあおっている」脱原発運動側にあるということは「十分あり得る」という主張。福島からの避難を主張する脱原発運動は「差別や風評を煽って被災者を苦しめる」「加害」者であり、漫画「美味しんぼ」に対する「風評被害」キャンペーンの際のように[注2]、このような脱原発運動と対抗していくべきであるという主張（70 ～ 71、159、185 ページなど）。

―― 福島の住民の多くが被曝による「遺伝的影響がある」と思い込んでおり、この「県民意識」が、福島の住民に対する「差別」や降りかかる「悲劇」の一つの原因であるという主張（132 ～ 136 ページ）。このような意識を生み出しているのは、脱原発運動、その立場に立つ「識者」、マスコミであるという主張。

―― 脱原発の人々は原発推進勢力と「同じテーブルで」対話すべきであり、「国民的議論」の結果であれば「結論は自分の最初の思いとは若干違っているかもしれないが」「最終的に出た結論で手を握る」として、自分が掲げる「原発ゼロ」を放棄して「原発依存度の低下」程度での妥協・容認も政治的にはあり得るという主張（176 ページ）。

これらについて以下検討して行くこととするが、著者らの見解には虚偽の内容が多くある点、その内容が基本的には福島事故の健康影響に関する政府見解をほとんどそのまま反映した政府弁護論であり、さらに脱原発運動に対する攻撃では極右翼的見解をさえ取り入れたものになっている点に、まず注

[注2]「美味しんぼ」の作者、雁屋 哲氏は、「美味しんぼ」批判に対して、科学的な見解に依拠する形で反批判を書いている。これは極めて重要な注目に値する文献である。雁屋 哲『美味しんぼ「鼻血問題」に答える』遊幻舎（2015 年）

意を促したい。

　この『理科・社会』の記述上の特徴は、一貫して自分が批判する対象の文章をそのまま引用せず、誇張したり、ゆがめて紹介し、それを批判することである。例えば、内部被曝の強さが距離の2乗に反比例するという議論である。内部被曝を強調する人は「距離ゼロまでそれを用いて無限大の強度としている」と批判するのである。極限として例を示すとしても、誰も原子や細胞の大きさより小さい距離をまじめに議論することはないと思われる。全体にフェアで紳士的な批判ではない点が多く、後味が悪く、読みたくなくなる点が残念である。いわゆる揚げ足取りが多いが、一方、本質的な自らの誤りに無知である点が大変問題であると思う。

　この本には、ICRP（国際放射線防護委員会）の見解が、反原発の立場と称して展開され、論理が複雑であるが、ほとんどそのすべての見方が示されている。その意味で、ICRP批判の対象としてふさわしいといえるかもしれない。「目に見える被害が起こらない」という『理科・社会』の主張が科学的かどうかを検証しよう。それによって、このような主張が、現在の情勢の下で、どのような社会的・政治的意味と役割を持つかを考えてみたい。

　本論に入る前に著者集団の性格について触れておこう。同書巻末の「執筆者プロフィール」によると、同書発行当時、3名とも「日本科学者会議原子力問題委員会」の委員および委員長であった。とくに児玉氏は「原発問題住民運動全国連絡センター」の代表委員で、野口氏は原水爆禁止日本協議会の「原水爆禁止世界大会実行委員会運営委員会」の代表である。同時に、清水氏は福島大学副学長であるとともに「福島県民健康調査検討委員会」の副座長であり、野口氏は事故後に「福島大学うつくしまふくしま未来支援センター客員教授」に就任するとともに「福島県本宮市放射能健康リスク管理アドバイザー」を務めている。その意味では、同書の著者集団は、一般的には脱原発の内部に位置する人物であり、同時に、多数（少なくとも2人）は、被曝問題において基本的には行政側の当事者でありインサイダーでもある。野口・児玉両氏は放射線の専門家であるが、清水氏はそうではない。このように著者集団は、客観的に見て、二重のあるいは二面的な社会的性格をもっており、この点にとくに注意を払うことが必要である。

　なお著者たちは「内容に関する責任は各執筆者が負う」（10ページ）として

いるが、ここでは、一つの傾向を表す一体となった見解および主張として扱うことにする。

われわれは、『理科・社会』の見解に、放射線医学総合研究所（以下放医研と略記）編著『虎の巻 低線量放射線と健康影響　先生、放射線を浴びても大丈夫？と聞かれたら』医療科学社（2007年、改訂版2012年、引用ページは特に記載なき場合は後者による）の見解を対置し[注3]、それにわれわれの見解を提起しながら、検討して行くことにする。放医研の同書は、政府傘下の研究機関が発行した文献に避けられない制約や矛盾にもかかわらず、すなわち「100mSv以下の放射線なら発がんリスクはかなり小さい」（42ページ）とする基本的立場に立ち、放射性微粒子による内部被曝をほとんど無視しているなどの本質的欠陥をもつにもかかわらず、低線量被曝の健康影響に関して最新の国際的研究成果を包括的に記述している点で、脱原発をめざし被曝の危険を訴える運動にとっても「有用な情報が満載の本」（竹野内真理氏）である[注4]。この2つの文書を比較することによって、『理科・社会』がどれほど国際的な研究の発展から取り残されてしまったかが、明らかになる。

序　節　低線量・内部被曝の影響とメカニズム——概説

『理科・社会』の検討に入る前に、放射線被曝に関する重要な問題と最近の進歩について概説的に説明しておこう。

1　放射線とは？

主な電離放射線にはアルファ線（α線）、ベータ線（β線）、ガンマ線（γ

[注3]　放射線医学総合研究所編著『虎の巻 低線量放射線と健康影響　先生、放射線を浴びても大丈夫？と聞かれたら』医療科学社（2007年、改訂版2012年）

[注4]　グロイブ、スターングラス著、肥田舜太郎・竹野内真理訳『人間と環境への低レベル放射能の脅威』あけび書房（2011年）への「訳者あとがき」318ページ
　　　原著は、Ralph Graeub; *The Petkau Effect: The Devasting Effect of Nuclear Radiation on Human Health and the Environment*; (Thunder's Mouth Pr, 1994)

線）がある。電離放射線と呼ばれるのは、原子や分子において、その放射線が結合している電子を励起し、電離したイオンを生じるからである。

　アルファ線は、ヘリウムの原子核で、陽子2個と中性子2個より形成され、電荷＋2e（eは電子1個の負電荷の絶対値）を持つ。空気中では数センチメートル（cm）の飛距離（飛程ともいう）で、生体中では40ミクロン（μm）の飛距離でエネルギーを失う。

　ベータ線は、－eの電荷をもつ電子で、空気中では数十センチ、生体中では数ミリ（mm）の飛距離でエネルギーを失う。

　ガンマ線は、X線と同様の電磁波（光子）であり、高いエネルギーを持つ。空気中では数百メートルの飛距離を持ち、生体に一部が吸収され、突き抜ける。

　量子力学によれば、微視的な粒子は「波」の性質と「粒子」の性質の両方を持ち、時には「粒子」、時には「波」として「線」と呼ばれるが同じ物質である。

　以上に述べたように、ガンマ線は体の外部から生体中に入り、生体の分子の結合を破壊するので危険である。射程距離の短いアルファ線は紙を突き抜けられないので、体に付着するのでなければ、外部からの被曝としては危険がない。ベータ線はそれらの中間であるが、アルミ箔で遮蔽できる。広島・長崎の原子爆弾から放出され、被爆者が爆発時に浴びた放射線は、主にガンマ線と中性子線であった。中性子線は電荷をもたない中性の粒子で、陽子にほぼ等しい質量を持つが、透過力が強く極めて危険である。

2　放射線量を測る主な単位について

　放射線の量を測る主な単位には、ベクレル（Bq）およびキュリー（Ci）、シーベルト（Sv）およびグレイ（Gy）などがある。

　ベクレル（Bq）とは、1秒間に原子核が崩壊する回数をいう。たとえば10ベクレルは1秒間に10回崩壊して放射線を出すことを表す。ベクレルが大きいと放射性物質の量が多いことを表す。キュリー（Ci）とは、ベクレルの旧単位で、キュリー夫妻にちなんで、彼らが発見したラジウムの1グラムの放射能量に相当する。1キュリーは3.7×10^{10}（370億）ベクレルに等しい。

　シーベルト（Sv）とは、体内に取り込まれた放射線の生体に与える影響（実

効線量や等価線量)を推定する単位である。外部被曝では、1kg 当たり1ジュールのガンマ線のエネルギーを吸収すると1グレイ (Gy = J/kg) の吸収線量と呼び、実効線量を1シーベルト (Sv) としている。内部被曝の実効線量は、取り込んだ放射性物質の量 (Bq) に、実効線量係数をかけて求める。実効線量係数 (mSv/Bq) は、放射性元素と放射線の種類、被曝者の年齢、臓器等を含む放射性物質の取り入れ方や体内の挙動に基づいて推定した数値である。ICRP は、体内の各組織について等価線量を求め、それを全身で平均して体全体への影響を推定している。モデルで平均して推定するので信頼性は疑問である。たとえば、アルファ線やベータ線は飛距離が短く、局所的な被曝なので、体組織での平均となるシーベルトでは影響を著しく過小に評価する。

3 閾値(しきい値)とは? 集団線量とは?

身体の外部から照射されるガンマ線・X 線などの電磁波や中性子の被曝(外部被曝)における危険性の評価において、日本政府やわが国 ICRP 委員をはじめいわゆる専門家から、被曝の人体への影響には「閾値があり、100mSv 以下は安全である」かのような説明がなされることが多い。これに対しては医療放射線被曝者や原発労働者の被曝等の研究を通じて、10mSv 以下の被曝でもがんや白血病が発生することが明らかになっている。このことは低線量でも多くの人が被曝すれば大量の被害者が出ることを示している。

この被曝線量と被曝人数の積の和は「集団線量」と呼ばれ、被曝被害予測の重要な値である(表1では1万人・Sv の値)。たとえば、1億人が1mSv 被曝すれば、10万人・Sv の集団被曝線量となり、ICRP の基準でも5000人のがん死者が出る(表1の ICRP [1991] を参照のこと)。これは、線量・線量率効果係数 (DDREF) を2として(つまり低線量・率ではがんリスクが2分の1になるとして)過小に評価している。正しくは、1986年の広島・長崎の線量見直し (DS86) と1987年の同寿命調査結果から得られたリスク1人・Sv あたり0.1人のがん死というリスク評価を用いると、上記の10万人・Sv では ICRP の2倍の1万人のがん死者になる。いずれにしろ、福島原発事故の放出放射能による人的被害がゼロであるというようなことは、ありえない。

表1 10万人が0.1Gy（100mSv）被曝した場合（集団線量1万人・Sv）の過剰がん死者数[*1]の各種推計　　　　　　　　　　　　　　　　　　（単位：人）

	対象集団	白血病	白血病以外がん	DDREF[*2]
BEIR-V [1990]	米国人	95	700	考慮せず
ICRP Pub.60 [1991]	米国人、英国人、中国人、プエルトリコ人、日本人	50	450	2
EPA [1999]	米国人	56	520	2
UNSCEAR [2000]	米国人	60	700〜1400[*3]	考慮せず
BEIR-VII	米国人	61	510	1.5
ICRP Pub.103 [2007]	米国人、英国人、中国人、プエルトリコ人、日本人	28	398	2
UNSCEAR 2006[2008]	米国人	7〜52[*3]	455〜1040[*3]	考慮せず

*1：全年齢の男女10万人の集団が0.1Gyに被曝した場合の生涯がん過剰死亡数。
*2：DDREFとは白血病以外のがんに対する線量・線量率効果係数。
*3：複数のモデルが用いられており、モデルによって値は異なる。
注記：DDREF=2ということは、人為的に2分の1にされているということである。実数値はこの2倍であることを示す。なおBEIR：米国科学アカデミー・電離放射線の生物学的影響に関する委員会、ICRP：国際放射線防護委員会、EPA：アメリカ合衆国環境保護庁、UNSCEAR：原子放射線の影響に関する国連科学委員会、をそれぞれ表している。
出典：独立行政法人・放射線医学総合研究所編著『低線量放射線と健康影響』医療科学社（2011年）162ページ

　この広島・長崎被爆者の放射線影響研究所データは10mSvの被曝で0.5%のがん死の増加であるが、最近の日本の原発施設での労働者を用いた調査ではその6倍の3%のがん死の増加となっている。子どもではもっと高く、オーストラリアのCTを用いた医療被曝では10mSvの被曝で子供の発がん率が44%増加した。広島・長崎の調査でわかったことであるが本当の被曝の影響は50年以上の観測が必要であり、このオーストラリアの約20年の調査結果は追跡調査途上であるということである。

　この低線量外部被曝による集団線量は、国際放射線防護委員会（ICRP）、国際原子力機関（IAEA）はじめ原子力を推進するために被曝を強制する人たちによって、一貫して無視されてきた被曝被害の形態である。最近の規模の大きい疫学調査が示している危険率の上昇は、もはや数mSvの低線量被曝を無視しては被曝被害の議論は成り立たないということを示している。

4　LNTモデル（直線閾値なしモデル）とは？

　この低線量外部被曝に関連してLNTモデル（直線閾値なしモデル）を概説

的に検討しよう（『理科・社会』の LNT 解釈は第 1 節で議論される）。これは被曝線量に比例してがんや白血病が発生し、閾値（それ未満では被害リスクが高まらない被曝量たとえば 100mSv）が存在しないというモデルである。つまり上記の日本の原子力関連労働者の例では、10mSv の被曝線量で 3% のがん死の増加であれば、1mSv では 0.3% の増加、100mSv では 30% の増加となる。年間 20mSv の被曝量では、1 年間に 6% のがん死の増加、5 年間では 30%、50 年間では 300% すなわち 3 倍の増加となる（図 1-1）。

ICRP は、これは「仮説」であるとして事実上棚上げし、低線量では影響が弱いとして、被曝リスクを先に述べたように半分にしている（図 1-3）。しかし、最近の医療被曝を用いた疫学調査では数 mSv の低線量まで直線性が成り立つことが示されている。より低線量では線形性より危険側になるという議論も存在する。

他方、事故後福島県健康アドバイザーや福島県立医大副学長などを歴任した山下俊一氏のように、直線モデルを認めながら、100mSv 以下は「データがない」「わからない」「だから安全」として、100mSv 以下の被曝リスクを事実上ゼロとする考え方もある（図 1-4）。われわれは、これを「LNT の山下的解釈」と呼ぶことにしたい。多少先回りになるが『理科・社会』は、一方では線形性を「仮説」として認めながら、他方では 10mSv から 50mSv の間の不定の数値を事実上の閾値とし、最後には「専門家の共通認識」として 100mSv 以下では影響がないとする山下的見解を採用している（『理科・社会』17 ページ、153 ページ）。

もちろんここで議論されている 100mSv は 1 回あるいは累積の被曝量であって、年間の被曝量ではない。たとえば年間 20mSv の被曝量だと 5 年間で、年間 5mSv だと 20 年間で被曝する線量である。専門家や政府当局者の中には、自分の無知によるものか人々を混乱させる意図かは分からないが、100mSv をいつの間にか年間 100mSv の意味で使っていることがあるので注意が必要である。

この問題は文章だけでは分かりにくいので、図 1 に LNT モデルをめぐるさまざまな線量・反応関係の概念図を掲げておこう（山下的見解および『理科・社会』は図 1-4）。

この図 1 に対してわれわれは次のように評価する。

図1 線量・反応関係のさまざまなモデル（概念図）

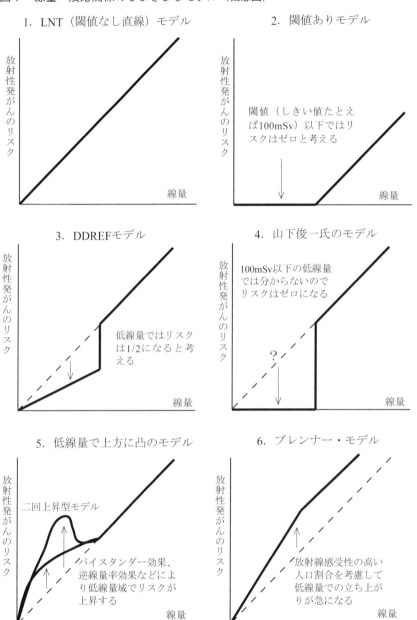

出典：放医研前掲書『低線量放射線と健康影響』医療科学社 44 〜 47 ページ、遠藤順子前掲「内部被曝について〜放射線科学の歴史から紐解く〜」『環境・地域・エネルギーと原子力開発』弘前大学出版会 56 〜 57 ページなどより作成。

第1に、LNTモデル（図1-1）は、閾値（たとえば100mSvなど）ありモデル（図1-2）よりは現実のデータに近い。

第2に、ICRPなどは、一度は線形性を認めながら、その後に低線量・低線量率ではDDREF（線量・線量率効果係数）を導入して下方に（2分の1に）補正する（図1-3）ことによりリスクを過小評価をしている。

第3に、放射性微粒子による内部被曝、バイスタンダー効果（低線量放射線によりヒットされた細胞がヒットされていない近隣の複数の細胞をがん化させる）、ペトカウ効果（高線量下でフリーラジカルが大量に発生すると相互に反応して相殺されるが、低線量下で発生が疎らな場合は相殺が生じないのでかえって損傷効果が相対的に高くなる）、逆線量率効果（低線量でのDNAの軽度の損傷の場合には簡易の修復が行われ、かえって修復ミスによる損傷が多くなる）などの条件を考慮すると、図1-5のようになり、直線でも過小評価であると考えられる。

第4に、ブレンナーが指摘するように、現実には放射線感受性の高い人々が人口中の一定割合（ブレンナーでは0.25%）で存在しており、放射線にとくに敏感な人々が少数でもいると低線量領域でのリスクの上昇がその分高くなる（図1-6あるいは図1-5の二回上昇型ブルラコヴァ・モデル）。このことから、LNTでも低線量被曝のリスクを明らかに過小評価していることになる。

結局、実際のリスクは、上に挙げた諸要因を考慮に入れると、直線ではなく上方に向かって凸な曲線となる（図1-5および1-6）と考えるのが、妥当と言える。

5　内部被曝とは？

これらの、生体の外部からの被曝と区別して、呼吸や食物を通じて生体内に取り込まれた放射性元素からの電離放射線の放出は「内部被曝」と呼ばれ、重大な被害を及ぼすことが知られている。その理由は、内部被曝においてアルファ線やベータ線は射程距離が短いので、生体内の40ミクロン（アルファ線）や数ミリ（ベータ線）の狭い距離の領域を集中的に被曝させるからである。

さらに第1章で述べたように、福島原発事故では、放射性物質の多くの部分は、放射性微粒子として放出されている。放射性微粒子は局所的、集中的、継続的な被曝を与え、生体に与える被害は格段に大きくなる。

6 自然界に存在する放射性カリウム 40 と人工の放射性セシウムとの違いは？

　この点に関連して被曝問題で議論すべき重大な争点がある。天然の放射性物質であるカリウム 40 と人工の放射性元素セシウム 137 等をベクレル数で比較して、人工の放射性物質の被曝は「無視できるくらい小さい」とする議論である。カリウムは生体にとって必要な元素であり、大量に存在し、その約 1 万分の 1 が放射性のカリウム 40 である。カリウムは細胞膜にあるカリウムチャンネルを通じて高速で移動し、各臓器でその必要性から濃度の違いはあるが、それぞれの臓器内では偏在することなくほぼ一様に分布している。この場合は局所的、集中的、継続的な被曝とはならない。

　このカリウムチャンネルの機構を通じて、生物はその生物進化の過程で結果として天然のカリウム 40 の放射線被曝に適応し無害化することで生き延びることができた。しかし、他の人工の放射性元素に対しては、生体には一様に分布させる機構がなく、臓器の局所に偏在する。イオンとして溶解して体内に取り込まれても偏在する。このことはユーリー・バンダジェフスキー氏が病理解剖によって確認しており、「放射性元素体内取り込み症候群」と名付け、その被曝による多様な病気の発生を明らかにしている。放射性セシウムは、心臓、腎臓、肝臓、甲状腺、脳、骨格筋などに集中的に取り込まれ、集中的継続的に放射線を放出する。

　この天然のカリウム 40 と人工のセシウム 137 の違いをウクライナでの膀胱がんの調査結果が示している。尿 1 リットル当たり、セシウム 137 が平均 6.47Bq 存在する人では 64％が、1.23Bq では 59％が上皮がんになった。非汚染地の尿 1 リットル当たり 0.29Bq では 0％であった。この時、体内には 4000 ～ 6000Bq のカリウム 40 が存在し、尿中にリットル当たり 50Bq は存在したはずである。膀胱がんはベクレル数の大きいカリウム 40 ではなく、少ないセシウム 137 の量で決まるのである。

7 内部被曝は局所的被曝であり、シーベルトでは評価できない

　ICRP などは、内部被曝を評価する際、内部被曝を外部被曝に換算するという方法で評価している。射程距離の短いアルファ線やベータ線に対しても、

人体を一様な物体や臓器として評価し、全体で平均化して実効線量シーベルト（Sv）で被曝を評価している。このような方法では、狭い領域に限定された集中的な被曝を広く薄めてしまう結果になる。これは全く科学的根拠のない評価である。

内部被曝が危険なのは、生体内の放射線、アルファ線、ベータ線が遺伝子を切断したり破壊するのみならず、臓器の一部を集中的に被曝させ、電離作用によって活性酸素やフリーラジカルを発生させ、外部被曝においては無視されてきた生物化学的機構によって生体を損傷するからである。

ここで『理科・社会』の専門家野口氏の誤った放射線加害者擁護の論点を紹介しよう。氏は、ベータ線が高速の電子なら、ガンマ線も原子や分子の電子を励起し、電子としてみれば同じであるから、ことさらベータ線の内部被曝の危険性を主張するのはおかしいというのである。この考え方は、微粒子や局所に偏在する人工の放射性元素には誤りである。ガンマ線は長い飛程（飛距離）を持ち、発生する電子は遠くに分布し、局所的集中的な照射ではないからである。そのような場合の危険性が、微粒子の形態をとって集中的・継続的にベータ線を放出する場合の危険性とは異なるのは当然である。

以下、『理科・社会』の章（本書では節に対応）ごとに検討する。

第1節「低線量被曝をめぐる論争を検証する」について

野口氏達は、低線量では被曝被害が被曝量に比例して生じるというのは、客観的・科学的真実というより公衆衛生上の主観的・仮定的判断であると評価し、集団線量の考え方を否定している。これは最近の被曝研究の成果を無視し、被害を過小に評価するものである。

1 「LNT（直線閾値なし）仮説は真実というより公衆衛生上の慎重な判断」という著者たちの評価は正しいか？

『理科・社会』20ページ「ICRPは、LNT仮説は生物学的真実として世界的

に受け入れられているのではなく、むしろ、われわれが極低線量の被曝にどの程度のリスクを伴うかを実際に知らないため、被曝による不必要なリスクを避けることを目的とした公衆衛生上の慎重な判断である、という趣旨のことを述べています。この点で私もICRPの考えに賛成です」。

　この短い言葉の中に著者たちの本質が集中的に現れている。
　第1に、「LNT仮説は生物学的真実として世界的に受け入れられているのではなく」という著者たちの評価は、もしこれが全否定(「世界全体が受け入れていない」)を意味しているのであれば虚偽の言説であり、部分否定(「世界であまねく受け入れられているわけではない」)であるならば、LNTを「真実として」肯定する有力な見解が世界には存在していることに触れないことによって事実上の全否定を示唆し、人々を欺く表現ということになる。
　放医研の前掲書は、米国科学アカデミーの「電離放射線による生物学的影響に関する委員会」BEIR Ⅶ報告書について次のように書いている。「(BEIRは)LNTモデルについてICRPよりも踏み込んだ見解を示しており、『LNTという考え方は、もはや仮説ではなく実際の疫学的結果によって裏付けられた科学的事実である』という見解を示している」(106ページ)と。世界的には、LNTは「実際の疫学的結果によって裏付けられた科学的事実」であるとする有力な見解が現実に存在するのである。『理科・社会』の著者たちはこの事実を隠している。
　第2に、「われわれが極低線量の被曝にどの程度のリスクを伴うかを実際に知らないため」というのは欺瞞的な言葉である(「極低線量」とはふつう10mSv以下をいう)。周知の通り「われわれ」という言葉は二義的であって「著者たち」も「人々一般」も指すことができる。「著者たち」は実際に知らないのかもしれないが、それを「世界の科学者一般」が知らないかのように、すなわち「存在しない」かのように示唆している。だが、これは虚偽の主張である。以下で検討するように、「極低線量の被曝のリスクの程度」に関して疫学的研究が国際的に数多く積み上げられており、数量的な評価も固まりつつある。
　第3に、『理科・社会』の著者たちの上記の文は、文字通りに読めば、ICRPが「被曝による不必要なリスクを避けることを目的として公衆衛生上の慎重

な判断をしている」と評価していると解するほかない。このような著者たちの見解については、矢ヶ﨑克馬氏の評価を引用しておこう。「ICRPの被曝防護3原則は」「被曝被害の受忍を強制することにより原子力発電に伴う被曝の必要性を受け入れさせてきたのである。(ICRPの3原則は)もちろん思想として人格権を真っ向から否定している」「(ICRPの見解を)『もっともである』と説いている野口氏の人権感覚は民主運動と相いれられるのであろうか」「私が驚愕したことは『原水爆禁止世界大会実行委員会運営委員会』の代表、『原発問題住民運動全国連絡センター』の代表委員の『自身ははっきりと原発には反対の立場』に立つ人々が被曝問題・原発問題にかかわる人格権を尊重する考え方に触れたことが無いのではないか、否それらを全面否定しているのではないか、と疑わざるを得なかったことだ」と鋭く指摘している[注5]。われわれもまったく同感である。

野口氏らの本に戻ろう。

17ページ「信頼性の高い人のデータがなければ実験を行ってデータを出せばよいと思うかもしれませんが、人を使った照射実験などできるはずがなく、低線量領域における発がんや遺伝的影響に関する信頼性の高い人のデータは、50から100mSv当たりならともかく10mSv以下の極低線量域では出てこないと思っています」。

科学的に解明することを目的とした本で、最近の疫学調査の結果を無視することは、真実を正しく伝えていないことになる。以下の文献は、10mSv以下でも現実に被害があることを示している。LNTモデルは今や仮説ではないのである[注6]。

■ 2014年 D・J・ブレンナーは広島・長崎原爆の被爆者データと、医療のCTの被曝データ等を総合的に検討して5〜100mSvの被曝のがんリスク

[注5] 矢ヶ﨑克馬「『放射線被曝の理科・社会』を批判する──ICRPを信奉する著者らの考え方と人格権──」。
市民と科学者の内部被曝問題研究会ブログ http://blog.acsir.org/?eid=40
[注6] 沢田昭二他著『福島への帰還を進める日本政府の4つの誤り』旬報社(2014年)。

は証拠が十分あるとし、5mSv 以下は分からないとしている[注7]。

■ 2013 年、J・マシューズらの『ブリティシュ・メディカル・ジャーナル（BMJ）』への発表で、がんの疑い以外で CT スキャンを受けたオーストラリアの小児 0 から 19 歳で、CT 被曝者 68 万人を含む 1090 万人の調査で「CT4.5mSv 毎に、小児癌発症が 24％増加」していたという報告[注8]がある。これは調査対象人数も多く重要なデータである。小児がん発症率比（IRR）は CT4.5mSv に対し、1.24（95％信頼区間は 1.20 〜 1.29）であった。被曝者の CT 被曝後の平均観察期間は 9.5 年であった。

■ 2012 年、G・M・ケンデルらの報告で、イギリスの小児について 1980 年から 2006 年まで調査した結果で、子どもが育った場所の自然放射線 5mSv 以上で 1mSv 毎に白血病が 12％増加した[注9]。自然放射線に被曝した 2 万 7477 人の子どもと被曝していない 3 万 6793 人を比較したもので統計的に有意な結果であった。

■ 2011 年 2 月、日本の原発労働者の労災認定、骨髄性白血病（累積被曝線量 5.2mSv）[注10]。2015 年 10 月 21 日福島原発などで働いた原発労働者が 5mSv の累積被曝で白血病の労災認定を受けた。

■ 2011 年、カナダのマギル大学の M・J・アイゼンバーグ博士はレントゲン検査において医療被曝した患者のがんの増加を調べた。心筋梗塞の患者 8 万 2861 人に対する血管造影検査や CT による医療被曝で 10mSv ごと

[注7] D. J. Brenner, "What we know and what we don't know about cancer risks associated with radiation doses from radiological imaging", *Br J Radiol* 2014;87:201 30629
http://www.ncbi.nlm.nih.gov/pubmed/24198200

[注8] J. Mathews, et al. "Cancer risk in 680000 people exposed to computed tomography scans in childhood or adolescence: data linkage study of 11 million Australians" *British Medical Journal BMJ*.346:f2360(2013)
http://www.bmj.com/content/346/bmj.f2360
同論文のアブストラクトの日本語訳および紹介記事は、
http://trustrad.sixcore.jp/ct_australians.html
https://www.carenet.com/news/journal/carenet/35058
などにある。

[注9] G. M. Kendal et al., "A record-based case-control study of natural backg round radiation and the incidence of childhood leukemia and other cancers in Great Britain during 1980-2006" *Leukemia*.27:3-9(2013)
http://www.ncbi.nlm.nih.gov/pubmed/22766784

[注10] 石丸小四郎他『福島原発と被曝労働』明石書店 232 ページ（2013 年）。

にがんが3％増えた[注11]。これは1Svで300％増えることになるので、放影研原爆データの6倍である。

さらにこれら以前においても、

- 原発周辺での通常運転による乳がんの増加を示したJ・M・グールドらの研究[注12]がある。この研究は低被曝領域で上に凸の線量依存性を示し、ペトカウ効果の好例である。また、化学物質による汚染との複合効果が見られ、1996年出版の『ザ・エネミー・ウィズイン（The Enemy Within「国内の敵」と「体内の敵」をかけた題名)』は先進的であるのみならず、科学的に貴重な研究である。
- 2007年、ドイツでも同様に原発周辺で小児がんや白血病が増加しているとの報告（ドイツ連邦環境・自然保護・原子力安全省と連邦放射線防護庁によって行われたKiKK研究）がある[注13]。

例えばKiKK研究（1980年から2003年の間に小児がん登録された5歳の誕生日以前に小児がんを発症した子供全てについて調査された）の結論は次のようになっている。

「原発から5kmで、全小児がん、小児白血病とも他の地域と比べて高い発症率を示している。全小児がんの発症数は77例、オッズ比（原発に近い地域の発症数の遠い地域に対する比）は1.61（95％信頼区間下限値：1.26）だった。小児白血病は発症数が37例、オッズ比は2.19（95％信頼区間下限値：1.51）となった。これはそれぞれ発症率が原発の近傍で1.61倍、2.19倍であることを意味する。ちなみにオッズ比とは、疫学で病気の発生率（罹患率）などの比を言う。例えば被曝の影響を見る時、被曝の少ない地域の発症率を基準とした

[注11] M. J. Eisenberg et al., "Cancer risk related to low-dose ionizing radiation from cardiac imaging in patients after acute myocardial infarction". *CMAJ*.183,430-6,2011
　　　http://www.ncbi.nlm.nih.gov/pubmed/21324846
[注12] J. M. Gould 著、肥田舜太郎他訳、『低線量内部被曝の脅威』緑風出版（2011）。原著は、*The Enemy Within: The High Cost of Living Near Nuclear Reactors : Breast Cancer, AIDS, Low Birthweights, And Other Radiation-induced Immune Deficiency Effects,* Thunder's Mouth Pr (1996)
[注13] 原子力資料情報室（CNIC）、澤井正子氏による紹介「原子力発電所周辺で小児白血病が高率で発症―ドイツ・連邦放射線防護庁の疫学調査報告―」。
　　　http://www.cnic.jp/modules/smartsection/item.php?itemid=122

1に対して高い地域の発症率が何倍に当たるかを示す比率のことである。

それ故、野口氏の「信頼性の高い人のデータは……10mSv以下の極低線量域では出てこないと思っています」というのは真実に反するのはもちろん、科学を信頼せず、あくまで真理を追究しようという科学者としての姿勢に欠ける態度ではないだろうか。

2 「ベータ線はガンマ線より危険なのか」という彼らの問題提起の危険性

著者たちは「内部被曝を外部被曝より危険視する意見」を次のように要約している。

「ベータ線はガンマ線より透過力が弱い代わりに電離能力が高く、人体内にベータ線を放出する放射性物質が取り込まれると臓器・組織内の狭い範囲にエネルギーを集中的に与えるため、広い範囲に薄くエネルギーを与えるガンマ線より危険である、とする主張です」(38ページ)。

「ガンマ線による電離・励起の99.9%以上は、実はこうした二次電子が引き起こしています。この過程は、高エネルギー電子の流れであるベータ線が臓器・組織内の狭い範囲にエネルギーを集中的に与えるというのであれば、ガンマ線と物質との相互作用により生成した電子も臓器・組織内の狭い範囲にエネルギーを集中的に与えるのです」「ベータ線による被曝もガンマ線による被曝も、結果として高エネルギーの電子による被曝であって作用の仕方に何らかわりはない」(40ページ)。

ガンマ線は高エネルギーの光であり、電子を励起する。ベータ線は高速の電子であり、それぞれに固有の危険性をもっている。この野口氏の見解は、ベータ線による被曝とガンマ線による被曝のそれぞれ質的に異なる危険性を無視し、一面的に単純化し同一視して「電子による被曝」一般に還元している。野口氏は、細字の注記の中で、批判の多いICRPの「放射線荷重係数：ベータ線＝ガンマ線＝1」を導入している（41ページの注）。野口氏はこの点を「すでに何十年も前に解決済みの問題」（同ページ）であると強調しているが、これは氏が数十年間の放射線医学と分子細胞生物学の研究の進歩を頭か

ら無視するためである。

　上記の野口氏の記述では大切なことが忘れられている。われわれは、天然に存在する放射性カリウム40と人工の放射性セシウムとは内部被曝では同じとする誤りについて繰り返し説明してきた（例えば『原発問題の争点』[注14]）。カリウムKは生体のあらゆる場所で必要とされている（それはカリウムの化学的性質による）ので、チャンネル（生体膜にある物質を選択的に通過させる通路）その他で自由に動ける仕組みが必要で、進化によってそのような構造ができたのである。カリウムがかなり均等に生体中に分散するので、局所のカリウム40由来の被曝量が非常に小さくなる。それでカリウム40の影響が、人体内で60Bq/kgと大きくとも、相対的に問題が少ない。結果として、カリウムチャンネル（細胞膜に存在するカリウムイオンを選択的に通過させる通路）が放射能の影響を最小にする役目を担っていると考えられる。このことは、カリウムイオンのチャンネル通過速度が極めて高速である（1チャンネル当たりでカリウムイオンを1秒間に10^7個オーダーで透過させる）[注15]こと、またカリウムチャンネルの輸送量が極めて大きい（1細胞当たり10個のK^+チャンネル〔カリウムイオンチャンネル〕が開けば1秒間でK^+〔カリウムイオン〕は枯渇すると推定されるほどである）[注16]ことからも示唆される。

　このようにして、カリウム40は体内のカリウム濃度に従って一様に分布し、急速に輸送されながら、ベータ線を出す。約60兆の数の全身の細胞が年に1回程度の被曝（1回のベータ線の放出で500個の細胞が被曝するとして）を受ける。それに対してセシウム137は微粒子として臓器に取り込まれ、局所的（数mmの範囲内）に集中的・継続的にベータ線を放出する。人工の放射性セシウムは、カリウムチャンネルを通過するのが原子の大きさの違いにより困難であるので、臓器に蓄積したり、通路を塞いだりする。

　一方、微粒子から放出されたガンマ線は、電子を励起するが、微粒子の周辺数mmではない。全身から体外まで遠くに分散している。これはカリウム40の場合に近いのである。セシウム微粒子から放出されるベータ線は、数ミリ

[注14]　大和田幸嗣、橋本眞佐男、山田耕作、渡辺悦司『原発問題の争点——内部被曝・地震・東電』緑風出版（2012年）125ページ。
[注15]　小澤瀞司、福田康二郎監修『標準生理学　第8版』医学書院（2014年）77ページ。
[注16]　ベンジャミン・ルーイン他著、永田和宏他訳『ルーイン細胞生物学』東京化学同人（2008年）33ページ。

程度の距離でエネルギーを失い、狭い領域の細胞や分子を集中的、継続的に破壊する。この点が、ガンマ線が放出される場合とは異なるのである。

著者の野口氏は、セシウム137を含む微粒子によるこの集中的な被曝を考慮していない。これでは、微粒子からのベータ線による内部被曝の本質的な危険性が無視されてしまう。自分が間違っているのに他人が科学的根拠もなく内部被曝を怖がると非難する。野口氏は、バンダジェフスキー氏が、なぜセシウム137が臓器に非一様に取り込まれることを繰り返し強調するかを理解していないのである[注17][注18]。野口氏はチェルノブイリから出される警告を真摯に受け止めるべきではないだろうか。

ここで次の疑問にも触れておきたい。放射性セシウムが溶解して、微粒子でなく、イオンになったときはカリウム40と同じかということである。同じではないのである。

カリウムはカリウムチャンネルを通じ自由に全身を高速で移動し、濃度に応じて一様に分布するが、セシウム等他の放射性元素は偏在することである。これは一般に合金や金属において不純物原子が集積し、析出するのに対応する。生体内においても安定な場所に移動したイオンはそこに留まり、集積し偏在する。こうしてあたかも微粒子が形成されたと同様の集中した局所的・継続的被曝を与えると考えられる。これがロマネンコ氏達の膀胱がんの論文において、キログラム当たり50Bqのカリウム40ではなく、数Bqのセシウム137で膀胱がんが発生する理由であると考えられる[注19]。バンダジェフスキー氏も解剖し、病理検査から、心臓などの臓器の一部にセシウム137が偏在するといっている[注20]。偏在するのが一般的であり、偏在しないカリウム40が特殊である。これはカリウムチャンネルのおかげである。これが市川定夫氏[注21]や鷲谷いづみ氏[注22]が生物進化の上でカリウムチャンネルの重要性

[注17]　ユーリ・Ⅰ・バンダジェフスキー著、久保田護訳『放射性セシウムが人体に与える医学的生理学的影響』合同出版（2011年）。
[注18]　ユーリ・Ⅰ・バンダジェフスキー、N・F・ドゥボバヤ著、久保田護訳『放射性セシウムが生殖系に及ぼす医学的社会的影響』合同出版（2013年）。
[注19]　A. Romanenko et al., "Urinary bladder carcinogenesis induced by chronic exposure to persistent low-dose radiation after Chernobyl accident", *Carcinogenesis* 30 1821-1831(2009)
[注20]　バンダジェフスキー前掲書（注17）。
[注21]　市川定夫『新・環境学Ⅲ』藤原書店（2008年）。
[注22]　鷲谷いづみ著『震災後の自然とどう付き合うか』、岩波書店、2012年。

を繰り返し述べている理由である。

3　特定の臓器への蓄積とミトコンドリア損傷の関連性——バンダジェフスキー氏による説明

　放射線による健康被害の範囲の広さに移る前に、この「偏在」の問題についてのバンダジェフスキー氏の説明を紹介しよう。ウラジーミル・チェルトコフ氏の著作『チェルノブイリの犯罪』（邦訳緑風出版）は、ユーリー・バンダジェフスキー氏およびヴァシーリ・ネステレンコ氏との重要なインタビュー（2000 年 4 月に行われた）を含んでいる。両氏はその中で、子供の心電図異常と放射性物質の体内蓄積量との相関に関連して、次のような重要な指摘をしている[注23]。

(1)　ラットやウサギなどを使った動物実験の結果、セシウムの全身蓄積量の平均（100Bq/kg）に対して、心臓にはその 25 倍（2500Bq/kg）、腎臓には 15 倍（1500Bq/kg）が蓄積することが明らかになった。つまり「セシウムはエネルギーを多量に活用する細胞、つまり新陳代謝の激しい細胞に集中して侵入し、蓄積する」性質がある。

(2)　「カリウムと放射性セシウムは同属であり、化学的に非常に似て」おり、「体はセシウムとカリウムの区別を付けることができないので、カリウムが不足すると、放射能汚染地域に大量に存在する放射性セシウムを取り込んでしまう」。セシウムが細胞の「カリウム輸送管（チャンネルとポンプのことであろう）を閉塞させる」可能性もある[注24]。

(3)　両氏は「ミトコンドリアがセシウムを引きつける」可能性に注目している。この仮説は「今の時点では証明するのは難しいが、いつかは証明

[注 23]　ウラジーミル・チェルトコフ著、中尾和美他訳『チェルノブイリの犯罪——核の収容所——上巻』緑風出版（2015 年）346 ～ 7 ページ。
　　　なお原著は、Wladimir Tchertkoff, *Le Crime de Tchernobyl: ou le goulag nucléaire*, Acute Sud, 2006
　　　邦訳下巻もすでに発刊されている。

[注 24]　カリウムイオンに関わるチャンネルおよびポンプのセシウムによる阻害・損傷については、市民と科学者の内部被曝問題研究会ブログ「『放射線被曝の理科・社会』の問題点」「1-3　放射性物質によるイオンチャンネルの阻害・損傷の重要性」を参照のこと。
　　　http://blog.acsir.org/?eid=37

できるであろう」という。このことは「セシウムの侵入に対して最初に反応を示すのがミトコンドリアであり」「明白な症状があるとは言えないような段階から、ミトコンドリアはすでに激しい変化を起こす」ことからも示唆される。ミトコンドリアは「エネルギーを供給することによって細胞の働きを助ける細胞小器官」であって「代謝プロセスにおいて重要な役割を果たし」「カリウムを多く消費する」からである。しかも「心臓のミトコンドリアは、他の器官のものよりも脆弱である」。

(4) ラットの実験では、心臓に対する影響だけでなく、「脳組織で生体アミンの変容」や脳内の神経伝達物質である「セロトニンシステムの減速」が確認され、ラットの「行動の変化」(異常行動) が観察されたとしている。

これらの問題提起は非常に重要なものであり、われわれの関心と共通している。バンダジェフスキー氏は、これら特定の臓器へのセシウムの蓄積や偏在が、能動輸送体を含むチャンネル系の働きと関連があることも示唆しており、この点も注目される。とくに、われわれも前著『原発問題の争点』(第1章) で取り上げたミトコンドリア損傷の重要性を新しい視角から問題提起している点など、今後検討していかなければならない。

4 放射線によるイオンチャンネル系の阻害・損傷がもたらす可能性のある広範囲の健康障害

この問題意識から、放射性セシウムが身体のカリウム濃度の高い部位における障害を引き起こす可能性が考えられる。また、最近の研究動向として、今まで考えられてきた放射線によるDNA鎖の切断・損傷、ミトコンドリアの損傷、細胞膜脂質の破損などのメカニズムと並んで、以下の諸点が明らかになってきている (図2)。

(1) 放射線と放射性物質 (さらに放射性微粒子) およびそれによって生じる活性酸素・フリーラジカルが破壊する標的としての各種のイオンチャンネルおよびそのシステムの重要性が分子細胞生物学的・医学的に指摘されている。

(2) 放射線によって生じる活性酸素・フリーラジカルは「イオンポンプに

図2　細胞膜イオンチャンネルの働き（模式図）——放射線とフリーラジカルの標的の1つ

[1] 神経細胞内における情報伝導

[2] 神経細胞間の情報伝達

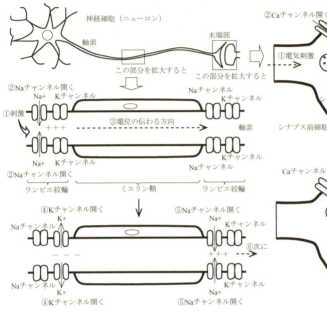
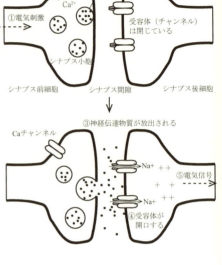

[3] 心筋細胞におけるイオンチャンネルの働き

[4] 聴覚器官の有毛細胞の働き

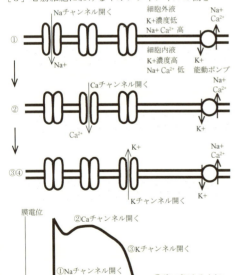
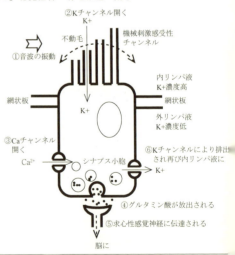

参考文献：前掲『図解生理学』丸善出版、前掲『標準生理学』医学書院、『生物総合資料』実教出版（2013年）、『医学のための基礎分子細胞生物学』南山堂（2007年）などより筆者作成。
放射線とそれが生み出すフリーラジカルの標的としての評価は、ユーリー・バンダジェフスキー前掲書、アレクサンドル・ルミヤンツェフ前掲論文などを参照した。

関連する酵素とタンパク質の不活性化」をもたらし、それによってもイオンチャンネル・システムを攪乱することが報告されている[注25]。

(3) バンダジェフスキー氏が指摘しているセシウムによるカリウム輸送管の「閉塞」について付言すると、放射性セシウムは壊変してバリウムになるが、バリウムによるカリウムチャンネルへの阻害作用はすでに知られている（Wikipedia 日本語版「バリウム」など）。

(4) イオンチャンネル系が、生体内の電気信号の伝達を担い、神経情報伝達システムを構成していることから、その阻害・損傷は重大な筋肉・神経・精神系の健康影響を及ぼしかねないことが明らかになっている。

(5) さらに、イオンチャンネル系の阻害・損傷と具体的な疾患（とくに不整脈と心不全）との関連が具体的に提起されている[注26]。現在主に指摘されているのは心疾患だが、以下に見るように、それだけにとどまらない。非常に広範囲の疾患や障害に関連している可能性があると考えるべきであろう。いくつかの事例をあげよう。

(1) 聴覚・平衡感覚の障害

震災と原発事故後、福島県浜通りの北部地域で「めまい、メニエール病、および急性低音性感音性難聴の新患者が急増した」という報告が、長谷川純氏ほか相馬総合病院の耳鼻科医達によって英文の論文で公表されている[注27]。

そこで指摘されている事実は非常に重要である。同論文によると、同耳科疾患の新患者は、震災・事故前の 2010 年度から 2012 年度に 44％増大した。同論文はこれを「アウトブレイク（多発）」と評価している。「耳鳴り」も同期

[注25] アレクサンドル・グリゴレイッチ・ルミヤンツェフ（ロシア小児血液腫瘍研究センター長）「チェルノブイリ事故の小児に対する長期経過の解析」（2011 年 11 月来日講演資料）。
http://www.jnpc.or.jp/files/2011/11/42327d7729936868de72836320c4a0be.pdf
[注26] 大山敏郎「内部被曝を論じるブログ」 http://blogs.yahoo.co.jp/geruman_bingo
井手禎昭『放射線とがん』本の泉社（2014 年）226〜227 ページ。
[注27] Jun Hasegawa et al., "Change in and Long-Term Investigation of Neuro-Otologic Disorders in Disaster-Stricken Fukushima Prefecture: Retrospective Cohort Study before and after the Great East Japan Earthquake", *PLoS One*. 2015; 10(4): e0122631
http://journals.plos.org/plosone/article?id=10.1371/journal.pone.0122631

間に 32％程度増大している。

　同じ傾向は、福島県立医科大学病院の診療統計[注28]によっても示されている。「前庭機能障害」に分類されている疾患は、2010 年度～ 2012 年度に、67％以上増加していることが分かる。

　これら耳科疾患について、長谷川氏らは、原発事故による放射線被曝との関連について言及せず、うつなどの精神疾患との併発が多いことなどから「住民の持続的なストレスと緊張」に起因すると結論づけている。もちろん、「心理的ストレス」が一要因として重要な役割を果たしている可能性は否定できない。しかし上に見たように、聴覚器官や平衡器官がカリウムチャンネルであり、また高濃度のカリウムイオンをベースとして機能していることから、とくに放射性セシウムの影響を受けやすい可能性は、分子生理学的にかなりはっきりと具体的に考えられる。

　内耳の蝸牛の中にある聴覚細胞（有毛細胞）のセンサー部分は、音という機械的刺激に反応するカリウムチャンネルである。平衡器官である耳石・三半規管の動きを感知する有毛細胞も、聴覚細胞とほとんど同じ構造の機械刺激反応型のカリウムチャンネルを持っている（図2［4］および表2）。

　このチャンネルは、内リンパ液と外リンパ液のカリウム濃度の大きな差を使って作動している。そのため内リンパ液のカリウム濃度はおよそ 150 ミリモルもあり、一般の細胞（約 120 ミリモル）よりも、かなり高いレベルにある。カリウムを、内リンパ液に、エネルギーを使って能動輸送する「中間細胞」があって、カリウムイオンをリサイクルしている。

　このような聴覚細胞および平衡器官細胞の構造は、放射性セシウムが、ポンプ・チャンネル系によりカリウムと間違えられて聴覚・平衡器官に取り込まれ、そこに蓄積し、聴覚・平衡器官を放射線とフリーラジカルによって攻撃する危険性を高めると考えることができる。前述の論文は、現に生じているめまい、耳鳴り、難聴などの耳科疾患を「ストレス」の結果だと断定している。だが医学者たちには、放射線との関連を頭から否定するのではなく、放

［注28］　市民と科学者の内部被曝問題研究会ブログ「『放射線被曝の理科・社会』の問題点」に所収。「［付表］福島県立医科大学付属病院の診療実績統計（DPC 包括医療費支払制度統計データより集計）に見る原発事故後のがんを含む疾病の全般的な増加傾向について」。
　　http://blog.acsir.org/?eid=38

図3　神経細胞内の各種の電位依存性カリウムチャンネルの位置

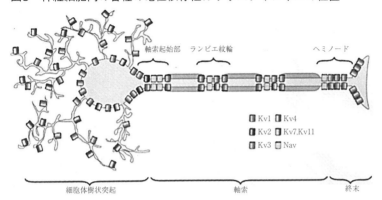

注記：神経細胞には、いろいろな種類のカリウムチャンネルが全体に散らばって、極めてたくさんあることが分かる。これらのうちのどれかにあるいは複数に障害が起これば、その部位によっては神経情報の伝達が阻害されることになる。
出典：インターネット「脳科学辞典」の「カリウムチャンネル」の項
http://bsd.neuroinf.jp/wiki/%E3%83%95%E3%82%A1%E3%82%A4%E3%83%AB:KCh_fig5.png

表2　有毛細胞の活性化のメカニズム

有毛細胞の部位	機序
不動毛＝機械刺激感受性チャンネル	音波は不動毛を変位させ、機械刺激感受性チャンネル（内向きカリウムチャンネル）を開く、その結果、内リンパ液中のK^+が流入する
膜電位	K^+により細胞膜が脱分極する
カルシウムチャンネル	チャンネルが開き、Ca^{2+}が流入する
シナプス小胞	Ca^{2+}の流入によりグルタミン酸が放出される
求心性感覚神経	グルタミン酸により電気刺激が脳に伝えられる
基底側カリウムチャンネル	K^+は、基底側カリウムチャンネル（外向き）を介して、有毛細胞より、外リンパ液に放出される
血管条の中間細胞	外リンパ液中のK^+を濃縮して内リンパ液のK^+濃度を高く保つ（外リンパ液5mmol/ℓに対して内リンパ液150mmol/ℓ）

出典：リチャード・A・ハーベイ著、鯉渕典之ほか訳『イラストレイテッド生理学』丸善出版（2014年）128ページより作成
注：1mmol/ℓは1リットル中にイオンが約6×10^{20}個（アボガドロ数の1000分の1）存在する濃度の単位である。

射線による可能性を疑って十分に検査を行い調査することこそが求められているのではないだろうか。

(2) チャンネル病と同様の疾患

遺伝や薬剤の結果生じるイオンチャンネルの障害・損傷は、心臓病だけでなく筋肉病、脳疾患、腎疾患、代謝性疾患などさまざまな一連の疾患（「チャンネル病」と呼ばれている）を引き起こすことがすでに知られている[注29]。これらのチャンネル病のうち少なくとも一部の疾患が、遺伝や薬剤によってだけでなく、人工放射性核種（セシウムだけでなくストロンチウムも重要である）によるイオンチャンネル阻害・損傷によってもまた起きる可能性があると考えるのが自然であろう。

(3) 神経系全体への影響

また、イオンチャンネルは、心筋だけでなくニューロン（神経細胞）やシナプス（ニューロン間の接合部）・受容体においても重要な役割を果たしている。われわれにはこの点がとくに重要であると思われる。インターネット上の「脳科学辞典」によれば、神経細胞には、いろいろな種類のカリウムチャンネルが全体に散らばって、極めてたくさんあることが分かる（図3）[注30]。

これらのうちのどれかにあるいは複数に障害が起これば、その部位によっては、神経情報の伝達が阻害されることになる（図2 [1]）。また、カルシウムチャンネルが阻害・損傷されれば（とくにストロンチウムによって）、カルシウムイオンが流入しなくなり、神経伝達物質の放出（カルシウムイオンの流入によって生じる）が阻害され、神経情報が伝達されなくなることも考えられる（図2 [2]）。放射線によるイオンチャンネルの阻害・損傷は、神経系に深刻な影響を及ぼす可能性があると考えなければならない。

さらに、これらのイオンチャンネル阻害・損傷作用は、チャンネル系がニューロンやシナプスにおいて重要な役割を果たしていることから考えて、脳や神経系（中枢および末梢神経、感覚神経、運動神経、自律神経など）の信号伝

[注29] 前掲（注15）『標準生理学』96〜103ページ。
[注30] インターネット「脳科学辞典」の「カリウムチャンネル」の項を参照のこと。
http://bsd.neuroinf.jp/wiki/%E3%83%95%E3%82%A1%E3%82%A4%E3%83%AB:KCh_fig5.png

表3 トモダチ作戦で被曝した米軍兵士に現れた多様な症状

・骨膜肉腫で死去（14年4月）。ヘリ整備士。
・運転中意識喪失、発熱、体重減、不眠。高熱と脚の筋肉痙攣のため車椅子。
・股関節異常、脊柱炎、鼻異常、記憶喪失、耳鳴り。福島から5～10マイルといわれた。ヨウ素剤にサイン。
・作戦中に妊娠。多発性遺伝子異変の子供生まれる。
※ 頭痛、あごに腫瘍、全身けいれん、大腿部、みけん異常
※ 頭痛、疲労、肩甲骨肥大、足に腫瘍
※ 潰瘍、腹痛、吐き気、体重減少、偏頭痛、胆のう摘出、食欲不全
※ 偏頭痛、睡眠障害、疲労、記憶障害、足の痛み、耳鳴り、直腸出血
※ 腹痛、うつ、不安、睡眠障害、体重減少、脱力。その後白血病、甲状腺に囊胞。
※ 意識不明で倒れ骨折。脳腫瘍（頭部への放射線高被ばくによるものと診断）、術後も耳鳴り、疲労、偏頭痛、目まい。
※ 作戦後は、左目失明、右目ほとんど失明（作戦前は良好）。その後、急性白血病と診断
※ 生理不順、子宮出血、偏頭痛
※ 作戦終了後に妊娠。甲状腺障害のためにバセドウ病とわかる。作戦期間中は鼻血。当時は何とも思わず申告せず。
※ 作戦終了後に右半身に痛み、精巣腫瘍
※ ひざ障害、耳鳴り、不安障害、生理不順
※ 呼吸障害（作戦中に始まりその後も継続）
※ 背中、首、右半身痙攣
※ 作戦中――アレルギー、咳、不安感、気分の滅入り。その後――異常瘤のため甲状腺除去
※ 作戦中――頭痛、生理不順、膝、胸、足を手術。現在――脚は2倍に腫れ、不安感継続
※ 作戦中――偏頭痛、不安感
※ 甲状腺がん。現在――高血圧、肥満、かかとの関節病、甲状腺機能不全、生涯にわたりfull body scanが必要。
※ 作戦中――右目に刺激、瞼の腫れ。その後――聴覚障害、不眠症など
※ 甲状腺異常、胃痙攣、生理不順、下痢、頭痛、頻繁な嘔吐、消化不全
※ 1日10～12時間甲板でヘリの作業。膝に異常。Monitors（線量計?）は原子炉技術者以外は誰もつけていなかった。

原注：原告の訴える症状（一部、Declarationなどより）、原子力空母の横須賀母港問題を考える市民の会　作成2014年11月3日
出典：http://kiikochan.blog136.fc2.com/blog-entry-4009.html

達にも広く影響すると考えるべきであろう。さらに、チャンネル損傷によって脳内の神経伝達物質の不足が生じるならば、うつをはじめ一連の精神障害を引き起こす可能性があると考えられる。

(4) トモダチ作戦参加兵士の症状群

　それらの症状は、福島や周辺地域だけではなく、トモダチ作戦で被曝した

米軍兵士にも現れている。彼らは実にさまざまな症状を訴えているが、とくに感覚器官障害（難聴、耳鳴り、視力低下・失明、めまいなど）、運動機能障害（筋力低下、運動失調、歩行困難、けいれん、筋肉痛、四肢麻痺など）、精神障害（不安、不眠、うつ）などに注目すべきである。放射性物質と放射線によるチャンネル傷害が解明されるならば、被曝がこれら疾患や障害の原因の1つとなっている可能性は十分あると考えなければならない。参考までに表3に米軍被曝兵士が訴えている主な症状を挙げておこう。

(5) 「放射能恐怖症」が放射線によって生じる可能性
　政府や専門家達が「原発事故の放射能によって健康被害は起こらない」といくら主張しても、現実には住民の健康状態の悪化や病気の増加、がんや心疾患などによる早死が生じることは避けられない。
　政府や当局側の学者たちは、基本的に被災者の「ストレス」、すなわち「正しい放射線知識の欠如」による「放射能恐怖症」などの心理的主観的要因を健康被害の原因としてあげ、あたかも脱原発の側が「放射線の危険を誇大に言い立てている」ことがその原因であるかのように主張してきた。『理科・社会』も基本的にこれと同じ立場に立っている（70～71、159ページ）。だが生理学の最新の成果によれば、この「ストレス」や「恐怖症」そのものが、放射性物質とそれが生み出す酸化ストレスによるイオンチャンネルの障害と損傷によって、放射線被曝の結果生じている可能性が示されている。

5　「ホットパーティクルは危険なのか」（42ページ）と放射性微粒子の真実の危険

　『理科・社会』43ページ「（米コロラド州ロッキーフラッツ核施設の火災でプルトニウム微粒子を吸入摂取した）25人の作業者の肺がんの発生に関する調査が行われましたが、肺がんの増加は確認されませんでした。同施設の約1200人のプルトニウム作業者の疫学調査も別の研究者により行われましたが各種の発がんの増加は確認されておらず、総じてホットパーティクル（放射性微粒子）による被曝と発がんとの因果関係に否定的な結論が下されています。……ホットパーティクル説は疫学調査により否定されたと思います」。

表4　放出プルトニウムによる過剰ながんの発生率

兵器工場からの距離	人口	汚染度 (mCi/km²)	過剰な がん発生率 男 (%)	過剰な がん発生率 女 (%)	過剰な がん発生率 全体 (%)
0-21km	154,170	50 − 0.8	24%	10%	16%
21-29km	194,190	0.8 − 0.2	15%	5%	10%
29-39km	246,866	0.2 − 0.1	8%	4%	6%
全体	595,226	50 − 0.1	14%	5%	9%
対照群	423,866	0.2 未満	0%	0%	0%

原著出典：Carl J. Johnson et.al: "Plutonium Hazard in Respirable Dust on the Surface" Science 193, 488-490（1993年）、さらに高木仁三郎著『プルトニウムの恐怖』岩波新書1981年、120ページ。
ただし、(50-0.8) mCi/km² = (1850-29.6) Bq/m²，(0.8-0.2) mCi/km² = (29.6-7.4) Bq/m²，(0.2-0.1) mCi/km² = (7.4-3.7) Bq/m²

　この本を通じて野口氏の論法は注意すべき点がある。100mSv以下の閾値の問題もそうであるが、疫学調査には調査対象の規模が大切であり、精度に関係するのである。25人を短期間観測して発生しなかったとしても安全の証明にはならない。野口氏は、無知か故意かはわからないが、ロッキーフラッツ核兵器工場による作業員の被曝に言及しながら、カール・J・ジョンソン（ジェファーソン郡厚生局長）らの同工場周辺住民約60万人の疫学調査を無視している[注31]。1993年の被曝反対東京実行委員会による『プルトニウムの危険性』という小冊子[注32]によると表4のようにがんが発生した。

　同冊子によると種類別では1969年から1971年の3年間で、直腸・結腸がんが22%、肺がん24%、舌・咽頭食道がんが49%、白血病が14%、リンパ腫・骨髄腫が11%、卵巣がんが24%、睾丸がんが135%、肝臓がんが135%、甲状腺がん28%、膵臓がん7%、胃がん22%、脳腫瘍7%等の増加であった。

　野口氏は調査規模を問題にせず、他の人が恣意的なデータを用いていると批判するが、それは野口氏自身のことではないだろうか。

　『理科・社会』46ページ「粒子状であるから特段に危険になる理屈はないと思っています」。

[注31]　Carl J Johnson et.al., "Plutonium Hazard in Respirable Dust on the Surface", *Science* 193, 488-490(1976)
[注32]　被曝反対東京実行委員会『プルトニウムの危険性』(1993年)

ロッキーフラッツ核兵器工場によるコロラド州の住民の被曝は、火災事故によるプルトニウムの放出や廃棄物貯蔵ドラム缶からのプルトニウム放出によって生じたものであり、プルトニウムのホットパーティクルの危険性を改めて証明したものである。これは、数百グラムから1kgというプルトニウムの放出によって生じた被害についてコロラド州ジェファーソン郡の厚生局長カール・ジョンソン氏らによって行われた、約40万人の対照群を含めて100万人を超える大規模な疫学調査である。実に501人、全体の9%が過剰にがん死している。上記小冊子（『プルトニウムの危険性』）の著者たちは、以上の結果を基に、プルトニウムの肺がん吸入量（100%の確率で1人の人間が肺がん死する量）を計算し、その値（$0.08 \sim 0.8\,\mu g$）はゴフマンが推計した吸入量に近いとしている。ICRPは$10,432\,\mu g$としており、「1万から10万倍も過小評価している」と批判している。このように野口氏の「微粒子は危険でない」という主張は、疫学的に否定されている。

野口氏44ページ「ホットパーティクルを作らないで臓器・組織内で均等分布する場合の方が多くの細胞を無駄なく被曝させるはずです。つまり臓器・組織内でアルファ放射体が不均等分布する場合よりも均等分布する場合の方が、生物影響は大きいのではないでしょうか。ホットパーティクルについての疫学研究が総じて否定的な結論を示しているのも、こうした事情が影響しているのではないかと思います」。

同氏の主張は、事実で持って否定されたことになる。ICRPの国内委員もまた野口氏と同様の見解を述べていることも付記しておきたい[注33]。科学は厳しいものである。いい加減な類推や推測を許すほど甘くはないのである（その他の論点については、本書第一章を参照されたい）[注34]。

[注33]　ICRP国内委員「放射性物質による内部被曝について」Isotope News, No.690, 33-43, 2011年10月号に掲載されている。インターネット上では以下のサイト参照。
http://icrp-tsushin.jp/files/20110909.pdf
　この見解に対する批判は前掲（注14）『原発問題の争点』126ページ。

[注34]　さらに、市民と科学者の内部被曝問題研究会ブログにあるわれわれの論文「福島原発事故により放出された放射性微粒子の危険性——その体内侵入経路と内部被曝にとっての重要性」を参照のこと。

この点に関しても放医研の前掲書（『低線量放射線と健康影響』）を見ておこう。同書は、はっきりと次のように書いている。「酸化プルトニウム粒子のように難溶性のものを吸入した場合、肺に長期間沈着するため肺に繊維化や肺がんのリスクを招く可能性が出てくる」（141ページ）と。このように放医研は、野口氏らとは違って、放射性微粒子の危険性を明確に認めている。福島原発事故では、プルトニウムだけでなく、放射性セシウムを含む不溶性の放射性微粒子が発見されており、「ホットパーティクル」による被曝は「現実の危険」となっていると言わなければならない。

6 「放射線被曝のリスクを考える」と隠されたリスク

『理科・社会』55ページ「そういった（福島原発事故で住民が被曝した）線量域で細胞の中で起こることを踏まえると、放射線被曝によってがんになる人が目に見えて増えることはないだろうと私は考えています」。

これは、田崎晴明氏と全く同じ主張である（『やっかいな放射線と向き合って暮らしていくための基礎知識』[注35]）が、ホットパーティクルやペトカウ効果など多くの重要な危険性を無視して、このような無責任な予測をすることは許されない。国際的な合意である「予防原則」にも反している。被害が生じたとき如何に責任をとるのか。

(1) 生物進化は被曝の影響を否定する根拠となるか？
これに関して著者たちは「生物進化の歴史」を強調している。

「地球がつくられてから、天然のさまざまな放射性物質は崩壊して減少していますから、歴史をさかのぼればさかのぼるほど、放射線量は高かったことに

---

　　　http://blog.acsir.org/?eid=31
[注35] 田崎晴明『やっかいな放射線と向き合って暮らしていくための基礎知識』朝日出版（2012年）。本書著者の一人、山田耕作による同書の批判論考「田崎晴明著『やっかいな放射線と向きあって暮らしていくための基礎知識』の問題点——科学的な基礎からの再検討を望む——」も参照のこと。下記の市民と科学者の内部被曝問題研究会ブログ所収。
　　　http://blog.acsir.org/?eid=25

なります。そうした環境の中で生き物は進化してきたのです。DNA修復系もまた、そういった環境の中で進化していったのです。放射線被曝のリスクを考える上で、生物がこのようにして環境に適応して進化してきたことをぜひおさえていただきたい」(55ページ)。

だから「DNAの損傷は効率よく修復されている」、福島程度の被曝量程度で不安になるには及ばないというのである。

しかしここには2つの問題がある。1つは単純な論理矛盾である。著者の書いている内容は、地球史において環境中の放射線レベルの低下が、原始生物から高等生物への進化の自然的前提のひとつになったという自然史上の事実を確認しているにすぎず、再び環境中の放射線レベルが上昇しても人間と高等生物が十分対応できるという証明にはならないという点である。むしろ反対である。そこからは、現在の地球史的に低い放射線量が維持されなければ、たとえば人類が地球的規模の放射線量を人工的に高めるというようなことが生じるならば、人類と現在の高等生物種全体の生存が脅かされるであろうという結論が出てくる。著者らの議論からは、現在の地球史的に低い環境放射能レベルを守っていくことが人類の自然に対する義務であるという結論が出てくるはずである。ここから反対の結論を導くなら、それは自然と進化の全歴史に対する「奢り」であり「冒瀆」であると言われても当然であろう (ローマ法王の警告——「原発は現代の『バベルの塔』であり『神への冒瀆』である」[注36] ——を想起するだけで十分であろう)。

もう1つは放射能の性質である。著者たちが取り上げている放射能はもちろん自然放射能のことであるが、いま福島事故で問題になっているのは、生物進化史上にはまったく存在しなかった人工放射性物質であるという点である。人間が第2次世界大戦中以降につくり出した人工放射性物質に対する生物の対応機構は、生物進化の過程では形成されていないし、されるはずもないことは、明らかである。地球史に存在しなかった放射性物質による被曝に対して、地球史と生物進化を持ち出しても無意味であり、事情のよく分から

[注36] 朝日新聞オンライン、山尾有紀恵ローマ特派員「原発事故を『バベルの塔』になぞらえ警鐘　ローマ法王」2015年3月24日
http://www.asahi.com/articles/ASH3S555HH3SUHBI01V.html

ない一般の人々を混乱させ欺く欺瞞にしかならない。

7　放射線のリスクに関する最近の研究結果

ここでも放医研の前掲書（『低線量放射線と健康影響』）によって最近の研究を見てみよう。

(1)　クラスター損傷
同書では、電子の作用で生じるDNA損傷のなかでとくに「クラスター損傷」（DNA損傷が数nm以内に近接して複数個生じたタイプの損傷で修復が困難になる）の重要性が強調されている（本文だけでなくICRP2007勧告の要約、BEIR Ⅶの要約でも触れられている）。この場合、電子のエネルギーが低くなるほどクラスター損傷の割合が大きくなる傾向があり、X線やガンマ線照射による100keV程度の電子では全2本鎖切断の20％、1keV程度の電子では30％程度、アルファ線では70％程度がクラスター損傷であるという（134ページ）。「DNAの損傷は効率よく修復されている」としか言わない『理科・社会』の著者たちは、この問題を無視している。

(2)　逆線量率効果
また、放医研の同書で指摘されている重要な現象の1つは、「逆線量率効果」である。つまり、「放射線による細胞の損傷が一定以上になると間違いの少ない修復系が主になり、線量率が低いと修復系が不完全でエラーが発生しやすくなるために、(突然)変異頻度が上がる」という（85ページ）。つまり低い線量率で長時間被曝した方が突然変異の頻度が逆に高まるのである。これは「ペトカウ効果」そのものであるが、この現象もまた野口氏らによって無視されている。

(3)　フリーラジカルと活性酸素
放射線の間接的作用すなわちフリーラジカルと活性酸素の作用についても、『理科・社会』の著者たちは「生物進化」を強調する。著者たちは地球の歴史で石炭紀における「大気中の酸素濃度の上昇」を指摘した後、「生物は

表5　活性酸素の産生と解毒システム

電子	活性酸素種	細胞内抗酸化酵素	解毒の結果
	O_2（酸素）		
$e^- \rightarrow$	↓		
	$O_2^{\cdot -}$（過酸化物）	スーパーオキシドディスムターゼ	O_2 と H_2O_2
$e^- \rightarrow$	↓		
	H_2O_2（過酸化水素）	カタラーゼ	O_2 と H_2O
$e^- \rightarrow$	↓		
	・OH（ヒドロキシラジカル）	グルタチオンペルオキシターゼ	H_2O
$e^- \rightarrow$	↓		
	H_2O（水）		

出典：リチャード・A・ハーベイ著、鯉渕典之ほか訳『イラストレイテッド生理学』丸善出版（2014年）569ページより作成

こうした高酸素濃度環境の中で、酸素毒性に抵抗する能力を進化させながら生きてきたし、現在もまた生きているのです」(50ページ）という。ここには、大気中の酸素活性と体内のフリーラジカル・活性酸素とを混同するという極めて初歩的な誤りがあることは言うまでもない。

『理科・社会』の著者たちは、「生物は活性酸素などの酸素毒性への抵抗性を持っている」として、体内の解毒酵素、スーパーオキシドディスムターゼ（SOD）の役割を強調している。同書は、またしても何の典拠も挙げずに、SODは「・O_2^-（スーパーオキシドアニオンラジカル）を分解し、・O_2^-と・O_2^-に由来する他の活性酸素、特に・OH（ヒドロキシラジカル）による損傷を防いでいます」と書いている（48ページ）。だがこれはSODに対する過大評価であって、SODには放射線によって生じる強力な・OHを分解したり分解を促す作用は確認されていない。・OHを抑制するとすれば、むしろ著者たちが挙げているグルタチオンペルオキシターゼの方であろう（表5参照）。

しかも、グルタチオンペルオキシターゼは、名前の通りペルオキシド（過酸化物）タイプの化合物を分解する酵素で、ヒドロキシ（水酸化）ラジカルを直接分解するものではない。もちろん、含まれるイオウ部分がラジカルと反応するので、同ラジカルについてもその攻撃性を抑えることはできる[注37]。

[注37] 落合栄一郎氏よりご教授いただいた。なお Eiichiro Ochiai, Bioinorganic Chemistry, a Survey, Elsevier, 2008 にある "Glutathione peroxidase" の項（222～224

また、放射線によって生じるヒドロキシラジカルは、過酸化水素（H_2O_2）からではなく水から直接生じ、また決して『理科・社会』の叙述のように生体内で産生される場合の教科書的な機序（表5）に沿って処理されるものではない。この事情も放射線によって生み出されるフリーラジカルに対する生体の反応に重要な影響を及ぼす可能性がある。
　放射線が体内で生み出すフリーラジカルと活性酸素の影響[注38]についても、著者たちの根拠なき楽観論は変わらない。著者たちは、一方では、ガンマ線とベータ線について、放射線のこの「間接的作用」が「直接的作用」よりも3倍も強力であることを認めている（48ページ）。しかし、著者たちはそれによって生じる「酸化ストレス」（活性酸素が産生され障害作用を発現する生体作用と、生体システムが直接活性酸素を解毒したり、生じた障害を修復する生体作用との間で均衡が崩れた状態）を認めず、それはまたしても根拠なき楽観論に変わる。

　「放射線で活性酸素が作られてDNAに修復できない傷がつくことを心配する声をときおりうかがいます。私たちの身体の中ではいまの瞬間も大量の活性酸素やフリーラジカルが生成しており、私たち生物はその毒性から身を守る巧妙な仕組みを持っているからこそ生きていることを、ぜひ知っていただきたいと思います」（50ページ）。

（4）酸化ストレス

　『理科・社会』のフリーラジカルの叙述はここで突然止まっている。著者たちは、これに続けてどうして次のように書かないのであろうか。……しかし、体内に入った放射能は、このようなフリーラジカルや活性酸素をめぐる生体の微妙なバランスを崩してしまう。内部被曝による放射線は、恒常的にフリーラジカルと活性酸素を生みだし、生体がその解毒メカニズムを酷使せざるをえない状況を作り出し、その機能を疲れさせ萎縮させ、体内に深刻な「酸化ストレス」を引き起こす（表6）と。

　　　　ページ）を参照のこと。
[注38]　本書第一章参照のこと。市民と科学者の内部被曝問題研究会ブログにあるわれわれの放射性微粒子論文も参照のこと。
　　　　http://blog.acsir.org/?eid=31

表6　真核生物が受ける酸化ストレス

部位または物質	酸化ストレス
DNA	金属イオンの作用によってH_2O_2から生じた・OHによるDNA鎖の切断、塩基の損傷
ミトコンドリア	電子伝達鎖からの電子の漏れで生じた$O_2^{・-}$、H_2O_2による〔Fe-S〕クラスターなどの損傷
膜	ペルオキシ化による脂質の損傷
タンパク質	活性酸素種による酸化

出典：山内脩ほか『生物無機化学』朝倉書店（2012年）252ページ

　その結果、著者たちの挙げている「DNAの損傷」だけでなく、細胞システムに対し広範囲の影響を及ぼすことが考えられる。その中には、セシウム・ストロンチウムによるイオンチャンネルの阻害・損傷との関連で述べた「シグナル伝達物質の抑制」も含まれる[注39]。これらにより、がんだけではなく、動脈硬化、糖尿病、腎不全、気管支喘息、心不全や心筋梗塞、花粉症や口内炎、ドライアイや白内障、関節リウマチや膠原病、胃潰瘍や逆流性食道炎、炎症性腸疾患、脳梗塞、アルツハイマー病やパーキンソン病、老化の促進など極めて多様な疾患や障害を引き起こす要因になる、と[注40]。

(5) 非標的効果、遅延効果、バイスタンダー効果、ゲノム不安定性誘導

　これについて放医研の前掲書（『低線量放射線と健康影響』）を見てみよう。放射線が活性酸素・フリーラジカルを発生させ健康影響を与える点以外にも、国際的に認められている放射線の影響として「非標的効果」（DNA損傷を受けていない部位において突然変異が生じる）と「遅延効果」（照射された細胞のみでなくその子孫細胞に染色体異常が生じる）があることは、よく知られている。具体的には「バイスタンダー効果」（照射された細胞の周辺の細胞に突然変異が生じたりがん化が生じる）、「ゲノムの不安定性誘導」（遅延突然変異頻度が長期にわたって蓄積する）などの作用がある。放医研の前掲書は、これらについてはっきりと指摘した後、さらに踏み込んで「以上、概観してきたような非標的影響は、放射線照射の標的となった細胞DNAに直接的な突然変異が生じて

[注39]　前掲（注15）『標準生理学』720ページ。
[注40]　吉川敏一（元京都府立医科大学教授）監修『酸化ストレスの医学』診断と治療社（2014年）を参照のこと。関係する病名一覧は本書第一章表9にある。

放射線発がんのイニシエータになるという図式の変更を迫っている」（88ページ）と書いている。

(6) 免疫異常

さらに放医研前掲書は、「バイスタンダー効果」の1つの説明として、放射線照射によって細胞に炎症が長期的に生じ、その細胞炎症によって産生される物質と周囲の細胞における発がん性突然変異の誘発との間に「密接な関係がある可能性」を指摘している（81ページ）。同書はこのような物質として「さまざまなサイトカインと活性酸素」（79ページ）を挙げている。サイトカインは、免疫細胞に情報を伝えるタンパク質で、体内の免疫バランスを越えて産生されるとアレルギーや自己免疫疾患を促す可能性があると考えられるので、このメカニズムは、放射線被曝によって各種の自己免疫疾患が生じる可能性を示唆している。また、動物実験においては、「低線量放射線照射が個体の免疫応答を亢進する可能性」（125ページ）が示されているという。

このように放射線は免疫機構に対して二面的で矛盾した作用を及ぼし、一方では白血球などの造血機能を障害し免疫機能を弱める場合もあれば、他方では免疫機能を一方的に亢進させ自己免疫疾患など免疫異常を引き起こす場合もある、と考えなければならない。

(7) 活性窒素

また放射線が体内で生み出すフリーラジカルは活性酸素だけではない。活性窒素もまた重要な破壊的作用を及ぼす。この点に関してはわれわれの『原発問題の争点』所収の大和田幸嗣著第1章の第4節を参照されたい[注41]。

上記について、野口氏はまったく触れていない。このことからも、著者たちがどれほど国際的な研究の発展を無視しているかは、明らかであろう。

[注41] 前掲（注14）『原発問題の争点』34～44ページ。

第2節 「『福島は住めない』のか」と避難の必要性の否定について

　福島県民は、政府と県当局による避難先の住宅の援助などの打ち切りが迫るなかで、年間20mSv（正確には空間線量33mSv）の被曝線量まで容認して帰還し居住することを半ば（すなわち経済的および社会的力により）強制されている。子供や妊婦まで帰還して住むことが促されている。さらに政府は2017年3月までに、現在年間20～50mSvにある地域の避難指示を解除し帰還を促す方針である。

表7　チェルノブイリと日本における避難基準の比較

年間被曝線量	日本における避難基準	チェルノブイリ法の避難基準
計算方法	内部被曝は算入せず。1日8時間は戸外で、16時間は屋内（空間線量を屋外の4割と想定）でいるものと想定。 被曝線量5mSv/年の場合、実際の空間線量は1.67倍の8.4mSv/年となる。	外部被曝＋内部被曝（6：4として計算）。つまり被曝線量5mSv/年の場合、実際の空間線量は3mSv/年である。
0.5～1mSv		汚染地域に指定。住民の健康モニタリングを実施。
1mSv	一般人の安全基準（日本政府の計算法では実際の空間線量は約2mSv/年）	住民に移住（避難）の権利が与えられる。
1～5mSv	居住	
5～20mSv	居住（ちなみに法律上の「放射線管理区域」の指定要件は5.2mSv/年である）	移住（避難）義務。
20～50mSv	現在は避難地域。2017年3月までに避難指示の解除が予定されている（2015年6月12日閣議決定）。	
50mSv～	避難地域	

参考：矢ヶ崎克馬「進行する放射線被曝とチェルノブイリ法・基本的人権」市民と科学者の内部被曝問題研究会ブログ
　　http://blog.acsir.org/?eid=23
　　中村隆市ブログ「『チェルノブイリ法』の避難基準と放射能汚染マップ」
　　http://www.windfarm.co.jp/blog/blog_kaze/post-13030
　　などを参考に筆者が作成。

他方、チェルノブイリでは年間1mSvを超えると国の援助の下で避難する権利が認められている。年間5mSv以上の汚染地は国が避難させる義務を負う（表7を参照のこと）。

　本来、政府は、最低でもチェルノブイリと同じ基準で住民の避難を組織すべきであり、数十万から数百万人規模の大規模な避難になろうと、避難の経済的保障を含めて生活の保障を行い住民を避難させるべきなのである。とくに子供と若い世代の集団的な避難を組織しなければならない。住民の健康と生命、基本的人権を守るためには避難が絶対に必要である。さらに付言すれば、福島と周辺の広範な汚染地域（東京圏を含む）からの集団的避難は、将来の人口の維持と社会経済的発展に向けての死活問題である。もしいまそれを行わなければ、人口減少による国力減退から、隣国による軍事介入と国の分裂を招いたウクライナと同じような運命が日本を待ち受けているかもしれないといっても過言ではない。「人口の維持」「出生率の上昇」を掲げる安倍政権は、言葉とまったく反対の行動をしているのである。

　ところが野口氏達は「少し高い空間線量の場所があるが」、大部分は「十分に安全に安心して住める地域です」（88ページ）という。この誤った見解は、放出放射性物質の量を政府発表に従って一桁小さくし、さらに独自に四桁引き下げた我流の事故評価に基づいている（後述）。その上、放射線被曝被害リスクの根本的な軽視・無知がある。そして「被曝被害の心配から避難をすべき」とする荒木田氏や雁屋氏の意見を、「風評被害を与え、住民の不安を煽る」と非難する。これは科学的な誤りのみならず、人権を無視する非人道的な意見である。

1　「美味しんぼ問題が浮き彫りにしたもの」──「福島県民の被曝線量では、被曝が原因の鼻血は出ない」という主張について

　『理科・社会』58ページ「被曝によって鼻血が出るということは明確に否定できます」。

　同63ページ「血小板がほとんどなくなるのは、かなり大量に放射線を浴びたときです。どのくらいの被曝かというと、2Sv以上と言われています」。

これはすでに雁屋氏によって正しい反論がなされている。雁屋哲著『美味しんぼ「鼻血問題」に答える』を参照していただきたい[注42]。例えば2012年11月に、岡山大学、熊本学園大学、広島大学の合同プロジェクト班が疫学調査を行い、2013年9月6日に報告書を発表している。調査は福島県双葉町、宮城県丸森町筆甫地区、滋賀県長浜市木之本町の3地区を対象として行われ、木之本町と比べて双葉町と丸森町では、「体がだるい、頭痛、めまい、目のかすみ、鼻血、吐き気、疲れやすいなどの症状」が有意に多く、「鼻血に関して両地区とも高いオッズ比を示した」という事実である。

報告書によれば、この福島県における放射線と鼻血についてのオッズ比は3を超えている。明らかに鼻血が出たことを示している。疫学結果を過去の高線量被曝の経験で否定することはできない。過去の事実に合致しない事実とすれば、別の機構を考慮するのが科学的態度であり、『理科・社会』のように、新しい事実を古い理論で否定するのは本末転倒である。にもかかわらず、鬼の首でも取ったかのように騒ぎ立てるのはなぜなのだろうか。

インターネット検索サイトのグーグルトレンドの調査報告でも東京では2011年3月以降鼻血の検索が急増し、大阪ではその傾向が見られないことが示されている[注43]。

『理科・社会』65ページ「放射性セシウムを含む微粒子から毎秒1000個のガンマ線が出ているとします。この線源にどれだけ近づいたとしても、被曝するガンマ線の量は頭打ちになり、無限に増えていくことにはなりません。なお、1000Bqのセシウム137から体が受ける最大の被曝量は、体重50kgの人で0.007μSv/時になります」。

この数字は、菊池誠氏の計算を用いている。しかし、繰り返しになるが、被曝の影響が問題なのは生体としての反応であり、全身で被曝するとして評価した0.007μSv/時は局所的集中的被曝を過小評価している。ICRPに基づく田崎氏、菊池氏、野口氏はガンマ線とベータ線を区別せず、全身が均一に被

[注42] 雁屋哲前掲書（注2）。
[注43] 「東京電力原発事故、その恐るべき健康被害の全貌」http://ishtarist.blogspot.jp/

曝するとして計算している。ベータ線の局所的な被曝（ベータ線は数mmの距離でエネルギーを失う）では50kgは関係がないはずであるが、彼らは体重で割っている。内部被曝の危険性についての本質的な論点が理解できていないのである。雁屋氏が、西尾正道氏などの微粒子によるベータ線によるイオン化作用に基づく説明を用いるのは、正しく当然である。菊池氏のガンマ線1000Bqを用いた議論では、集中的な被曝でないから内部被曝が小さいのは当然である。これは前述の問題で「ガンマ線もベータ線も電子を励起するから同じ」という誤解にも基づいている。先に述べたようにガンマ線は全身や外部に拡がるので被曝の集中度が異なる。このように『理科・社会』全体が誤りの積み重ねとなっている。

　『理科・社会』64ページ「『美味しんぼ』23回に登場する『専門家』もそうですが、放射線被曝で鼻血が出るメカニズムを無理やり考え出そうとする人がいるようです。しかし、そこには被曝量が全く見積もられていません。被曝量がどのくらいかを度外視して、放射線被曝の健康影響を論ずることはできません」。

　いくら線量といってもガンマ線とベータ線は区別しなければメカニズムが議論できないのは当然である。かって、食品基準の説明会で厚生労働省の担当者がバンダジェフスキー氏の「放射性元素臓器取り込み症候群」[注44] を否定するのに「線量が記されていないから」と述べた。論文には病理解剖によって、取り込まれた微粒子の影響が明確に写真で示されており、さらに体重と各臓器1kg当たりのベクレル数が示されているのにもかかわらずこの否定である。ここでの鼻血の問題では、体全体のガンマ線の線量がSvで示されても無意味で、鼻腔粘膜が受けるベータ線の局所的な強さが必要なのである。元々、内部被曝を、人体や各臓器を一様な物体（ファントムという）で置き換えたICRPの実効線量Svで評価するのは、正しくないのである[注45]。

　『理科・社会』46ページの注記で著者たちは、「2ミクロンぐらいのセシウ

[注44] 　バンダジェフスキー前掲（注17）『放射性セシウムが人体に与える医学的生理学的影響』。
[注45] 　松崎道幸「放射線被ばくの影響を一ケタ過小評価していませんか？——放影研原爆データ（LSSデータ）を検証する——」。
　　　　以下のサイトで読むことができる。http://yahoo.jp/box/XSLBqZ

ムボール」は「大部分が鼻腔粘膜にはほとんど付着することなく」したがって「鼻血が起こることはない」と断定している。典拠は何も示されていない。しかし「鼻腔粘膜にはほとんど付着しない」という点は、明らかに事実と異なる。

　われわれは、すでに放射性微粒子に関する第1章でこの点を検討している。ここでは、論文で引用した日本政府の「原子力委員会決定　昭和44年（1969年）11月13日　プルトニウムに関するめやす線量について」より、別図を参照いただきたい（本書第一章第2節(3)図2）。それを見れば、2ミクロン程度の粒径では、鼻咽喉への沈着率は7割程度でかなり高いことが分かる。さらに、環境研究所が行ったディーゼルエンジンの排気ガスに含まれる粒子（DEP）による最近の研究成果も掲げておこう（第1章図3）。鼻腔・咽頭・喉頭への沈着率は、2μmあたりできわめて高くなっており（対数目盛であることに注意）、著者たちの主張が明らかに間違っていることを示している。

　重要なことは、ナノ粒子の鼻腔も含む呼吸器系各部位への総沈着率が、ミクロンレベルの粒子の総沈着率よりもさらに高くなることである。鼻腔などへの沈着率は1nm付近で最大となり、粒径の大きい方の5μm付近のピークをさらに越えている。ナノサイズの放射性微粒子は、直接体内および血液中に取り込まれ、また数ナノの微粒子は体内のあらゆる関門を通り抜けて脳内にも胎児にも侵入するため、危険性は桁違いに大きいと考えるべきである（本書第一章第2節(3)～(6)参照のこと）。

2　「『分かっていること』と『分かっていないこと』」という論議の本質
　　　──「確率的影響」全体を否定すること

　『理科・社会』8ページ「高線量の放射線被曝が急性障害を引き起こすケースにあっては議論の生じる余地はほとんどありません。しかし低線量被曝の影響となると……なかなか見解の一致を見ることができません。……マスコミなどでは、この件（放射線の影響）については『分かっていない』という扱いにするのが一般的です。……ジャーナリズムで『分かっていない』という言葉が好んで使われる理由は、ひとつにはそう言っておけば何の責任も生じないからでしょう。もうひとつの理由は『分かっていない以上、リスクを大きく見込んで

対処するのが正しい』という主張が、そこに成立するからだと思います」。

同69～70ページ「まだ分かっていなくて論争が続いているのは、低線量領域での確率的影響についてです。……すでに分かっていることまで無視して、『分かっていない』と片づけるのは、科学の冒瀆であり、福島原発事故の被災者の不安を煽るものでしかありません」。

著者たちがマスコミ批判として展開する「『分かっていること』と『分かっていないこと』」という分かりにくい論議（8～9ページ、69～70ページ）は、その本質において、ICRPや米国科学アカデミー「電離放射線の生物学的影響に関する委員会」(BEIR)などにより不十分で歪められた形ではあれ国際的に確立されている、低線量による確率的ながん発症の考え方全体を否定するためのトリックであるといわざるをえない。

今まで低線量被曝の結果としてのがんの発症は「確率的影響」とされ、「X(ミリ)シーベルトの被曝により10万人あたりのがん死亡数あるいは発症数がY人だけ増大する」という考え方が広く行われてきた（放医研前掲『低線量放射線と健康影響』162ページ参照）。この見解に基づくなら、福島事故の放出放射能によるがん発症確率の上昇は不可避的かつ必然的に生じるはずであり、たとえ個々の被災者の線量が低くても被曝集団の数が莫大（事実上全人口）であるので、決して著者たちのように「目に見えるがんの増加は起こらない」、すなわち追加的な（過剰）がん死亡あるいはがん発症が、ゼロか限りなくゼロに近いという結論には決してならない。この点に関して、松崎道幸氏は福島の汚染地区におけるがんの発症や心臓病死の具体的な推計を試みている[注46]。

著者たちにとって都合の悪いこの定式に対して、著者たちは、まず、ジャーナリズムの一般的議論として「低線量被曝の影響は『分かっていない』」と決めつける。だが、これはICRPやBEIRではっきり認められ「分かっている」とされている「低線量被曝の確率的影響」を全否定するための第1歩である。『理科・社会』では、次には「分かっていない」という言葉は「ない」の部分だけが展開されて「影響はない」の意味に解釈され、いつの間にかこの確率的影響自体が「存在しない」ことにされる。最後には国際的に認めら

[注46] 松崎道幸前掲（注45）。サイトはhttp://yahoo.jp/box/XSLBqZ

れ確立されている「予防原則」自体が否定される。

　もちろん、低線量被曝におけるICRP式の確率論には、放射性微粒子として体内に取り込まれた場合の危険性が考慮されていないなど、一面性と狭隘化が含まれているのは確かであり、批判的に検討する必要がある（本書第一章第9節参照）。だが著者たちは、そこからいっそう被曝の現実に合致させる方向へ前進するのではなく、反対の非科学的な（正確に言えば、擬似科学的な）方向に向かい、ICRPよりもさらに後退する。低線量被曝の影響は「確率的」な形では「存在する」というこのICRPの定式さえも否定し、放射線の影響は、高線量被曝による「確定的影響」以外は「存在しない」という見解を主張する。この意味では、著者たちの見解はICRP以下であり、ICRPよりもさらに非科学的であるというほかない。

　津田敏秀氏は『医学的根拠とは何か』岩波書店（2013年）の中で、統計的に「有意差がない」と「影響がない」とを混同し、さらに「放射線による発がんがない」という結論を導いている「数量化の知識なき専門家」を鋭く批判しているが、この批判はそのまま『理科・社会』の著者たちに当てはまる[注47]。

　『理科・社会』は、放射線が引き起こす疾患として事実上がんだけしか認めていない。そのがんも福島事故によって「目に見えて増えることはない」と否定している。だが、そのことの裏面は、放射線被曝による心臓血管系疾患、心筋梗塞や心不全の多発にも何も触れずに、いわば沈黙によってがん以外のあらゆる疾患の増加も全否定することである。

　放医研の前掲書『低線量放射線と健康影響』は、放射線被曝とがんとの関連だけでなく、原爆被爆者のデータにより、被曝と「心疾患、脳卒中、消化器系疾患、及び呼吸器疾患」との関連も認めている（154ページ）。初版ではBEIR Ⅶを要約する形で、さらに「造血器系疾患」が加わり、これら5つの疾患カテゴリーについて「線量・反応関係」に「統計的に有意な関連が示されている」点に「注目すべき」であると強調されている（初版191ページ）。このことと比較すると、『理科・社会』が、どれほど国際的な研究動向から見て後ろ向きで非科学的か、被曝被害者の利益を顧慮することが少なく、反対に被曝加害者の免罪に腐心しているように見えるかは明らかである。

　以上に述べたように放射線被曝とくに放射性微粒子による内部被曝は、放

［注47］　津田敏秀『医学的根拠とは何か』岩波書店（2013年）95～96ページ。

射線のもつ種々の間接的作用、活性酸素・フリーラジカルによる作用、イオンチャンネルの阻害・損傷、さらには免疫機能への影響までを含めて考えると、極めて広範囲の疾患や障害の発症に直接間接に関与し、ほとんどあらゆる病気を増加させると考えなければならない。重要なポイントは、被曝が、がんから始まり、種々の内科的、眼科的、整形外科的、産科的、精神神経科的な障害・疾患にいたる、非常に広範な健康破壊的影響を及ぼすということである。したがって、医学内部の各科ごとの機械的な分業の枠を越えた、有機的で全面的な研究調査が必要であり、ぜひこの点を皆さまに呼びかけたい。というのは、上記の各疾患や症状は相互に結びついており一体のものとしてしか理解できないからであり、それらを過去の一面的な知見によってばらばらに切り離し、被曝との関連の有無を従来から「公認」されてきた疾患だけに狭く考えるならば、現実の被曝の危険を見逃すことになるからである。

3 「『美味しんぼ』の最大の問題は福島には住めないの扇動」という決めつけ

『理科・社会』70ページ「私は『美味しんぼ』こそが、福島をまともに取材もせず、県民の声も聞かず、科学的な根拠もないままに思い込みによって書き散らしていて、『真実を知らない』のだと考えています」。

このように、児玉氏は自らの思い込みから決めつけて言う。
この記述は、津田敏秀氏達の疫学研究の結果に反している。鼻血は真実なのである。根拠のあることなのである。科学者は人を批判する前に真実を確認しなければならない。謙虚に、だれが真実を知らないのか、自らを厳しく反省しなければならない。古い専門家だとしても時代遅れになることが科学の常であり、それが科学の進歩である。先に述べたように放射線による電離作用によって生じた活性酸素・フリーラジカルの効果は、ペトカウ効果と呼ばれる放射線による被害の新しく解明されてきた機構である[注48]。『理科・社会』の著者たちは、だれが真実を知らないのか、バンダジェフスキー氏達や

[注48] 前掲（注14）『原発問題の争点』57〜59ページ。

綿貫礼子氏達がわが身を犠牲にして追求した被曝の真実が何か[注49]、これまで考えたことがあるのだろうか。

4 「どんな放射能がどれだけ出たのか」──福島事故の放射能放出量

『理科・社会』72ページ「28年前のチェルノブイリ原発事故を引き合いに出して、福島原発事故による健康被害を予測しようとする気持ちはよく理解できるのですが、両事故の違いをしっかり押さえないと大きな誤りを犯すことになりかねません。大阪大学教授の菊池誠さんは『チェルノブイリではこうだったというのは参考にはなってもそのまま当てはまることは少ない。むしろ当てはまらない』と2014年6月末にツイートしていますが、これは真理であると私は思います」。

野口氏は何を根拠に菊池氏の言葉「むしろ当てはまらない」を真理と判断したのであろうか。内部被曝の評価で菊池氏に追随して誤りを犯したばかりである。両事故の違いをしっかり押さえないといけないということを言いたいようである。次に放出放射性物質量を検討するが、無批判に「原子放射線に関する国連科学委員会」（UNSCEAR、以下国連科学委員会と表記）や日本政府の安全・保安院のデータを用いて放出規模が1ケタ近く違うとしている。これがそもそも誤っているのである。

(1) 放出された「放射性物質の種類と量」(72ページ)

放射能放出量は、原発事故の規模を評価する際の基礎であり、事故像を考えていく際の最も基本的な指標の1つである。福島原発事故による放射能放出量について『理科・社会』の主張点は、二段構えである。

第1には、セシウム137、ヨウ素131の放出量に関して日本政府が発表し

[注49] たとえば、バンダジェフスキー前掲（注17）『放射性セシウムが人体に与える医学的生理学的影響』およびバンダジェフスキー、ドゥボバヤ前掲（注18）『放射性セシウムが生殖系に及ぼす医学的社会的影響』、鷲谷いづみ『震災後の自然とどう付き合うか』岩波書店（2012年）、綿貫礼子編『放射能汚染が未来世代に及ぼすもの』新評論（2012年）、ヴラジミール・チェルトコフ著、中尾和美他訳『チェルノブイリの犯罪、上下』緑風出版（2015年）を参照されたい。

ている明らかに過小評価された数字（以下に検討する）を無批判に受け入れている。

　第2には、「（政府のINES評価）レベル7の盲点」と称して、政府の「福島事故はチェルノブイリ事故より一桁小さい」という見解を「過大評価である」と批判し、それに対置して、事故の規模は、セシウム137およびヨウ素131ではなくストロンチウムおよびプルトニウムの放出量をベースとして評価するべきであると主張し、ここから福島事故はチェルノブイリ事故に比較して「70分の1から数千分の1」という極めて小規模の事故であると示唆的に主張している。

　すなわち放出量に関する著者たちの誤りも二重なのである。以下この点を検討し、われわれの見解を対置しよう。

① 『理科・社会』72ページ「福島原発事故による大気放出量は、ヨウ素131が100〜500PBq、セシウム137が6〜20PBqの範囲にあります。1から3号機の緊急停止時における原子炉内放射能の、ヨウ素131は2〜8％、セシウム137は1〜3％に相当します。チェルノブイリ原発事故における大気放出量と比較すると、ヨウ素は10分の1、セシウム137は5分の1と推定されています」。

　同書73ページ「海洋への直接放出量はヨウ素131が約10〜20PBq、セシウム137が3〜6PBq、海洋への間接放出量はヨウ素131が60〜100PBq、セシウム137が5〜8PBqと推定されています」（ここでPBq〔ペタベクレル〕は10^{15}Bq、つまり1000兆Bqである）。

② 同書73〜74ページ「これ（上記の政府推計のこと）から、福島原発事故はチェルノブイリ原発事故の10分の1または5分の1の放射性物質が放出されたと考えるとすれば間違いであり、……福島原発事故を著しく過大評価することになるでしょう。……福島原発事故により大気放出されたストロンチウム90はチェルノブイリの70分の1、プルトニウムは数千分の1と推定されています」。

　まず①について検討しよう。
　野口氏は政府発表に近い値を採用しているのであるが、われわれは次のよ

うに考えている。大事な点なので詳しく説明する。

　政府は、福島原発事故の約 1 カ月後に、事故による放射能の放出量を暫定的に推計し、チェルノブイリ事故の「1 割程度」とした（2011 年 4 月 12 日、当時の原子力安全・保安院の発表）[注50]。原子力安全・保安院と原子力安全委員会（いずれも当時）の「推定的試算値」はセシウム 137 で各々 6.1 PBq と 12 PBq であった。その後マスコミ報道や政界の議論などでは、この 1 割という数字がいわば一人歩きしてきた。それにより福島事故はチェルノブイリ事故よりも「桁違い」に小さい事故というイメージが作られてきた。2014 年 2 月の政府資料「放射線リスクに関する基礎的情報」でも総量で約 7 分の 1 としている [注51]。

　しかし、2013 年 9 月に出版された青山道夫氏（当時気象庁気象研究所）などの著書によると、セシウム 137 について、滞留汚染水として放出された放射性物質の量が原子炉の残留放射性物質の 20％とされ、これだけでチェルノブイリの放出量を超える。青山氏の直接の言及はないが、さらに海中への直接放出を加えると、福島の放出量はチェルノブイリの 2 倍を超えることになる。ここでは青山氏らの分析方法に基づき、福島原発事故の放出量を検討する [注52]。

(2)　気象研究所の青山道夫氏（2013 年当時）らが明らかにしたもの

　青山道夫氏らのグループは、同書で、福島原発事故による放射性核種の放出量・率の検討に一章を割き、①大気中への放出、②汚染水中への漏出、③海水への直接の流出を一体として評価するという方法論を提起している [注53]。

[注50]　原子力安全・保安院（当時）の 2011 年 4 月 12 日発表「東北地方太平洋沖地震による福島第一原子力発電所の事故・トラブルに対する INES（国際原子力・放射線事象尺度）の適用について」経済産業省のホームページにある。
　　　http://www.meti.go.jp/press/2011/04/20110412001/20110412001-1.pdf

[注51]　内閣府ほか「放射線リスクに関する基礎的情報」2015 年 5 月版 21 ページ。
　　　http://www.reconstruction.go.jp/topics/main-cat1/sub-cat1-1/20150626_basic_information.pdf

[注52]　詳しい報告は、山田耕作、渡辺悦司「福島事故による放射能放出量はチェルノブイリの 2 倍以上——福島事故による放射性物質の放出量に関する最近の研究動向が示すもの」を参照のこと。市民と科学者の内部被曝問題研究会ブログに公開されている。http://blog.acsir.org/?eid=29

[注53]　Pavel P. Povinec, Katsumi Hirose, Michio Aoyama, *Fukushima Accident — Radioactivity Impact on the Environment*, Elsevier (2013)

②の汚染された滞留水については、2点注記しておかなければならない。

　第1に、原発内には大量の水が存在するので、事故の際そのような水に放射性物質が漏出し高濃度汚染水が発生する。この問題は、スリーマイルでもチェルノブイリでも生じた。ただそれらの場合、滞留水は文字通り滞留しており、後で何とか回収されるかあるいは封じ込められて、大規模な環境中への漏出はほとんどなかったとされている。これに対し福島では、地震や津波さらには炉心溶融や爆発によって、圧力容器・格納容器・配管が破損して穴があき、さらには建屋とくにその地下構造が重大な損傷を受けて外部環境に対する封水性を喪失している。「滞留水」には、地下水が毎日数百トン規模で大量に流入し、また「滞留水」からも大量に地下水へと流出しており、結局海に流れ込んで海水を汚染している。すなわち「滞留水」は決して「滞留」しておらず、実際には外部環境に直接に曝され環境中に流出している。したがって、福島では、「滞留水」について、その一部分が後に「汚染水」としてタンクに汲み上げられることになったとしても、一度は環境中に漏出したものと解すべきである。青山氏らが今回、滞留水を大気中・直接海水中と並べて福島の放出量に加えたのはこのような事情を考慮したものと思われ、まさに的を射た判断であると言える。

　第2に、西原健司氏らの論文によれば、「滞留水」とは、具体的には各号機のタービン建屋地下および原子炉建屋地下、廃棄物処理建屋、トレンチに溜まった汚染水の合計であるとされている[注54]。われわれもこの見解に従うこととし、これに汚染水タンクに溜まったものを加えて汚染水と考える。

　③の海水中への直接放出量について、青山氏らは、セシウム137の数値を、電力中央研究所の津旨氏らの論文から採っている。同論文は、放出量を、日本政府推計のように事故後に海水への流出が目撃された事象あるいは人為的な放出事例における実測値を総計する方法（小さな数字となる）ではなく、福島第一原発周辺の海域で実地にサンプリング調査を行い、サンプル中の放射性物質の濃度から「領域海洋モデルROMS」を用いた海洋拡散シミュレーシ

[注54]　西原健司ほか著「福島原子力発電所の滞留水への放射性核種放出」日本原子力学会和文論文誌（2012）。
　　　https://www.jstage.jst.go.jp/article/taesj/advpub/0/advpub_J11.040/_pdf

ョンを使って流出量を逆推計する方法をとっている [注55]。

(3) 青山氏らの結果を補正した総放出量——チェルノブイリの2倍以上、ネバダ核実験場の爆発出力の約4倍

　ここでは、福島原発事故の規模を、チェルノブイリ原発事故、さらには広島原爆および米ネバダ核実験場での大気圏核爆発総計との比較で検討しよう。その基礎になるのは、事故による放射性物質の放出量である。

〔チェルノブイリとの比較〕

　青山氏が指摘するように、福島原発事故では、放射性物質の環境中への放出は、三つの形態で生じた——①大気中への放出、②滞留水すなわち汚染水中への（その一部はさらに地下水中への）放出、③直接海水中への放出である。これに対しチェルノブイリ事故では、放出は①だけであるとされている。

　事故規模を検討する場合に指標としてよく使われるセシウム137とヨウ素131の放出量の推計は、主なものだけで表8の通りである。チェルノブイリは主な2つの推計だけを挙げておこう（表9）。単位としては、10の15乗倍であるペタベクレル PBq を使うこととする。

　日本政府の数値は、以下の事情を考慮すると、信頼性に問題があり、全体として大きく過小評価されている可能性が高いといわざるをえない。すなわち、大気中への放出①については、原発敷地およびその周辺、および日本国内のモニタリングポストのデータに強く依存しており、太平洋の方向に飛散して日本の観測網にかからなかった放出が十分にカバーされていない。しかも、事故原発付近のモニタリングは、地震・津波や停電により事故当時の観測体制が極めて不完全であった。また直接海水中への放出③については、漏れが目視された事象のみカウントされているにすぎず、さらに汚染水中への放出②については最初から考慮外とされている。後で検討する公的モニタリングポストの表示値の信頼性も問題となる。

[注55]　津旨大輔、坪野考樹、青山道夫、廣瀬勝巳「福島原子力発電所から漏洩した ^{137}Cs の海洋拡散シミュレーション」（2011年11月）、電力中央研究所『研究報告』V11002。
　　http://criepi.denken.or.jp/jp/kenkikaku/cgi-bin/report_download.cgi?download_name=V11002&report_cde=V11002

表8 福島の放出量に関する各機関の推計値　　　（単位：ペタベクレルPBq）

放出の種類と推計した機関名	ヨウ素131	セシウム137
①大気中への放出量		
日本政府　原子力安全・保安院		
2011年4月12日	130	6
2011年6月6日	160	15
青山ほか（2012）		15～20
日本原子力研究開発機構		
茅野ほか（2011）	150	13
堅田ほか（2012）	130	11
寺田ほか（2012）	120	9
東京電力	500	10
ノルウェー大気研究所ストールら（2011）		36
同ストールら（2012）		37
フランス放射線防護原子力安全研究所（IRSN）(2011)	200	30
オーストリア中央気象地球力学研究所（ZAMG）		
当初評価（2011）		60
合同報告書（2012）（ストールを採用）		36
②汚染水（滞留水）中への放出量		
西原ほか（青山）	224	140
青山（回収量）		200
海老澤・澤井（回収量）		276
③直接海水中への放出量		
日本政府・東電（目視による観測結果）	2.8	0.94
津旨ほか（青山）電力中央研究所（2011）	11.1	3.5
ベイリー・デュ・ボアほか（IRSN）		27

注：ペタベクレル（PBq）は10の15乗ベクレルである。
出典：中島映至ほか編『原発事故環境汚染　福島第一原発事故の地球科学的側面』東京大学出版会（2014）、青山道夫著「東京電力福島第一原子力発電所事故に由来する汚染水問題を考える」『科学』2014年8月号、岩波書店、海老沢徹・澤井正子著「福島第一原発の原子炉建屋地下室に漏出する膨大な高濃度放射能汚染水の危険性」『科学』2013年1月号、岩波書店、前掲Stohl論文およびZAMGなどのインターネットサイトより筆者作成。

表9　チェルノブイリの放出量に関する各機関の推計値（主なもの）

（単位：PBq）

大気中放出量のみ	ヨウ素131	セシウム137
国際原子力機関（IAEA）(1986年)	260	38
国連科学委員会（UNSCEAR）(1996年)	～1760	～85

出典：国連科学委員会；ANNEX J Exposures and effects of Chernobyl accident
　　http://www.unscear.org/docs/reports/2000/Volume%20II_Effects/AnnexJ_pages%20451-566.pdf

とはいえ、②について準政府機関である日本原子力研究開発機構の西原健司氏の数字を採用して、①②③を合計すると、①③に政府の推計値を採用したとしても福島の放出量はチェルノブイリの①を上回る。

ここでは、今までに発表されている国際的な研究成果を基礎にして、福島からの放出量を再推計してみよう。チェルノブイリについては、最もよく参照される国連科学委員会の1996年の推計をとろう。ただ、この数字は、最大値（上限値）であって、比較のためには福島の方も最大値としなければならないという点に注意が必要である[注56]。

いま、福島の①大気中放出量には、ノルウェー気象研究所のストール氏らの推計[注57]を採用しよう。これは、包括的核実験禁止条約機関（CTBTO）が保有する全世界的観測網をメインとして非常に包括的な放射性降下物測定データを使っており、一般に信頼度が高いとされている。

②の汚染水中放出量については、ALPSなどにより汚染水からすでに吸着処理されたセシウム137の回収量によって、その最低値をかなりの確度で示すことができる（ここでは東電の資料を解析した海老澤・澤井両氏の推計をとろう）[注58]。

③の直接海水中に漏れた放射能量には、米カリフォルニア州政府資源局の調査委員会[注59]が引用しているフランス放射線防護原子力安全研究所

[注56] セシウム137放出量は「〜85」PBqと表記されている。UNSCEAR: "ANNEX J Exposures and effects of Chernobyl accident"
http://www.unscear.org/docs/reports/2000/Volume%20II_Effects/AnnexJ_pages%20451-566.pdf

[注57] ここではストールの改訂版の数字を使用したが、初版の数字と大きな違いはない：A. Stohl et al. "Xenon-133 and caesium-137 releases into the atmosphere from the Fukushima Dai-ichi nuclear power plant: determination of the source term, atmospheric dispersion, and deposition", *Atmospheric Chemistry and Physics*, 2012
http://www.atmos-chem-phys.net/12/2313/2012/acp-12-2313-2012.pdf

[注58] 海老沢徹、澤井正子著「福島第一原発の原子炉建屋地下室に漏出する膨大な高濃度放射能汚染水の危険性」『科学』2013年1月号（岩波書店）0119ページ。
汚染水に含まれる放射性物質の量については、山田耕作、渡辺悦司「補論2 汚染水問題について、青山道夫氏の『科学』論文によせて――福島事故による放射性物質の放出量、汚染水に含まれる量、海水への漏洩、それらのチェルノブイリ事故・広島原爆・核実験との比較について――」市民と科学者の内部被曝問題研究会ブログ所収を参照のこと。
http://blog.acsir.org/?eid=36

[注59] Charles Lester et al., "Report on the Fukushima Dai-ichi Nuclear Disaster and

表10　福島とチェルノブイリの事故時残存量および放出量の比較（単位：PBq）

事故時残存量と放出の種類	推計の出典	福島セシウム137の存在量と放出量	チェルノブイリ大気中放出量（〜85）との比
炉心内量	青山	700	
使用済燃料内量	青山	1890	
合計存在量	青山	2590	
大気中放出量①	ストール	20.1〜53.1	約0.62倍
汚染水中②	海老澤・澤井	276	約3.2倍
海中直接③	ベイリー・デュ・ボア	12〜41	約0.48倍
大気・海中小計①＋③	上記より計算	32.1〜94.1	約1.1倍
放出量合計①＋②＋③	上記より計算	232.1〜370.1	約4.4倍

出典：表8、9と同じ。なお山田耕作・渡辺悦司「福島事故における放射能放出量はチェルノブイリの2倍以上——福島事故による放射性物質の放出量に関する最近の研究結果が示すもの」および同補論（『市民と科学者の内部被曝研究会（ACSIR）のホームページ』）を参照のこと。（http://blog.acsir.org/?eid=29）。ペタベクレルPBqは10の15乗ベクレルである。

（IRSN）のベイリー・デュ・ボア氏らの推計をとろう。

　以上を計算すると、表10の通りとなる。

　すなわち福島原発事故は、チェルノブイリに比較して、大気中放出量①で比較するとおよそ3分の2でほぼ同等、福島について大気中①および海水中③を合計すると同等以上、3つの放出形態を合計すると4倍以上となる。政府やマスコミのいう福島原発事故は桁違いに小さい事故であるという評価は全く当たらないのである。

　チェルノブイリの各種の放出量推計は、歴史的に上方修正されてきており、同じことが福島についても生じる可能性がある。この点を考慮すれば、クリス・バズビー氏が指摘するように、比較はチェルノブイリの1986年の推計をベースにしなければならないかもしれない[注60]。その場合には、中央値で計算することになるが、福島は、チェルノブイリに比して、①について全く同等、①＋③について1.7倍、総計では8.9倍となる。

　さらに、日本では人口密度がチェルノブイリに比べ数倍高いので（後で検

Radioactivity along the California Coast", State of California Natural Resource Agency California Coastal Commission, 2014.
　　http://documents.coastal.ca.gov/reports/2014/5/F10b-5-2014.pdf
［注60］　クリス・バズビー著、飯塚真紀子訳『封印された放射能の恐怖』講談社（2012年）108ページの表を参照のこと。

表11　福島事故放出量の広島原爆、ネバダ実験場地上核実験総出力との比較
（セシウム137についての推計　単位：PBq）

A.	福島における炉心残存量（青山ら）	700PBq	100%
B.	①大気中への放出量・率（ストールら）	53.1PBq	7.6%
	②汚染水中への放出量・率（海老澤、澤井）	276PBq	39.4%
	③海水中への直接放出量・率（ベイリー・デュ・ボア）	41PBq	5.9%
	④合計の放出量と放出率（以上３つの数値の合計）	370PBq	47.9%
C.	比較対象：広島原爆による放出量89テラベクレル（0.089PBq）との比		
	福島の大気中への放出量B①との比（C①）	広島原爆	597発分
	福島の汚染水中への放出量B②との比	広島原爆	3101発分
	福島の直接海水中への放出量B③との比	広島原爆	461発分
	福島の放出量総量B④との比（C④）	広島原爆	4158発分
D.	比較対象：米国ネバダ核実験場での地上核実験の総出力2,471キロトンとの比		
	福島の大気中への放出量C①のキロトン換算597発×16＝9,552キロトン		約3.9倍
	福島の放出総量C④のキロトン換算4,158発×16＝66,528キロトン		約26.9倍

出典：表8、9と同じ

討するがおよそ３倍）、汚染は一層危険である。また、放射性プルーム（放射能雲）の高度が、チェルノブイリの場合には7000m以上に達したのに対して、福島事故では富士山での観測から2500m程度にとどまったことが示されている[注61]。その分、福島事故での放射性物質は相対的に近距離に沈着したと考えられる。これらの条件によってもまた、福島とその周辺や日本全体における沈着量を決して軽視してはならないことは明らかである。

〔広島原爆、ネバダ実験場での地上核実験爆発出力との比較〕

　セシウム137をベースとして広島原爆および米ネバダ実験場での地上核実験爆発出力と比較しても福島事故の規模がよく分かる（表11）。

　広島原爆との比較では、日本政府自身が、福島からの放出量がセシウム137換算で「168発分」となることを認めている。しかし上の推計からは、それは実際には大気中放出量①だけで約600発分、総放出量①＋②＋③では約4200発分という数字になる。

[注61]　チェルノブイリ事故における放射性プルームの到達高度については、IAEAチェルノブイリ・ファオーラム専門家グループ「環境」著、日本学術会議訳『チェルノブイリ原発事故とその環境への影響とその修復：20年の経験』（2006年）の第３章「環境の放射能汚染」32ページ。
　　http://www.scj.go.jp/ja/member/iinkai/kiroku/3-250325-2.pdf
　　福島原発事故の放射性プルームの到達高度については、土器屋由紀子『水と大気の科学　富士山頂の観測から』NHK出版（2014年）112ページ。

原爆との比較では、さらに進んでアメリカ国内のネバダなど核実験場での地上核爆発との比較を行わなければならない。Wikipedia 日本語版には、「核実験の一覧」の項があり（米国エネルギー省の資料に基づいていると思われる）、ネバダ実験場では合計 171 回の地上核実験が記載されている（地下核実験への移行後も地上への漏洩はあったであろうが、さしあたりここでは無視する）。地上での核爆発の出力を全部合計してみると、2.5 メガトン程度である。

　広島原爆の爆発出力を 16 キロトンと仮定すれば、日本政府発表の数字である広島原爆 168 発分で爆発出力に換算して 2.7 メガトンとなり、ネバダ実験場で行われた全ての地上核実験の総出力を上回る。放射能放出量は、ほぼ爆発出力に比例すると考えられるので、これは過小評価が明らかな日本政府の放出量推計値に基づいても、福島の放出量はネバダ実験場での大気中への総放出量を上回る可能性が高いということを意味する。

　福島について現実に近いと考えられるストール氏らの推計の広島原爆 597 発分を採ると、爆発出力に換算して約 9.6 メガトンとなり、福島はネバダ実験場での地上総爆発出力（約 2.5 メガトン）の約 3.9 倍になる。

　ネバダ実験場の広さは鳥取県ほどあるといわれ、周囲のほとんどは人の住まない砂漠である。しかも、Wikipedia の記録では、メガトン級の核実験はネバダでは一度も実施されていない。

　それに対して福島では、メガトン級の放出（大気中放出量で 9.6 メガトン、総放出量では 42 メガトン）があったにもかかわらず、近くまで人々が住み続けており、政府はさらに近傍に住民を帰還させようとしている。政府が行っている、住民を避難させず反対に帰還させる方針は、いわばネバダ核実験場の近傍に住民を住ませ続け、汚染のさらに高い地域へと次々に帰還を進めるに等しい。それは、放射線による隠れた「確率的」大量殺人というほかなく、「人道に対する犯罪」以外の何物でもない。[注62]

(4) 海洋汚染は「不幸中の幸い」「長期間にわたって私たちの生活環境に汚染が残ることはない」という驚くべき見解

　海洋の放射能汚染については、著者たちの厚顔無恥としか形容できない

[注62] 津田敏秀「甲状腺がんデータから『地域差』がないとは言い切れない」月刊『科学』岩波書店 2014 年 7 月号。

「無感覚」に注意すべきである。

　同書73ページ「(福島原発事故による) 大気放出量の7〜8割が海洋に降下・沈着したと評価しています。言い換えれば、陸土には大気放出量の2〜3割が降下・沈着したことになります。批判を受けることを承知の上で言えば、これは不幸中の幸いだったと思います。海洋を汚染させたとはいえ、海洋に降下・沈着した放射性セシウムはやがて海水により希釈拡散され、あるいは海底に沈降することが期待できます。一方、陸土に降下沈着した放射性セシウムは希釈拡散も沈降も期待できず、長期間にわたって私たちの生活環境に汚染が残るからです」。

　つまり、字義通りに解すれば、海洋に降下・沈着した放射性セシウムは「長期間にわたって私たちの生活環境に汚染が残ることはない」というのである。だが、海水に溶け込んだ放射性物質や海水面を漂う(とくに泡の表面に付着して集積する)放射性微粒子が、風による波の飛沫として、低気圧・台風・竜巻などの上昇気流によりエアロゾルとして、大量に大気中に再飛散する現象は、広く知られている[注63]。また海洋に降下した放射性物質が、海洋の生態系全体を汚染し、それがプランクトンに始まる食物連鎖を通じて濃縮され、海産物全体の放射能汚染が長期にわたって拡大し深刻化し、日本だけでなくアメリカ西海岸から始まって世界の人々に、数十年数百年の長期にわたり、深刻な被曝と健康被害を与えるであろうことは容易に予想される。
　著者らが「専門家」としてこれらの危険を知らなかったはずがない。著者たちの見解は、放射性物質による海洋汚染に対する恐るべき無感覚であり、無知によるか意図的な欺瞞かは別にしても、海洋の放射能汚染の危険性と重大性を事実上無視し、「不幸中の」という限定を付けたとしても「海洋の汚染は幸い」とする驚くほど厚顔無恥な放射能汚染容認論というほかない。日本政府は現在、事故原発に溜まり続ける汚染水を希釈して海洋投棄する計画を実行に移しているが、著者たちの考え方は、このような日本政府の国際法に違反する見解と事実上何の区別もできない。

[注63]　気象研究所 環境・応用気象研究部 第四研究室「エアロゾルについて」を参照。
　　　　http://www.mri-jma.go.jp/Dep/ap/ap4lab/aerosol/index.html

(5) ストロンチウム、プルトニウムによる汚染は「問題にならない」とするさらに驚愕の見解

前述した(第2節4-(1))『理科・社会』の主張点②については、同書が国際的に原発事故の規模の評価基準として使われているセシウム137およびヨウ素131の意義を否定し、それによって放射性のセシウムおよびヨウ素の危険性を著しく軽視していること、それとともにストロンチウムとプルトニウムの危険性についても恐るべき過小評価であることを強調したい。また、これらの核種についても日本政府の過小評価された放出量推計を無批判に受け入れている。

『理科・社会』の著者たちが放射線被害に対する根拠なき楽観論により、放射能汚染とそれによる被曝を正当化しようとしているもうひとつの例は、福島原発事故によるストロンチウム90とプルトニウムの降下量が、過去の核実験による放射性降下物に由来する残存沈着量と比較して「大きな違いはない」ので、「問題にならない」とする議論である(81ページ、ほかに44ページも)。この際、著者らは、当然のごとく、核実験による降下物の残存量は「問題にならない」つまり健康影響はないとする前提に立っている。

とくに野口氏は、「執筆者プロフィール」において「原水爆禁止世界大会実行委員会運営委員会代表」と記載されており、核兵器と核実験に反対して闘ってきたはずの人である。その人の口から、このような核実験の残存放射能が「問題にならない」という「核実験容認論」とも取れる発言を聞かされるのは、あまりにも衝撃的である。日本の原水爆禁止運動はいったいどうなってしまったのであろうか。

(6) 放射性ヨウ素の放出量について

これまで放射性セシウムの放出量を議論してきたが、放射性ヨウ素は、人体に侵入すると甲状腺に沈着し、がんを引き起こすことがよく知られている。この点から見ても、福島原発事故によるヨウ素の放出量の推計は、事故による健康被害を考えていく上で重要な意味を持っている。

われわれは、東京電力が発表しているヨウ素131放出量推計に注目した。東電の推計では、チェルノブイリの放出量の約3割、政府推計の3倍である。さらにわれわれはそこにおけるヨウ素131とセシウム137の比率(50:1)に

表12　ヨウ素131とセシウム137の放出量に関する各種推計　（単位：PBq、～は最大値）

推計機関	I131	Cs137	I131/Cs137	INES	INES 対チェル比
チェルノブイリ	～1760	～85	約21倍	～5160	
福島放出量　日本政府	160	15	約11倍	760	約0.15倍
ストール Cs137 放出量		～53.1			
東京電力	500	10	約50倍	900	約0.17倍
世界の観測地点の平均[注]			約54倍		
われわれの推計	～2655	～53.1	約50倍	～4779	約0.93倍

チェルノブイリは国連科学委員会の1996年報告の数字を取った。東電推計のI131/Cs137の比率（50倍）は、放出のピーク時での事故原発敷地内での実測値である。われわれの推計はストールのCs137放出量を基礎として、東電の実測した比率を掛けたものである。INESは国際原子力指標尺度である（I131放出量＋Cs137放出量×40）。福島事故は、大気中放出量だけで比較しても、チェルノブイリとほぼ同等であった可能性があることが分かる。

注：Kittisak Chaisan et al; Worldwide isotope ratios of the Fukushima release and early-phase external dose reconstruction; Nature 2013年9月10日付より筆者計算。I131/Cs137比は、事故原発から80km未満の観測地点での平均値（土壌23倍および吸引微粒子32倍）、20～2,000km（吸引微粒子71倍）、2000～12,000km（吸引微粒子70倍）、12,000km超（吸引微粒子77倍）をさらに平均した数字である。すべての観測地点（214箇所）を平均すると日本国内が多い（172箇所）ため、比率は約35倍となる。いずれにしろ東電の実測による比率が大きく間違っていないことが分かる。
http://www.nature.com/srep/2013/130910/srep02520/full/srep02520.html

注目し、その検証を行った[注64]。同比率を東電が推計する際の基礎になった事故原発敷地内での実測数値、日本と世界の各観測地点での同比率を総括している『ネイチャー』誌の論文、ヨウ素131の炉内残存量・放出率などを検討してみると、東電推計の比率（50：1）は、日本政府推計の低い数字（11：1）よりも、むしろ自然な数字である、ということが分かった（表12）。

東電推計の比率を基に、セシウム137については国際的に権威のあるものとされるストールらの推計によって補正して計算すると、福島原発事故によるヨウ素131の放出量は約2700PBqとなり、チェルノブイリ事故の約1.5倍に達していた可能性が出てくる。

福島で起こっている事態については、あらゆる先入観を排して、事実を直截に見ていくところからはじめる必要がある。「チェルノブイリに比較して桁違いに小さい」という政府の放出量評価を鵜呑みにし前提にして議論することは決してあってはならない。以上の諸点を考慮すると、福島における小

[注64]　渡辺悦司、山田耕作「補論1　福島原発事故によるヨウ素131放出量の推計について——チェルノブイリの1.5倍に上る可能性」市民と科学者の内部被曝問題研究会ブログに公開されている。http://blog.acsir.org/?eid=35

児甲状腺がんの明らかに早期の多発傾向に現れているように、福島ではチェルノブイリよりも深刻化のテンポが速く発症率も高い傾向がある。この背景には、福島原発事故によってチェルノブイリを5割も越える放射性ヨウ素が放出された可能性があるという、法外に深刻な事故の真実が横たわっているのではないか、と問題提起したい。

5 「除染は無駄なのか」という問題のすりかえ

『理科・社会』85ページ「さすがに鈍感な私も『福島の真実』編の主題は、福島県は危ないから県民は全員避難すべきであるということであり、その理由付けとして鼻血がでる、耐え難い疲労感に襲われる、除染は危険な作業である、除染しても無駄だと登場人物が代わる代わる語っていることに気づきます。除染は本当に危険で無駄な作業なのでしょうか」。

同88ページ「先ず、『福島がもう取り返しがつかないまでに汚染された、と私は判断しています。』という荒木田氏の現状認識が語られるのですが、この現状認識がそもそも間違っていると思います」。

同88ページ「県北地域の中でも伊達市は空間線量率の高い自治体として知られています。……同市では全市民を対象に2012年7月1日～2013年6月末までの1年間、ガラスバッジによる外部被曝線量測定を行いました。1年間継続して測定値が得られた5万2783人分の結果が2013年11月に発表されています。これによれば年間被曝線量は平均0.89mSvです。線量分布では年間1mSv未満が全体の66.3％、1～2mSvが28.1％、2～3mSvが4.4％、3～4mSvが0.9％、4～5mSvが0.2％、5mSv以上が0.1％でした。……外部被曝線量の高い住民について、生活圏の除染など線量低減化対策さえぬかりなく講ずれば、少なくとも避難をしなければならないような状況ではないはずです」。

「除染は無駄なのか」という問題提起自体が問題のすりかえである。現実に問題になっているのは、「除染によって安全に生活し居住できる場所にできるのか」「除染して20mSvを下回れば安全に帰還できるのか」であり、抽象的に「効果がある」かどうかという染ことではない。しかも、著者たちは「除染作業は危険な作業か」という問題提起をしているが、その通り読めば間

接的には「危険な作業ではない」ということを示唆している。

　だが除染作業は、原発での作業と同様の深刻な被曝労働であり、除染はその裏面としてそれに従事する数万人規模の作業員の追加的な被曝を生み出している。『理科・社会』はこの重く深刻な事実を隠そうとしていると言われても仕方がない。

　さらに深刻な問題は、除染が、多くの場合、放射能で汚染された表土や汚染物の位置を移し替えただけに終わっていることである。除染による線量の低下は、その裏面として、それに対応する、莫大な数の、汚染物を詰めたフレコンバッグの「黒いピラミッド」をいたるところに積み上げるという結果を伴っている。フレコンバッグの耐用年数は数年と言われており、すでに劣化が進んで穴が開き、野ざらしのまま朽ち果てようとしている。水害時には流失して、再汚染が生じている。また予想されている大規模余震などによる津波が再度起これば、内陸部に流れ広範囲の大規模再汚染が予想されている。政府は、基準値8000ベクレル/kgを下回る汚染土・汚染物は一般ごみとして焼却・廃棄して処分することを目指しており、建築用資材として再利用することさえ検討されている。こうして、福島や周辺だけでなく、日本全体が除染の結果として人為的に二次的三次的に汚染されようとしている。

　このような除染の進展と裏腹に進む深刻な問題点と危険について、さらには被曝を全国民に強要していこうという政府の政策の危険性について、『理科・社会』はまったく沈黙している。

　しかも作業の際によく使われるガラスバッジによる測定については、「福島老朽原発を考える会」の2015年3月1日発行のパンフレットによると「高エネルギー加速器研究機構平山英夫論文では0.68倍である」というように7割程度の低い値を示すとのことであり、過小評価になっている[注65]。専門家の野口氏はなぜかこの点を無視している。

　チェルノブイリは参考にならないと菊池氏や『理科・社会』は言うが、白石草氏の『ルポ　チェルノブイリ28年目の子供たち』[注66]の14ページによると、「1986年から2011年までの25年間に避難権利ゾーンの年間1mSvに近い

[注65]　福島老朽原発を考える会『政府は被爆者の健康管理体制の抜本的強化を』2015年。
[注66]　白石草『ルポ　チェルノブイリ28年目の子供たち』岩波書店（2014年）。

コロステンの住民が浴びた線量は、平均15mSvから25mSvだ」。同書13ページでは「コロステンのセシウム土壌沈着量は、事故5日後の1986年5月1日の値で1平方メートル当たり20万Bq程度と推計される。……一方、文部科学省が福島の事故から3か月後に当たる2011年6月6日から7月8日に実施した土壌調査によると、福島県飯館村は1平方メートル当たり70万Bq、福島市の平均が16万Bq、郡山市の平均が10万Bqだ。このデータを基に考察すると、コロステンはセシウム137の汚染レベルは福島市の平均よりやや高く、セシウム134のレベルは福島市の半分、逆にヨウ素の値は福島市の倍程度と推測される」。

　このような事実は福島でもウクライナのコロステンと同様の被害を心配しなければならないことを示していないだろうか。野口氏や菊池氏は何を根拠に「チェルノブイリの例は当てはまらない」というのだろうか。白石氏は「子どもの命と健康をどう守るか」と題して「学校、医療機関、行政などで力を尽くす人々の声を伝え」ようとしている。『ルポ』の70ページで白石氏は「チェルノブイリと日本は違う」という見方を鋭く批判している。

第3節　「『福島の食品は危ない』のか」について

　『理科・社会』は、第3章の見出しで「福島の食品は危ないのか」という問題を自ら提起し（95ページ）、「（福島の）食品の安全性は十分に担保できている」と自答している（117ページ）。だが、「福島の食品は危ないのか」という抽象的な問題提起は、当然、何と比較して評価するか、何を基準として判断するかによって導かれる答えが大きく変わってくる。この場合、以下のような比較対象あるいは基準が考えられる。

①　チェルノブイリ事故時の食品汚染レベル
②　日本政府の食品の放射線規制基準（含有許容線量）
③　放射線測定機器の検出限界（下限値）
④　日本の他県の食品の放射線レベル
⑤　福島原発事故以前の食品の放射線レベル

同書では、これらのうちで①および②しか検討されておらず、そこから「安全である」という結論を導いている。だが、③④⑤との比較がなければ、その評価は一面的で性急であり、はじめから結論ありきの議論であると言われても仕方がないであろう。③④⑤との関連で言えば、著者たちの挙げているデータ自体が、福島の食品（周辺諸県の、さらには日本全国の食品）の放射能汚染の明らかな危険性を示している。

　いま①については留保しよう。チェルノブイリ事故の場合と比較して福島の食品は汚染度が少ないという著者らの主張が仮に正しいと仮定しても、福島の食品の安全証明にはならないことはおのずと明らかである。またチェルノブイリとの比較という方法論について付言すれば、周知のように日本の避難基準はチェルノブイリに比べて明らかに高く（チェルノブイリ 5mSv/年に対して日本の現行 20mSv/年）、当然、著者たちは日本の避難基準が「危険である」と主張しなければならないはずである。だが、そのような主張はどこにも見あたらないことからして、食品の場合のチェルノブイリとの比較が真摯なものとは考えられない。

　②の日本政府の食品の放射線規制基準について言えば、われわれが前著『原発問題の争点』においてすでに検討した（第1章第2節、大和田幸嗣執筆担当）ように、一般食品についてセシウム137で100Bq/kgというのは、極めて高い水準であり、決して「安全な」水準とは言えない。田中優氏によれば、この4分の1の水準（25Bq/kg）でも毎日摂取すれば2年半後に、体内蓄積量は体重1kg当たり約65Bqとなり、バンダジェフスキー氏が明らかにした、重篤な心臓疾患を生じうるレベルに達する[注67]。ドイツ放射線防護協会（Gesellschaft für Strahlenschutz, GS）は、このような食品における放射線基準自体が「あらかじめ計算された放射能による死」を意味すると警告している。同協会は、食品の規制基準として子供・青少年について4Bq/kg、成人については8Bq/kgを推奨している[注68]。

［注67］　田中優『放射線下の日本で暮らすには？』筑摩書房（2013年）122〜127ページ。
［注68］　ドイツ放射線防護協会「日本における放射線リスク最小化のための提言」
　　　2011年3月20日付
　　　　www.strahlentelex.de/Empfehlungen_jp.rtf
　　　　同およびフードウォッチレポートとの共同編集「あらかじめ計算された放射線による死」2011年9月。
　　　　http://www.strahlentelex.de/calculated-fatalities_jp.pdf

③の測定機器の検出限界について言えば、仮にその食品が検査で検出限界以下であったとしても、決して「安全」ということにはならない。著者たちは、もっぱら日本生活協同組合連合会（生協連）による実際の食事の放射線測定の結果、福島県100家族中2家族でしか放射性セシウムが検出されなかった事実に依拠している。生協連の検出下限値はセシウム137で1Bq/kg程度と推測される。だが、同じ表の別の箇所には、ほぼ同時期に行われた福島県の調査で78家族中58家族で検出されたというデータが引用されている（121ページの表8）。彼らの「安全」という結論は、この点だけからも、あまりにも性急である。

　一般に広く使われている測定機器（簡易型以外）の検出下限は、セシウム137についてカタログ上およそ7～8Bq/kg程度である。前掲の大和田幸嗣氏の計算によれば、毎日のセシウム137摂取量をこの検出下限以下の3.3Bqと仮定しても、1年後には子供の場合（生物学的半減期40日と仮定）約200Bqが体内に蓄積し、体重20kgほどの子供（6歳児）の場合、バンダジェフスキー氏の研究で心電図異常、代謝異常、高血圧、白内障などの症状が現れてもおかしくない水準（10Bq/kg）になる。

　落合栄一郎氏が引用しているレゲット氏らの研究によれば、体内に取り込まれたセシウム137がICRPのいうように生物学的半減期にしたがって指数関数的に（エクスポネンシャルに）減衰するという考え方そのものが現実には当てはまらないという。たとえば心臓、肝臓、腎臓については相対濃度0.2（20％）程度でほとんど減衰しなくなる[注69]。すなわち、たとえ毎日1Bqの摂取でも約0.2Bq分は体内に長期にわたり残留するので、特定の臓器にセシウム137が長期に蓄積し、数年で健康影響が現れる可能性はさらに高くなる。

　④については、韓国、台湾、香港、シンガポール、アメリカ、EU、ロシア、中国など世界各国が、現実に、日本のうち福島県およびその他汚染が激しい諸県産の農水産物の輸入を禁止ないし規制してきたという事実がある。福島および汚染度が高い各県の食品が「危険である」ことは、一連の諸国政府により国際的にいわば認定されているのである。日本政府は、各国にそのような措置の廃止を要求し、また一部の諸国に対して法的措置にも訴えているが、

[注69]　落合栄一郎『放射能と人体　細胞・分子レベルから見た放射線被曝』講談社（2014年）79～80ページ。

輸入規制は今も続いている（2015年11月10日時点）。『理科・社会』の著者たちは、この重要事実に触れてもいない。

⑤については、著者たちの対応は驚くべきものである。事故以前に比較して福島をはじめ日本全体の食品が危険になっていることは、疑うことができない事実であり誰も否定できない。だが、彼らは、被災地には「ゼロベクレルでなければ買わない、食べない、などといった贅沢な選択はハナから無い」と言う（102ページ）。これは、チェルノブイリについて言及した際の彼らの言葉であるが、もちろん福島県民と日本国民全体に対しても向けられている。放射能による健康被害や死亡を防ぐために当然なすべき努力を「贅沢」と言ってはばからないところに、著者たちの人権無視あるいは人命無視の感覚が集中的に現れているというほかない。福島原発事故以後、全国の米をはじめ食品の汚染度は明らかに高くなっており、私達は事故以前と比較して未知の被曝を受けているのであり、慎重に全国の健康影響を調査すべきである。

1 「福島の食品検査体制と検査結果──食品の基準値をめぐって」

『理科・社会』83ページ「チェルノブイリ原発事故で大きな問題となった内部被曝は、事故直後から食品の放射能監視体制を整備して検査に当たってきた日本ではほとんど問題になりません。事故情報が当初何日も隠され適切な緊急時対応が取れなかったチェルノブイリ原発事故と不十分ながらも緊急時対応が取れた福島原発事故との違いは、極めて大きなものがあると私（野口）は思います」。

同104ページ「一般人の線量限度は1mSvであるのに、（一般食品で500Bq／kgとした）暫定規制値は年5mSvの内部被曝まで認めていると批判する人々もいました。確かに平常時における一般人の線量限度の国際勧告値は年1mSvですが、放射性物質の大規模な大気放出が起こっている緊急時に、平常時における国際勧告値の達成を政府に要求するのは酷な話です。国際勧告も、事故時において1mSvを超えないように求めているわけではありません。『飲食物摂取制限に関する指標』を暫定基準として採用して3月17日に関係諸機関に通知し、最悪でも年5mSvを超えることのないように措置した政府の対応は、緊急時の対応としては決して間違ってなかったと私は思います」。

人間の放射線に対する抵抗力が緊急時だからといって高まるわけではない。基準を緩和することによって被曝低減の努力が弱められる。基準を変えなければ汚染されない食料を供給したり、避難する努力が強められる。健康な体の維持は「健康で文化的な生活」を保障した憲法の基本的人権に属することである。妊婦や幼児に対する配慮もなく暫定規準の5mSvを認めるのは基本的人権の侵害である。

　著者らのいう「緊急時」というのは、いったいいつまでのことを想定しているのであろうか。事故から5年を過ぎた現在に至っても、未だに外部被曝について「年間1mSv以下」という放射線防護基準は守られることなく、逆に「年間20mSvまでは安全」などとして、汚染された土地への帰還が政府と福島県当局によって促されている。著者らはそれを批判することもせず、政府の方針に追従して「緊急時」を「恒久的に」と読み替えようとしているように見える。

　ICRPの報告でも毎日10Bqの汚染食品を摂取すると100日後には全身での蓄積量が約1200Bqになり、体重60キログラムの人なら体重1キログラム当たり20Bqの汚染となる。これはバンダジェフスキー氏の研究では心電図で異常が発見され、血圧や心臓の異常が心配される被曝である[注70]。内部被曝をシーベルトに直して議論するICRPの勧告は信頼できないのである。ICRPは内部被曝を、人体や臓器を構造のない一様な物体として評価しているからである。バンダジェフスキー氏は自ら病理解剖してセシウムが各臓器に取り込まれていることを確認し、「放射性核種取り込み症候群」という病気を警戒するよう呼びかけている。このような重大事実を『理科・社会』の著者達は無視している。

　現在の日本の食品中セシウム基準値は、「飲料水10Bq/kg、牛乳・乳児用食品50Bq/kg、一般食品100Bq/kg」である。前述した田中優氏の計算によると、「日本人の一日の食品摂取量からセシウム基準値最大量の食品を食べたとすると、一日総量で153Bq摂取することになり」「それを毎日食べ続けたとし

[注70]　バンダジェフスキー前掲（注17）『放射性セシウムが人体に与える医学的生理学的影響』およびバンダジェフスキー、ドゥボバヤ前掲（注18）『放射性セシウムが生殖系に及ぼす医学的社会的影響』。

て、生物学的半減期と物理的半減期を考慮して体内の定常状態になる体内放射能レベルはおよそ3年後には323.9Bq/体重kgに達する」という。この計算方法によれば、基準値の4分の1のセシウム摂取でも　体内セシウム濃度はおよそ2年半後に65.1Bq/体重kgで定常状態となる。バンダジェフスキー氏が「体内セシウム濃度10Bq/体重kgを超えると明らかに心電図異常が出現する」と言っていることを考慮すれば、現在の日本のセシウム基準値は決して安全を保障する値ではない。ましてや、セシウム以外のストロンチウム、トリチウムなどは全くと言っていいほど測定されていない。現在においても福島第一原発からは大気へも海へも放射性物質が漏洩し続けている。福島の食品のみでなく、汚染された地域の農作物や海産物の放射性物質の検査が十分とは言えない状況にあると言わざるを得ない。

2 「安全な食のための方策」について

著者たちは「安全な食のための方策」という問題を提起して、現在行われている土壌改良や耕作方法上の対策、食品の放射能監視を「引き続き行う」ことで、基本的に十分であるように書いている。だがこれは本当であろうか？

著者たちが見落としている重要な点が2つある。1つは、放射線基準を越える食品が発見された場合、それを基準を越えない食品と混ぜて、放射線濃度を希釈して出荷すれば、基準をクリアーすることにはなるであろうが、集団線量的にはその放射線被曝による危険性は変わらないという点である。現在の制度では、この混合希釈して基準値以下にし出荷することによる集団的被曝を避ける方策はまったく実施されていない。

もう1つは、食品の放射能汚染が、健康被害として消費者に及ぶだけでなく、放射能汚染が明らかになった場合に農業者・漁業者などの生産者に現実の経済的損害として打撃を与える制度になっているという点である。事故を起こした東電が賠償する部分は僅かであって、ほとんどの犠牲は、出荷ができなかったり、売り上げが落ちたり、価格が低落することにより零細な生産者に転嫁される。政府・東電は、消費者と生産者とを互いに相手に対してけしかけ、対立させて、放射能汚染を隠蔽した方が、政府・東電にとっても、生

産者や流通業者にとっても、経営上の利益となるシステムを作り上げている。この体制の合い言葉こそが「風評被害」という便利な言葉であって、これによって政府と東電は責任を逃れ、加害者でありながら居直り、「風評」に惑わされる消費者に責任を転嫁できると考えているのである。著者たちは、このような制度上の根本的欠陥について全く沈黙している。

では、このような現行のシステム的欠陥を打破できる真に「安全な食のための方策」はないのだろうか。それは存在する。われわれがすでに『原発問題の争点』で提起したように、「放射能汚染が見つかった農水産物をすべて政府が報奨金（放射線量が高いほど高い率で）を付けて買い上げて処理する制度」の設立である（182 ページ）。東電は、2014 年度に引き続き 2015 年上半期も史上最高水準の利益（半年で約 3700 億円）を上げており、費用は東電から徴収して当然である。放射能汚染を見つけ出すことが、生産者、流通業者、消費者、一般市民にとって現実の利益となる制度の創設こそがカギである。全国に数多くある市民測定所のネットワークを活用することにもなるであろう。また除染の一助ともなるであろう。これを生み出すことが農業者・漁業者にとっても、生協など消費者運動にとっても利益となる。これを実現することこそ政治の責任である。

『理科・社会』がこの肝心の問題を提起する代わりに、同節の結論部分で取り上げているのは、福島事故原発における東電のガレキ処理にともなう放射能の飛散による農産物の汚染である。これは極めて重要な問題であるが、彼らの結論は驚くほど屈服的なものだ。「東京電力は飛散防止対策にしっかりと取り組む」とともに「ガレキ撤去の時期を作物の生育時期ではない冬期にすること」が「検討されて然るべき」であるというのである（130 ページ）。「冬期」ならば放射能が飛散しても容認するという姿勢なのである。

(1) 内部被曝と外部被曝、カリウム 40 被曝量との比較

『理科・社会』118 ページ「実際の内部被曝量は年 5mSv より遥かに低いレベルにあることを多くの専門家は早くから知っていました。福島県であれ東北地方や関東地方であれ、外部被曝の方が内部被曝よりはるかに高いレベルにあると 2011 年当時から私も講演の中で繰り返し強調していました」。

ICRP の言う実効線量当量はシーベルトでの比較であり、内部被曝の評価において臓器を一様な物質で置き換えて評価しているため内部被曝の基準としては信頼できない[注71][注72]。

『理科・社会』119 ページ「よく知られているように ICRP の勧告する平常時における一般人の線量限度は、年 1mSv です。あるいは体内に存在する天然の放射性物質であるカリウム 40 に起因する内部被曝量は、年 0.17mSv ほどです。こうした数値と比較すると、福島原発事故に起因する福島県民の内部被曝が 2011 年 12 月段階でさえ非常に低いレベルにあり、最大値の場合でもカリウム 40 に起因する線量より低いことを明らかにした点で、調査した家族数は決して多いとはいえず、かつ 1 日分の食事の分析に基づくものであるとはいえ、大変重要な結果だと思いました」。

『理科・社会』125 ページ「天然の放射性物質であるカリウム 40 は体重 1kg 当たり 60Bq ほど存在し、それによる内部被曝量が年 0.17mSv ほどになることを考えれば、現在ごくわずかながら体内に放射性セシウムが検出されている大人も、健康への影響はほとんど問題にならないと思います」。

くり返しになるが、野口氏のこの記述は誤っている[注73][注74]。すでに『原発問題の争点』38 ページにおいて大和田氏によって強調されたとおり、チェルノブイリ膀胱炎は、尿中のセシウム 137 の濃度 Bq/kg と相関する。6.47Bq/kg で膀胱上皮がんが 64％の人に、1.23Bq/kg で 59％の人に発生した。0.29Bq/kg では 0％であった。野口氏が言うカリウム 40 は体重 1kg 当たり 60Bq（尿では約 50Bq/kg）と圧倒的に多いが、膀胱がんの発症の有無は、少ない方のセシウムの量で決まるのである。単なる放射線の濃度では決まらず、臓器に取り込まれ蓄積するセシウム 137 が膀胱がんを決定するのであって、カリウム 40 は関与していない。単にベクレル数を比較するだけでは内部被曝は議論でき

[注71]　前掲（注 14）『原発問題の争点』第 1 章を参照のこと。
[注72]　松崎道幸前掲（注 45）「放射線被ばくの影響を一ケタ過小評価していませんか？」。
[注73]　前掲（注 14）『原発問題の争点』38 〜 41 ページ、あわせて A. Romanenko 前掲（注 19）を参照のこと。
[注74]　松崎道幸前掲（注 45）「放射線被ばくの影響を一ケタ過小評価していませんか？」。

ない。セシウム 137 が臓器に取り込まれ集中的に被曝することが重要である。だからカリウム 40 のベクレル数より小さいことは内部被曝が小さいことにならない。この本質的に重要な点が ICRP や野口氏、田崎氏に理解されていない。セシウム 137 によって発生した活性酸素も重要な役割を果たす。ロマネンコ氏達はそのメカニズムについて詳しく議論している[注75]。それ故、カリウム 40 を根拠に内部被曝は外部被曝より小さいという結論を出すことは誤った根拠に基づく判断であることになる。

なお落合栄一郎氏はカリウム 40 による 1 個の細胞当たりの被曝は年に 0.002 回であるとして無視できるほど小さいとしている[注76]。これは次のように計算できる。

全身の細胞数を 60 兆個とする。全身で 4000Bq のカリウム 40 があるとする。カリウム 40 は 1 年間で $4000 \times 3600 \times 24 \times 365$ 個 $= 1.26 \times 10^{11}$ 個の放射線を出す。60 兆個の細胞で割ると 0.002 個／年である。

3　胎内被爆者のがん発生率（放射線影響研究所ホームページより）

野口氏とともに田崎氏や菊池氏はそれぞれの著書で、胎内被曝は 100mSv 以下では子供に先天異常を起こさないことが広島・長崎の原爆被爆から証明されているように言うが、放射線影響研究所（放影研）は次のように言っている。

「最近、胎内被爆者と小児期被爆者について、12 歳から 55 歳までの期間に生じたがん発生率データの比較が行われた。胎内被爆者では、1 Gy 当たりの過剰相対リスク（ERR）が 1.0 で有意な線量反応が認められたが、被爆時年齢 5 歳までの幼児期被爆者（ERR は 1.7）と比べて有意に低いリスクではなかった。しかし、幼児期被爆者では年齢の増加と共に過剰絶対率が急増するのに対して、胎内被爆者ではこうした過剰例の増加が見られないようであった。ただし両群の違いは、現時点では統計的に有意ではない。少なくとも、胎内被爆による成人期のがんリスクが幼児期被爆によるリスクと比べて高くはな

[注75]　A. Romanenko 前掲（注 19）を参照のこと。
[注76]　落合栄一郎『原爆と原発』鹿砦社（2012 年）106 ページ。同『放射能と人体』講談社（2014 年）もあわせて参照のこと。

<u>いことが結論として言えるであろう</u>」（下線は引用者）。[注77]

　すなわち、放影研は胎内被曝の影響を認めているのである。胎児被曝の総説としてR・ドールたちは10mSvのオーダーの被曝で小児がんの過剰リスクが1Svあたり6%増加すると結論している[注78]。

　また、胎内被曝の影響は、小児がんと先天異常を区別して考察するのではなく、総合的に考えるべきである。後述の福島近県での死産率の上昇は胎児被曝の結果であり、先天異常の増加を示唆している（本章4節参照）。

4　遺伝的影響における原爆と原発事故の本質的な相違、それを同一視する方法上の誤り

　『理科・社会』134ページ「瞬間的に高い放射線を浴びた被爆者のケースにあってさえそうである（遺伝的影響は観察されなかった）ならば、長期間にわたって低線量放射線を被曝している福島の被災地ではなおさら、遺伝的障害を心配する根拠は希薄だというべきです」。

　インゲ・シュミット・フォイエルハーケ氏は、原発事故による放出放射能の遺伝的影響と原爆による被爆の遺伝的影響を同じレベルで考え、後者によって前者を判断するという方法自体の根本的な欠陥を指摘している。「生殖細胞、受精卵などは放射線を浴びる時点のさまざまな段階で感受性が違い」、「（原発事故のように）放射線を慢性的に浴びることと、（原爆のように）1回で大量に浴びることとはかなり違いがある」。たとえば精子では「染色体の半分しか持っていない状態」である「最後の35日」、卵子では「受精の直前に半数体になる」ので、この時期、放射線に対する感受性が高い。「この段階で被ばくすると高い確率で突然変異を起こす」という。この点で「一瞬で被爆した広島・長崎の『影響なし』データ」を原発事故による長期的な被曝影響

［注77］　「胎内被爆者のがん発生率」放射線影響研究所ホームページ。
　　　　　http://www.rerf.or.jp/radefx/uteroexp/utero.html
［注78］　R.Doll and R.Wakeford, "Risk of Childhood Canser from Fetal Irradiation", The British Journal of Radiology 70(1997)130-139
　　　　　http://www.ncbi.nlm.nih.gov/pubmed/9135438

の評価のベースとして使うことは「批判されている」という[注79]。

ヤブロコフ氏ほかは著作『チェルノブイリ被害の全貌』において、ベラルーシ、ウクライナ、ロシア、その他ヨーロッパ諸国などにおいてチェルノブイリ事故以後、遺伝子異常や先天性奇形の増加を示すデータを、公式記録などから引用して、詳細に記述している。同書は、「症例数の増加と被曝量には相関が見られる。したがって、先天性奇形が被曝に起因するとの推定は、完全に裏付けられたといえよう」と結論づけている[注80]。『理科・社会』は「チェルノブイリ事故の被災地でも、先天異常の発生率は汚染地域と他地域では差がないと公式に報告されている」というが（132ページ）、それは虚偽の主張であるといわざるをえない。

第4節 「福島の今とこれから」について

野口氏達は放出された放射性物質量を過小に評価し、目に見える被害は起きていないし、これからも起こらないとしている。これは現実に起こっている小児甲状腺がんや心疾患など多くの健康破壊を無視し、被害者を切り捨てるものである。

1 被曝線量はチェルノブイリに比べて「はるかに少ない」という主張

『理科・社会』134ページ「私は、福島での被曝線量がチェルノブイリ・ケー

[注79] 国際会議「原発事故がもたらす自然界と人体への影響について」（独フランクフルトにて2015年3月開催）におけるドイツ放射線防護協会インゲ・シュミッツ・フォイエルハーケ氏の講演「低線量域の放射線被ばくが遺伝子に与える影響について」（医療問題研究会『甲状腺がん異常多発とこれからの広範な障害の増加を考える』耕文社〔2015年〕119～126ページに所収）。同氏については以下のサイトに紹介がある。http://d.hatena.ne.jp/amamu/20120809

[注80] アレクセイ・ヤブロコフほか著、星川淳監訳『調査報告　チェルノブイリ被害の全貌』岩波書店（2013年）125～135ページ。引用箇所は133ページである。原著は Alexey V. Yablokov et al., *Chernobyl: Consequences of the Catastrophe for People and the Environment*, Volume 1181, Annals of the New York Academy of Sciences, 2010

スに比べればはるかに少ないという事実を自分の判断の根拠にしたのです」。

　では野口氏はこの記述が事実であることを如何に証明するのかを述べるべきである。事実ではないから証明はできないはずである。
　注意していただきたいのは、ここで野口氏が問題をすり替え、読者を混乱させようとしていることである。福島とチェルノブイリでの①住民被曝量の比較と②住民の健康被害の程度の比較は、真剣に検討すべき客観的な課題である。だが、仮に①で福島ではチェルノブイリより被曝線量が「はるかに少ない」場合でも、野口氏の言うような福島では被曝による「目に見える」健康被害や人的被害②がない、ゼロになるという結論には決してならない。このことをまず確認する必要がある。しかも、以下に検討するように、①について福島では被曝量が「はるかに少ない」という評価は成り立たないのである。
　すでに見たように、住民の被曝評価のベースとなる放射性物質の放出量では、福島原発事故は、大気中放出量だけで見ても、チェルノブイリとそれほど大きな差はなく、むしろ同等に近いと評価できる（本章第2節4を参照のこと）。海水中および汚染水中への放出量を加えれば、福島事故はチェルノブイリを大きく超える史上最大の規模の原発事故と言わなければならない。しかも、チェルノブイリに比較して、福島では周辺の人口密度が3倍ほども高く[注81]、住民の被曝の深刻度はそれだけ大きい。
　広河隆一氏は自らチェルノブイリと福島各地を測定し、空間線量が同程度であることを数値を付けて雑誌『Days Japan』に発表している。その際、広河氏は、チェルノブイリで避難が行われているような線量の場所に福島では多くの住民が住み続け生活している点に注意を喚起している。
　この点に関して医療問題研究会の山本英彦医師は、共著書『甲状腺がん異

[注81]　大ざっぱな計算であるが、福島県の人口密度は2010年に平方キロあたり147.2人、福島・宮城・茨城・栃木・群馬の5県で計算すると人口密度は284.5人、他方ウクライナの人口密度は1986年に88.2人、ベラルーシは49.6人、ウクライナ・ベラルーシの2国で計算すると1986年に78.2人であった。つまり、福島県の人口密度は両国の1.9倍、5県は、3.6倍であった。もちろん、東京・首都圏を入れれば人口密度比はもっと多くなるであろうし、地区ごとに汚染度を考慮に入れて精密に計算することも必要であるが、ここでは大ざっぱな概数が必要なだけであるので、福島事故の人口密度をチェルノブイリ事故の場合のおよそ3倍とした。

常多発とこれからの広範な障害の増加を考える』耕文社（2015 年）の第 2 章で、チェルノブイリと福島の被曝量を詳しく比較している。

　チェルノブイリの被曝量を測定したカーディス氏たちの論文は、チェルノブイリ事故直後 2 か月以内に測定された 13 万人のデータベースから事故当時 15 歳以下の患者 276 人と 1300 人の対照群を測定対象者として研究している[注82]。この論文の被曝線量はホールボディカウンターを用いて「様々な角度から測定し推計したヨウ素 131 やテルル 129、セシウム 137 や 134 などの放射性核種からの外部被曝と内部被曝を合計したもの」である。

　一方、福島について、山本医師は「『福島の甲状腺被曝は低い』という測定結果は信頼できない」という。国連科学委員会が引用する田代聡氏（広島大学教授）らのデータは「ホールボディカウンターも使わず、周辺の空間放射線の遮蔽も行わず、セシウムとヨウ素の区別もできない簡易線量計で、いわき市、川俣町、飯舘村の 0 から 15 歳の小児 1080 名の甲状腺内部被曝線量を測定した」ものであるとされる。周辺線量が 0.07 〜 0.17μSv/ 時もあるのに、甲状腺線量が 0.01 〜 0.1μSv/ 時で、ほとんど 0.02μSv/ 時以下であった。環境省の専門家会議やドイツの専門家は「背景の放射線量が 0.2μSv/ 時という高線量なのに、0.01μSv/ 時というレベルが測れるはずがない」と批判しているという。山本氏は「このような信頼できないデータを国や国連科学委員会が引用し、いわばキーデータとして福島の線量はチェルノブイリ以下であるという風評に利用されている」と述べている。

　また弘前大学床次真司教授の 46 人のデータも 0 〜 19 歳以下は 6 名しか含まれていない。床次氏らのデータでは、内部被曝だけで最大 40 〜 50mSv となっているが、ヨウ素の吸収率に成人のデータを使っており、小児は大人の 2 倍の吸収率であることを考慮すると実際は 80 〜 100mSv の被曝と推定されるという。これに外部被曝を加えると優に 100mSv を超える可能性が高いという。

　山本医師は「甲状腺被曝線量でみると、福島の線量は優に 100mSv を超え、チェルノブイリに匹敵する」と結論している。

[注82]　Elisabeth Cardis et al., "Risk of Thyroid Cancer After Exposure to ^{131}I in Childhood", Journal of the National Cancer Iinstitute, 2005, Volume 97, Issue 10, Pp.724-732.
　　http://jnci.oxfordjournals.org/content/97/10/724.full

2015年に6月に出版されたstudy 2007による『見捨てられた初期被曝』でも被曝の過小評価が明らかにされている[注83]。

2 モニタリングポストやガラスバッジの過小検出はないという主張

『理科・社会』146ページ「役所が公表している空間線量の数値は信用できないという人もいます。市町村の役人が数字をごまかしていると言いたいようですが、そんなことが実際にあると本気で考えているのでしょうか」。

要するに政府の言うことを「信用しなさい」というだけのことである。
しかし、以下の研究や証言などによって、モニタリングポストや日本で発売されている放射線測定器について、放射線量の測定値が実際より過小表示となるよう操作されているのではないかという疑惑が大きく浮かび上がっている。
——政府の空間線量計算自体が、被曝線量が4割の過小評価になるような算定方式を使っている。復興庁のホームページにも記されているとおり、政府は「1日の滞在時間を屋内16時間、屋外8時間と想定し」ており、屋内については「木造家屋の低減効果（60％）」を想定している。すなわち現実の空間線量による被曝量を40％過小に評価できるようにしている。現実の空間線量で年間 XmSv/y は、政府想定の被曝量 YmSv/y とすると以下のようになる。

Y＝〔屋内での被曝量〕＋〔屋外での被曝量〕＝ X×2/3×0.4＋X×1/3＝X×0.6
すなわち、ここからXを求めると、

X〔現実の空間線量〕＝ Y〔政府の想定被曝量〕×1.67倍

この計算式に基づいて、政府は年間20mSv/yは、時間当たりで計算すると3.8μSv/hになるとしている。だが、3.8μSv/hは年間に換算すると33.3mSv/yである[注84]。

[注83] study 2007『見捨てられた初期被曝』岩波書店（2015年）
[注84] 内閣府ほか『放射線リスクに関する基礎的情報』18ページ
　　　http://www.reconstruction.go.jp/topics/main-cat1/sub-cat1-1/20151029basic_information.pdf
　　　復興庁『避難住民説明会等でよく出る放射線リスクに関する質問・回答集』11ページ
　　　Q6「空間線量率の毎時3.8マイクロシーベルトを年間被曝量20ミリシーベル

これは屋内は汚染されていないという、現実にはありえない架空の想定に基づく計算であり、実際には放射性微粒子などの屋内への侵入は避けられず、屋外の4割の水準とは考えられない。また内部被曝の影響は、まったく考慮されていない[注85]。

　——政府のモニタリングポストの表示が現実の線量の半分程度の数字しか示していない可能性が実測により指摘されている。矢ヶ﨑克馬氏と内部被曝問題研究会モニタリングポスト検証チームは、2012年、浜通り相馬・南相馬51カ所、郡山48カ所、飯舘18カ所等のモニタリングポストの測定を行った[注86]。その結果、モニタリングポストが実際の数値の50%ほどしか示していないことが分かったという。バッテリーの位置が測定器の下にあること、土台に鉄板が敷かれていること、覆いの中の諸部品が放射線を遮蔽していること、周囲が金網で囲まれていることなどの設置条件が原因であるという[注87]。

　——福島で個人線量を測定するために広く使われているガラスバッジが、前方からの照射を前提としているため、福島におけるような全方向照射という条件下では線量を3〜4割低めに検出する。この事実は、ガラスバッジの製造業者である（株）千代田テクノルが、伊達市議会の議員研修会で公式に説明した[注88]。製造業者自身が認めたという意味で、この3〜4割の過小評価という数字の意味は大きい。

　——アメリカで使用されている放射線測定器と日本で使用されている測

トに相当すると考える根拠は何か」より
　http://www.reconstruction.go.jp/topics/post_132.html
[注85]　この点に関しては落合栄一郎氏の論考を参照した。Eiichiro Ochiai, "The Human Consequences of the Fukushima Dai-ichi Nuclear Power Plant Accidents", The Asia-Pacific Journal, Vol. 13, Issue. 38, No. 2, September 28, 2015
　http://japanfocus.org/-Eiichiro-Ochiai/4382/article.html
[注86]　内部被曝問題研究会、汚染・環境実態調査・検討部会モニタリングポスト検証チーム「放射能モニタリングポストの実態調査—指示値の系統的低減化—」
　http://www.acsir.org/info.php?24
[注87]　矢ヶ﨑克馬「進行する放射線被曝とチェルノブイリ法・基本的人権」
　http://blog.acsir.org/?eid=23
[注88]　フクロウの会ホームページ「報告　ガラスバッジは福島のような全方向照射では3−4割低めに検出する−（株）千代田テクノルが伊達市議員研修会で公式に説明−」
　http://fukurou.txt-nifty.com/fukurou/2015/01/post-156b.html

定器との測定値に大きな差があり、日本の測定器はアメリカの測定器に比較して30〜50%低い数値を表示する傾向がある。アーニー・ガンダーセン氏が組織している「フェアウィンズ」ニュースサイトは、アメリカの除染専門会社から福島事故後に日本に派遣された専門家（ケヴィン・ワン氏とサム・エンゲルハート氏）に取材し、重要な証言を得ている[注89]。それによれば、同社員がアメリカから持参した測定器具を取り出して福島市内の放射線量を測定したところ、「その数値は公表されている放射線量よりも50パーセントも高いものだった」という。またアメリカ製の測定器と日本の測定器の測定結果を比較・検討したところ「なぜか日本の調査班が持参した機器の測定結果はアメリカ製に比べ、常に30％から50％低いことが解った」という。

——文部科学省がモニタリングポストの表示する数値を下げるように業者に圧力をかけている明白な疑いがある。文科省は、アメリカ製モニタリングポストの納入業者「アルファ通信」との間の契約（600台設置）を解除したが、業者側によるとその理由は、文科省側が業者に対し「表示値が高すぎる」として補正するよう要求し、製造元の米社が「国際基準に準拠している」としてそれを拒否したためであるとされている[注90]。毎日新聞によると、文科省側も、契約破棄の理由として「納期遅れ」だけでなく、「誤差が最大40％ある」ことも理由の1つであることを認めたという[注91]。ジャーナリストの元木昌彦氏は「最大の問題点は、文科省が発表している放射能の線量は人為的に操作され、低く出るようにせよとメーカー側に要求し、それを飲まなければ切るという理不尽とも思えるやり方をしていることである」と述べてい

[注89] アート・ケラー「アメリカの除染の専門家が明らかにする、本当の汚染状況【人の手によって作られ、人の手により悪化していく福島の危機】」フェアウィンズ
　　http://kobajun.chips.jp/?p=11924
　　http://kobajun.chips.jp/?p=11955
　　http://kobajun.chips.jp/?p=12008
　　http://kobajun.chips.jp/?p=12039
　　原文は以下のサイトにある。
　　http://fairewinds.org/demystifying/cleanup-from-fukushima-daiichi-technological-disaster-or-crisis-in-governance
[注90] フランスFR3放送「フクシマ・地球規模の汚染へ」でのアルファ通信豊田社長へのインタビューより。日本語訳は以下のサイトにある。
　　http://kingo999.blog.fc2.com/blog-entry-1639.html
[注91] 「福島第1原発：県内常時監視用線量測定器に基準超える誤差」毎日新聞2011年11月18日
　　http://kiikochan.blog136.fc2.com/blog-entry-1134.html

る[注92]。

　以上から、政府の言う被曝線量は最低でも半分以下の数値に操作されている可能性が高く、実際の線量の数値はその2倍かそれ以上であると考えても不自然ではないということになる。つまり政府想定の年間1mSvは実際には年間2mSvであり、年間20mSvは実際には年間40mSv、年間50mSvは実際には年間100mSvが想定されていると疑われても仕方がないのである。

　これらの事例を挙げれば十分であろう。ここでも『理科・社会』は、政府の放射線被曝の隠蔽工作に荷担していると言われても仕方のない見解を公然と表明しているのである。

3　「県民健康調査で何がわかったか」(151ページ)——「福島で見つかっている小児甲状腺がんは放射線被曝に起因するものではない」という主張

　『理科・社会』153ページ「福島原発事故による一般公衆の外部被曝線量は、不幸中の幸いでチェルノブイリ事故に比べれば格段に小さかったといえます。こうした数値を示した後、調査結果の報告資料は『これまでの疫学調査により100mSv以下で明らかな健康への影響は確認されていないことから、4か月間の外部被曝線量推計値であるが、放射線による健康被害があるとは考えにくいと評価される』と記述しています。この100mSv云々は、専門家の間での共通認識といっていいのかもしれません。……100mSv未満の低線量被曝の影響に関してはコンセンサスが成立していませんので、それを根拠にして評価を下すのは適切とは言えないというのが、私の考えです」。

　このような見解は事実と合致するだろうか？

(1)　過半数が100mSv以下で発生
　松崎道幸医師はウクライナの小児甲状腺がんの51.3％が100mSv未満（累

[注92]　元木昌彦「文科省『放射線量低く見せろ』要求応じず解約になったオンライン線量計」JCASTテレビウォッチ。
　　http://www.j-cast.com/tv/2011/11/24114166.html?p=4

積)で起こっていることを、1999 年のトロンコ氏らの論文を精査して示しています[注93]。ところが清水氏はここでも 100mSv 以下の被曝被害は「コンセンサスがない」として切り捨てている。科学は古いコンセンサスを打破して進歩するものであり、最近の進歩を真摯に検討していないのは責任を放棄していることにならないだろうか。100mSv 以下を無視することは、低線量を多数の人が被曝した場合の集団線量という考え方を無視することになり、多数の被害者の切り捨てになる。野口氏は集団線量を評価することを適切でないといっているのである。こうして野口氏は「目に見える被害」をなくしているのである。

(2) 患者の年齢構成

『理科・社会』155 ページ「ベラルーシでは 4 歳以下の年齢層に患者の 3 分の 2 が集中しています。9 歳以下が 97.6% を占めていて、明らかに小さな子供に集中して発症していることが見て取れます。これを福島のデータと比べてみると、その違いは歴然としています。福島では 5 歳以下の患者は 1 人も出ていないのです。このことをもってすれば、今福島で見つかっている小児甲状腺がんは放射線被曝に起因するものでないといってまず間違いはないと、私は判断します」。

ここで清水氏が引用するベラルーシのデータは 1986 年から 1995 年までの 10 年間のデータである。福島は事故後 3、4 年間のデータである。年齢分布に関しては同じ 10 年間で比較しないと分からないだろう。この点は、トロンコ氏らの 2014 年の論文によってウクライナでの初期 4 年の年齢分布が明らかになり、その結果、初期では高年齢の子どもに多く、福島での年齢分布に酷似していることが分かった(津田敏秀氏の『科学』岩波書店、2015 年 7 月号、653 ページの図をぜひ参照のこと。本章図4)[注94]。トロンコ氏らは論文で、ウク

[注93] 松崎道幸「日本政府の 4 つの誤り 帰還を進める前に」『福島への帰還を進める日本政府の 4 つの誤り』旬報社(2014 年)34〜35 ページ。ここで松崎氏が引用しているトロンコ論文は、Mykola D. Tronko, "Thyroid carcinoma in children and adolescents in Ukraine after the Chernobyl nuclear accident. Statistical data and clinicomorphologic characteristics", *Cancer*, Volume 86, Issue 1: pages 149-156, 1 July 1999 である。
[注94] 津田敏秀「2015 年 5 月 18 日第 19 回福島県「県民調査」検討委員会発表の甲

ライナにおけるチェルノブイリ事故以後の潜伏期に甲状腺がんと診断された患者の分布と現在の福島におけるそれとの間には「際だった類似性」が見られると述べている。

　この原論文は M.D. Tronko et al とあるが鈴木真一氏と山下俊一氏も著者の一人である。この 2014 年に発表された事実をこの 2 人と親しいはずの清水氏が知らなかったのだろうか。

(3) 小児甲状腺がんの男女比

　一方、松崎医師は福島の子どもの甲状腺がんの男女比がチェルブイリのその比に近いことを指摘している。通常の甲状腺がんは女子に多く、米国の自然発生甲状腺乳頭がんの性比は 10 〜 19 歳では 5.43 倍も女子が多い。福島では 4 〜 14 歳で 1.6 倍、ベラルーシでは同じく 1.6 倍である。15 〜 18 歳では福島 1.1 倍、ベラルーシ 2.0 倍である[注95]。

(4) 一巡目で異常のなかった子供の甲状腺がん

　最近、2014 年に福島で 2 巡目の検査が行われ、1 巡目で異常のなかった子供に甲状腺がんが発見された。このことは潜伏期間が 2 年間より短く、子供の甲状腺がんがスクリーニング効果でないことを示すものである。ちなみに、スクリーニング効果とは、通常成人になって以降に発見される甲状腺がんを、小児期に一斉に検査することによって人為的に早期に発見し、その結果症例数が通常予想される発症率よりも高くなる現象のことである。

　福島県の調査委員会などスクリーニング効果説をとる人々は、通常であれば「外見上、甲状腺腫大が認められる」などの症状が出てから、甲状腺エコー検査が行われ、甲状腺がんが見つかるのだが、今回の調査では、何の症状

　　　状腺がんデータの分析結果」『科学』岩波書店 2015 年 7 月号、650 ページ。ここで津田氏が引用しているトロンコ論文は、M.D.Tronko, V.A.Saenko, V.M.Shpak, T.I.Bogdanova, S.Suzuki, S.Yamashita, "Age Distribution of Childhood Thyroid Cancer Patients in Ukraine After Chernobyl and in Fukushima After the TEPCO-Fukushima Daiichi NPP Accident", *Thyroid*, 24: 1547-1548, 2014　である。この論文は以下のサイトに公開されている。
　　　http://www.researchgate.net/publication/264287935_Age_Distribution_of_Childhood_Thyroid_Cancer_Patients_in_Ukraine_After_Chernobyl_and_in_Fukushima_After_the_TEPCO-Fukushima_Daiichi_NPP_Accident

[注95]　松崎前掲書（注93）37 〜 40 ページ。

図4 ウクライナと福島の小児甲状腺がん症例数の比較

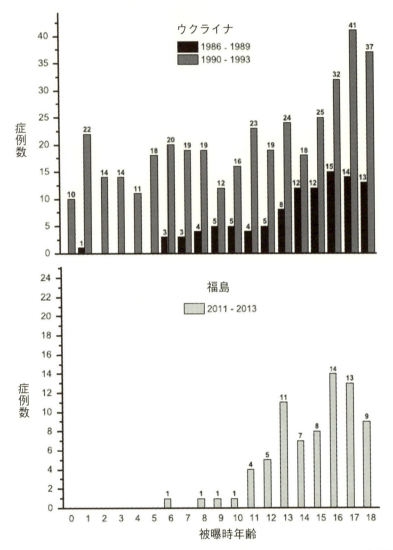

出典：Mykola D. Tronko et al: "Age Distribution of Childhood Thyroid Cancer. Patients in Ukraine After Chernobyl and in Fukushima. After the TEPCO-Fukushima Daiichi NPP Accident". *Thyroid*. 2014 Oct;24(10):1547-8. doi: 10.1089/thy.2014.0198.
http://www.researchgate.net/publication/264287935_Age_Distribution_of_Childhood_Thyroid_Cancer_Patients_in_Ukraine_After_Chernobyl_and_in_Fukushima_After_the_TEPCO-Fukushima_Daiichi_NPP_Accident

もない段階から甲状腺エコー検査を行っているために、通常発見される段階よりもずっと早い段階で甲状腺がんを発見しているのであり、いま多く見つかっている小児がんは、本来発見されるものよりも何年も前に発見しているだけであって、放射線の影響とは考えられないと主張している。

しかしながら、2巡目の検査では、1巡目の検査によってすでにこのような事例はふるい分けられ排除されているので、スクリーニング効果は問題にならない。被曝による甲状腺がんは、自然発生のがんに比して、潜伏期間が非常に短い（1巡目調査から2巡目調査までの期間である2年に満たない）のではないかということが、この間の検査でわかってきている。

(5) がん自体の悪性度が高く、手術率も高い

また、被曝による甲状腺がんは、潜伏期間のみでなく、もしかすると自然発生のものに比べて、悪性度が高く進行も早いのではないか、つまりがんの増大も早く転移しやすいのではないか、とも考えざるをえない。したがって、従来の自然発生の甲状腺がんの発育様式や悪性度を機械的に当てはめて「スクリーニング効果である」などとは言っていられないほど深刻で異常な状況にあると考えるべきであろう。

甲状腺がん自体もリンパ節への転移が多く悪性であるケースが多数で、「先行検査」で発見された111人中98人すなわち約9割が手術を受けている。

(6) 多発は否定できない

事実は、甲状腺がんの多発を疑いの余地なく示している。津田敏秀氏は有病期間を考慮しても多発としている[注96]。

2016年2月15日の第22回県民調査検討委員会での発表では、1巡目が116名、2巡目が51名、合計167名（内1名が良性）であった。

発症率は次のように求められる。（なお発見率と発症率〔あるいは発生率〕と

[注96] 津田論文前掲（注94）0653ページ、および『科学』2016年1月号、0010ページ。英文論文ではTsuda T. et al "Thyroid Cancer Detection by Ultrasound Among Residents Ages 18 Years and Younger in Fukushima, Japan: 2011 to 2014," *Epidemiology* 2016 27 in press
発生率の厳密な計算は宗川吉汪、大倉弘之ほか『福島原発事故と小児甲状腺がん』本の泉社（2015年）参照。

の関係は、発見率＝発症率〔発生率〕×平均観測年数である。ここでは、発見率を平均観測期間〔1巡目は9.5年、2巡目を3.66年とした〕で割って計算した。）

1巡目は10万人あたり年間4.3〜10.8人の発生率となり、2巡目は10万人あたり年間10.6〜53.7人が発生率となる。詳しい計算は省略するが、この幅は2次検査において通常診断の中で、細胞診の行われた割合を考慮したものである。下限は経過観察中の人から細胞診が行われる割合が0％の場合、上限は100％行われ、完了した細胞診と同じ比率で発見されると仮定した場合である。

1巡目はほぼ完了とされているが、通常診断の中39.6％が細胞診を受けている。2巡目は現在19.7％が細胞診を受けている。ほぼ完了したとされる1巡目に比べ細胞診の比率が小さく半分である。これは、経過観察中に細胞診が行われ、増加する結果と思われる。2巡目も39.6％まで行われると仮定すると10万人当たりの発生率は21.3人となる。この場合は10万人当たり、1巡目が4.3人、2巡目が21.3人の発生率となる。これが妥当な値と思われる。

2巡目の検査では、2〜3年前の検査ではがんを指摘されなかった子供たちから、1087人が二次検査（精密検査）を受け、すでに51人も甲状腺がんが発見されている。ここではスクリーニング効果は問題にならない。51人の中47人が1巡目では「問題なし」のA判定であった。

これに対し、2011年以前の小児甲状腺がんの全国的な発症率は100万人におよそ3人程度であるとされている[注97]。したがって、2巡目の発生率は、そのおよそ35倍〜179倍である。確かに日本のがん登録には抜け穴が多く、実際は当時ももっと多かった可能性も否定はできないが、この倍率は、統計上の誤差の範囲を大きく越えているといわざるをえない。

現在の福島での小児甲状腺がんの発生率は、明らかな「多発」であるだけでなく「異常な多発」である。この異常事態に対して、検討委員会は「被曝によるものとは考えにくい」という結論を出しているが、その論拠について理解可能な説明を行っていない。『理科・社会』の共著者清水修二氏は同委員会の副座長であり、問われるべき責任は重いと言わざるを得ない。

(7) 地域差と被曝量との相関

表13のように、有病オッズ比に地域差が見られ汚染度に対応する。また、

表13　地域による有病率の違い（南東地区を基準にした有病オッズ比）

地域	がん症例数	1次検診数	有病オッズ比	95%信頼区間
原発周辺地域	15	41,810	1.52	(0.63 - 3.99)
北、福島市、桑折町	12	50,618	1.00	(0.40 - 2.71)
中、二本松、本宮市	11	18,194	2.56	(0.99 - 7.02)
郡山市	25	54,063	1.96	(0.87 - 4.88)
南、白河市、西郷町	8	16,464	2.06	(0.72 - 5.97)
いわき市	22	48,810	1.91	(0.84 - 4.81)
いわき除く南東地区	7	29,656	1	
会津地方2011年度	10	32,760	1.29	(0.49 - 3.60)
相馬地方2011年度	0	6,202	0	-

出典：津田敏秀「2015年5月18日第19回福島県『県民健康調査』検討委員会発表の甲状腺がんデータの分析結果」『科学』岩波書店2015年7月号

医療問題研究会の山本医師も福島における被曝量と子どもの甲状腺がん発生数の間に相関関係があることを示している[注97]。被曝量が多いと甲状腺がんも多く発生しており、放射線被曝による甲状腺がんの発生を示すものである。スクリーニング効果では地域差は出ないはずである。

(8)　潜伏期間10年説は本当か？

このような現実にもかかわらず、清水氏は言う。

『理科・社会』157ページ「被曝が原因で甲状腺がんが発症に至るまでに要する期間に関しては……平生からヨウ素の摂取量の多い日本人であればおよそ10年を要するということです」。「事故から10年後に、事故当時幼かった子供たちの甲状腺がんも当然ふえるでしょう。それが被曝の結果なのかそれとも無関係なのか……福島事故では被曝量が小さいぶん、その判断が難しくなるでしょう」。

同158ページ「数千人の子どもが甲状腺がんになるということは、日本ではあり得ないと予想して差し支えないと思います」。

清水氏によれば、小児甲状腺がんの潜伏期間は「10年」であるが、「10年後に」小児甲状腺がんが増えたとしても、被曝が原因かどうかは判断できな

[注97]　医療問題研究会『福島で進行する低線量・内部被ばく　甲状腺がん異常多発とこれからの広範な障害の増加を考える』耕文社（2015年）。

いであろうと、今から断言するという姿勢なのである。ちなみに、アメリカ政府の疾病予防管理センター（CDC）によれば、甲状腺がんも含めて小児がんの潜伏期間は１年とされているが、『理科・社会』は無視している。

4 「がんになる人が目に見えて増えることはない」という主張について

甲状腺がん以外のがんについても著者たちは福島原発事故によって増えることはないと断定する。

『理科・社会』173ページ「私は福島原発事故に起因する放射線被曝によって、がんになる人が目に見えて増えることはないだろうと考えています」。

その根拠は何も示されていない。
がん発症過程に関しても放医研の前掲『低線量放射線の健康影響』を見ておこう。同書では、がん発症が、初期段階（イニシエーション）から後期段階（プロモーションおよびプログレッション）に到る「多段階的な過程」であることが強調されている（159ページ）。同書は、BEIR Ⅶが、動物実験に基づいて、低線量放射線ががんの初期段階（DNA損傷、遺伝子・染色体異常、がん細胞の発生）に作用するだけでなく、高線量放射線が後期段階（がん増殖）に作用する可能性を指摘していることを紹介している（初版186ページ）。また、生体は、日常的に多数初期発生しているがん細胞を免疫機構やがん抑制遺伝子によるアポトーシス（細胞死）などを介して絶えず排除することによって、本格的ながんへの進行を抑えるメカニズムをもっているが、その機能に放射線が影響を及ぼす可能性があるとしている（146ページ）。

放射性物質が微粒子として体内に入ってきた場合には、その近傍では被曝は「高線量」である。したがって放射性微粒子は、単にがんの初期発生だけでなく、同時に、体内にすでにあり本来は生体の機能によって排除されている多数のがん細胞が本格的ながんへと進行するのを促す作用も果たす可能性があると考えなければならない。また放射線の免疫系への阻害作用（好中球減少など免疫を低下させる）を考慮に入れれば、がんの後期過程を促進する放射線の影響は、高線量だけでなく、微粒子や低線量でも十分起こりうると考

えるべきであろう。

　放医研の同書で「免疫力の低下と発がんについてはよくわかっていない」（146ページ）としていた点に関しては、最近革命的な発見がなされた。がん細胞は、成長の一定の段階で、がんを異物と認識して攻撃するキラーT細胞を不活性化する分子をがん細胞膜上に産生することが分かってきた[注98]。また、一部のがん細胞は、特殊なタンパク質を分泌して、キラーT細胞の働きを抑える役割を果たす制御性T細胞をがん細胞の周囲に集めることも分かってきた[注99]。これらの性質を逆に利用してがんの免疫療法が次々開発されつつある。つまり、がんがこれらの特定の発展段階に進化するまでは、がんに対して免疫機構が直接効果を発揮するのである。だから、放射線の影響により免疫力の低下が生じるならば、放射線によってがん細胞の初期発生数自体が増加するだけでなく、発生したがん細胞を免疫によって排除する機能が低下し、このキラーT細胞を不活性化する段階にまで進化するがん細胞の数が増加し、発がんの確率は高まると考えるべきである。

　これらからして、福島事故以来現在までに現れてきたがん（たとえば小児甲状腺がん）は、一般に潜伏期間と考えられる時期を過ぎていなくても、事故による放射線と「関係がない」と断定することはできない。すでに潜伏期にあった体内のがんが、放射線によって進行が促され、本格的ながんとなって発症したものである可能性があるといわなければならない。

　これらの点についても、『理科・社会』には何の言及もなく、著者たちがどれほど国際的な研究の進展から立ち後れてしまったかは明らかである。ここまで来れば、著者たちが「立ち後れた」というよりは、むしろ世界の研究動向に「背を向け」、数十年前にすでに明らかになった「高線量の確定的影響」だけが存在する放射線被曝論の「ガラパゴス化した世界」に閉じこもってしまったのではないかと疑われても致し方なかろう。

　もちろんこれは彼らだけの責任ではない。日本政府が同じような立場に立ち、そのような時代遅れの非科学的見解を、一般の国民や学校生徒たちだけ

[注98]　日本経済新聞 2014 年 10 月 24 日。
　　　http://www.nikkei.com/article/DGXMZO78790300T21C14A0X11000/
　　　「がん免疫薬はどこまで効くのか」『週刊ダイヤモンド』2015 年 4 月 18 日号など参照。
[注99]　読売新聞 2015 年 5 月 7 日。

でなく、大学と研究機関の学者たち、「専門家」たちに、権力主義的に無理矢理押しつけようとしているからである。『理科・社会』の著者たちの責任は、このような政府の動きに自ら進んで追従し迎合している点にある。

5 『理科・社会』は政府・環境省専門家会議「中間取りまとめ」と基本的に同じ立場に立っている

　以上検討してきたように、『放射線被曝の理科・社会』は、結局、環境省の「東京電力福島第一原子力発電所事故に伴う住民の健康管理のあり方に関する専門家会議」の「中間取りまとめ」(2014年12月22日) とそれを踏まえた「環境省の当面の施策の方向性」(2014年12月27日) と基本的に同じ立場を、形を変えて表現したものにすぎない[注100]。すなわち「中間取りまとめ」によれば、「今般の事故による住民の被曝の線量に鑑みると」「福島県及び福島近隣県において」「がん罹患率に統計的有意差をもって変化が検出できる可能性は低い」「放射線被曝により遺伝性影響の増加が識別されるとは予想されない」「不妊、胎児への影響のほか、心血管疾患、白内障を含む確定的影響（組織反応）が今後増加することは予想されない」というのである。『理科・社会』は、環境省の「統計的有意差をもって」と「識別できる」という限定を、「目に見える」といういっそう曖昧な言葉で言い換えているだけであり、内容上「中間取りまとめ」を踏まえ、それに追従している。

　しかも、このような、健康被害の発生の可能性を最初から全否定し、したがって出てくる被害は放射線被曝とは無関係だとする事故の正当化の論理は、何も福島事故に始まったものではない。スタンフォード大学国際安全保障協力センターのジョン・ダウナー氏は、今まで世界各地で原発事故が生じた際に、政府や原発メーカーや関連学界関係者が行う「正当化」の論理を研究している。氏が見いだしたいろいろな事故の際の正当化の論理は、「事故は例外的なものであって再び起こることはない」と「事故が起こっても受忍できる範囲内である」というものである。

[注100]「中間取りまとめ」「環境省の当面の施策の方向性」とも環境省の以下のサイトで読むことができる。
　　http://www.env.go.jp/chemi/rhm/conf/conf01.html

ダウナー氏は、福島事故後の早い段階から、米英のマスコミがこのような正当化を試みていたことを指摘している。イギリスの新聞『ガーディアン』は、早くも2011年3月29日に、「私の知る限り（福島事故で）被曝によって死んだ人は一人もいない」と述べた英科学者の発言を掲載している。アメリカの雑誌『フォーブス』は、2012年2月10日に、「福島から避難している人々は、被曝ではなく（放射線に対する）非合理的な恐怖の被害者である」と題する記事を掲載しているという[注101]。

　この意味で、「原発事故によっては全く健康被害がない」「放射能への恐怖こそが被害を生み出す」という論理による原発事故の正当化は、いわゆる「国際的な原子力ロビー」が事故が起こるたびに持ち出している論理である。『理科・社会』の著者たちは、知ってか知らずか、このような国際原子力複合体の論理に従っているのである。

6　健康影響は現実に「目に見える」形ですでに現れている

　5ページ「福島原発事故では、放射線被曝による病気が生じるかどうかは『これからの問題』です。将来、被曝による病気が生じない可能性もあると私は思っています」。

　このような論理は、現実に「目に見える」形で現れている健康影響を無視し、放射線被曝との関係を否定するためのものである。
　①小児甲状腺がんや②鼻血についてはすでに述べた。
　だが、現に現れている兆候はこれらだけではない。われわれはすでに本書第一章において次の事象に注目するように指摘したが、ここではとくに明石昇二郎氏の研究に注目したい。明石氏には快く転載許可をいただき深く感謝したい。
　③　福島県における心臓病（とくに急性心筋梗塞）の多発、それによる高い死亡率が、放射能汚染と関連していることについては、明石昇二郎氏の『宝島』2014年10月号掲載の一連の図がはっきりと示している（本章で

[注101]　Peter Bernard Ladkin et.al., *The Fukushima Dai-Ichi Accident*, Lit Verlag, 2013、90～93ページ

はその中から第4節8に図7として転載させていただいた）[注102]。

④　福島県における悪性リンパ腫・白血病（潜伏期間が約半年と短い）による死亡率の上昇についても、同じく明石昇二郎『宝島』2014年11月号[注103]および2015年3月号（図5）によってはっきりと示されている[注104]。

⑤　福島県と周辺地域における死産および乳児死亡の増加については、ハーゲン・シュアブほか「東日本大震災／福島第一原発事故による死産と乳児死亡の時系列変化」（『科学』岩波書店2014年6月号）にはっきりと示されている。

⑥　小児の免疫機能の低下については、福島県の第13回「県民健康調査」検討委員会の資料においても、平成24年度（2012年度）の「健康診査」結果の中に6歳以下の女児の0.1％に好中球500/μl以下のいわゆる「無顆粒球症」が報告されている。第13回「県民健康調査」検討委員会（H25/11/12）の資料3.「県民健康調査の実施状況について」を参照のこと[注105]。

⑦　福島県周辺自治体における健康調査において現れている児童の心電図異常については、茨城県「取手市小中学校　心臓検診結果（2013/01/01）」にはっきりと示されている[注106]。

⑧　福島の周辺県や東京圏における白内障の増加傾向が明らかになっている（本書第一章第3節、詳しい病院患者統計については「市民と科学者の内部被曝問題研究会」ブログで見ることができる）[注107]。

[注102]　明石昇二郎「福島県で急増する『死の病』の正体を追う」『宝島』2014年10月号
　　　　http://livedoor.blogimg.jp/tkj_takara/imgs/3/4/3458e62d.jpg
[注103]　明石昇二郎「福島県でなぜ『ガン死』が増加しているのか」『宝島』2014年11月号。http://blog.takarajima.tkj.jp/archives/1927416.html
[注104]　明石昇二郎「原発近隣住民の間で『悪性リンパ腫』多発の兆し」『宝島』2015年3月号。http://blog.takarajima.tkj.jp/archives/1954779.html
[注105]　第13回「県民健康調査」検討委員会（2013年11月12日）の資料3「県民健康調査の実施状況について」　福島県のホームページで読むことができる。
　　　　https://www.pref.fukushima.lg.jp/uploaded/attachment/6427.pdf
[注106]　以下のサイトで見ることができる。
　　　　http://www.h7.dion.ne.jp/~touhyou/houshaedu/sinzou_toride.pdf
[注107]　詳しい病院患者統計は市民と科学者の内部被曝問題研究会ブログでは以下のサイトにある。http://blog.acsir.org/?eid=3

図5 『宝島』による血液がん死亡率の急増
避難7町村の「白血病・悪性リンパ腫」年齢調整死亡率の推移

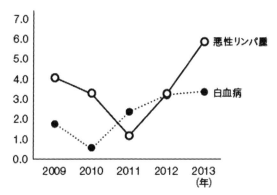

出典：明石昇二郎「原発近隣住民の間で『悪性リンパ腫』多発の兆し」『宝島』2015年3月号。
http://blog.takarajima.tkj.jp/archives/1954779.html

図6 『宝島』による福島県における周産期死亡率の事故後の上昇

福島県の周産期死亡数と同死亡率

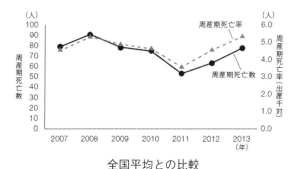

全国平均との比較

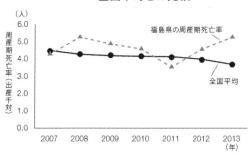

出典：明石昇二郎「福島県の汚染地帯で新たな異変発覚、『胎児』『赤ちゃん』の死亡がなぜ多発するのか」『宝島』2015年4月号
http://blog.takarajima.tkj.jp/archives/1957234.html

⑨　院内がん登録統計における東京（および福島周辺諸県）での血液がん（潜伏期間が約半年と短い）の増加傾向も顕著である（本書第一章第3節）。

これらに加え、さらに次の事実が最近明らかになってきた。
⑩　厚労省「人口動態調査」が、福島県における事故以降の周産期（妊娠22週から生後満1週間までの胎児あるいは新生児）死亡率の明確な上昇をはっきり示していることである（図6）（明石昇二郎『宝島』2015年4月号参照）[注108]。
⑪　福島県立医科大学附属病院の患者統計で、2010年度に比して2012年度までに被曝との関連性が指摘されている一連の疾患の診療実績の増大が記録されている。白内障・水晶体疾患で2.27倍に、急性心筋梗塞・心不全で2.98倍以上、頻脈性不整脈で1.69倍、弁膜症で2.94倍、肺がんで1.63倍、非外傷性頭蓋内血腫で3倍、頭頸部悪性腫瘍で1.4倍、小腸の悪性腫瘍で4倍、骨軟部の悪性腫瘍で5.92倍、膀胱腫瘍で2.09倍、非ホジキンリンパ腫で2.06倍、甲状腺の悪性腫瘍で1.77倍、がん全体で1.53倍、扁桃炎・急性咽頭喉頭炎で4.72倍など疾患や健康障害が福島原発事故以降急増している[注109]。

　新生児疾患・先天性異常では、妊娠期間短縮・低出産体重に関連する障害で1.66倍、心室中隔欠損症で1.56倍以上、手足先天性疾患で2倍以上（2011年）、滞留精巣で3倍以上に増加し、遺伝的影響が現れ始めていることが示唆されている。

　東京圏における健康影響についてはわれわれの放射性微粒子に関する論文および本書第一章を参照のこと。

これらの現象は、さらに多数挙げることができる。重要なことは、これらをバラバラに切り離すのではなく、その全体を見なければならないという点

[注108]　明石昇二郎「福島県の汚染地帯で新たな異変発覚、『胎児』『赤ちゃん』の死亡がなぜ多発するのか」『宝島』2015年4月号 図7参照）。
　　　　http://blog.takarajima.tkj.jp/archives/1957234.html
　　　　http://blog.takarajima.tkj.jp/archives/1957240.html
[注109]　詳細は市民と科学者の内部被曝問題研究会ブログ http://blog.acsir.org/?eid=37 にある「付表」を参照のこと。

である。そうすれば、これらの健康影響の全体が共通して原発事故による放射能と何らかの関連がある可能性は明らかであろう。

　また、放射能の健康影響は、「有るか無いか」「ゼロか100％か」という考え方をしてはならない。われわれが本書第一章で明らかにしたように、放射線の影響は、甲状腺がんや血液がん、白内障や急性心疾患のように関連性が相対的に強い疾患も含めて、疾患を引き起こす他の環境的諸原因（大気汚染・電磁波・農薬・食品汚染など）や生活習慣（喫煙・過食・飲酒・運動不足・ストレスなど）との相加的あるいは相乗的効果として、それら環境・生活要因の上にさらに付け加わる要因となり、寄与度として、原因中のパーセンテージとして評価しなければならない。環境要因や生活習慣は統計上は「交絡要因」として捨象されるが、現実にも切り捨てるのは誤りである。

　放医研の前掲書は「生活環境因子と低線量放射線との」「相加性」だけでなく「複合影響」（相乗効果）も認めている。例として、鉱山労働者における喫煙と肺がん誘発における複合影響（喫煙者はラドン被曝による肺がん発生が3倍に増える）、紫外線とX線による皮膚がん、乳がんの放射線治療における喫煙と肺がんリスクなどが指摘されている（75、144ページ）。

　また健康影響を及ぼす可能性を持つ放射能の範囲も、福島原発事故による放出放射能だけでなく、さらに広く考えなければならない。福島原発事故以前の降下物すなわち広島・長崎への原爆投下、核実験、核兵器・核燃料製造工程からの放出、原発・核燃料サイクルの稼働による放出、チェルノブイリなどの原発および核施設の事故による放出なども影響を及ぼし続けており、これらの上にさらに福島原発事故による大量の放出が付け加わるのである。

　以上を全体として評価すれば、上に列挙した一連の現象において、福島事故による放射線被曝が寄与をした可能性を否定することはほとんどできないといわざるをえない。そればかりか、現象はこれらにとどまらないと考えるべきである。

7　健康被害調査は住民の「恐怖を過度にあおる」ことになるか

　『理科・社会』の著者たちは、このように健康影響がすでに出ている可能性を「恐怖を過度にあおる」という文字通り政治主義的理由ですべて頭から

否定するだけで、国や自治体による「調査」すら要求していない。それどころか、いっそうの調査を求める住民の当然の要求を「事故の影響評価の名の下に子供たちをモルモットのように扱うもの」「医療現場に耐えがたいストレスを加える」などと不当に非難している（159ページ）。このことは現実を「見たくない」「見せたくない」著者らの指向を象徴的に示している。

被曝の危険性を指摘したり調査したりすることは「恐怖をあおる」ことであるという著者たちの基本概念については、次の点を指摘しておこう。

(1) リスクコミュニケーション論からの批判

第1に、ここでも放医研の『低線量放射線と健康影響』を見てみよう。福島原発事故前に刊行された同書初版にはすでにリスクコミュニケーション上の次の注意点が記されていた。「『（放射線に関する）知識偏重はかえって不安になるので、大丈夫だ、とだけ言ってほしい』という意見に遭遇することがある……不安解消に都合のいい情報だけに関心を示す事業者もいる……これらの対応は、安心醸成に即効性があるように見えるが、長い目で見ると事業者／専門家への不信感といった副作用を生みかねない」「『専門家が安全です、と判断すれば、それを一般の方が信じて安心する』という図式はもはや成り立たない」（初版108ページ、事故後に発行された改訂版では自分の言葉ではなく大阪府の文書の引用に差し替わっているが、内容はほぼ同じである、176ページ）。この批判は、放射線利用を推進するリスクコミュニケーションの立場からのものであるが、そっくり『理科・社会』に当てはまる。つまり、「大丈夫だとだけ」強調し、「不安解消に都合のいい情報」だけを列挙し、現実の健康被害を訴える人々を「恐怖をあおる」と非難することこそ、かえって住民の不安と恐怖をかきたて、「専門家」に対する不信感を拡大再生産しているのである。

(2) 著者たちの主張が実現したら何が起こるか？

第2に、『理科・社会』の著者たちの基本概念の本質を検討するためには、仮にそれが実現したという想定をしてみればよい。いま著者たちが言うように、脱原発運動が「低線量放射線は安全で被曝しても安心だ」と信じるようになり、人々に低線量被曝の「危険」や「恐怖」ではなく「安全」や「安心」を説得するようになり、人々も放射能に対する「恐怖を克服」して、現実に

生じている健康被害は「見ない」ようにし、「目に見えた」としても原発事故以外の原因によるものと考えて諦観するようになったと仮定しよう。何が起こるだろうか。それは明らかである。

　政府の帰還政策に対する最大の障害は取り除かれ、自主避難をしていた住民は、政府・県当局・専門家たちの「安全」という言葉を信じて、年間20mSv（実際には33mSv）地域に、さらには政府が避難指定解除を目指している年間50mSv（実際には83mSv）地域に、「不安」や「恐怖」を抱くことなく帰還して居住するであろう。学校・病院・工場・店舗・事業所も再開したり進出するであろう。そこで2～5年（実際には1年半～3年）も経てば、人々の累積被曝量は、『理科・社会』が放射線の健康影響があると「分かっている」レベル（100mSv）に達するであろう。帰還した住民への「確率的影響」は確実に現れるであろう。

　表1で引用したICRP（2007）の集団線量モデルに基づいて計算しても、年間20～50mSv地域に、現在の避難者約10万人を帰還させれば、毎年約90～220人程度が過剰にがん死し、今後50年間でおよそ4500人～1万1000人が追加的にがん死することになる。DDREF=2によって低線量率での被害想定を人為的に半分にしている事情を除くと、最低でもこの2倍、実際にはこの数倍になる可能性が高い。いずれにしても人的被害ゼロとはならない。

　だが「確率的影響」という言葉は一種の婉曲表現（ユーフェミズム）であって、実際には「確率的な死」である。それを「分かっている」こととして意図的に組織すれば、その行為は「確率的な殺人」であり、しかも何度も繰り返される「終わりなき」大量殺人となるであろう。それだけではない。

　政府・原発推進勢力は、原発を再稼働しやすくなり、住民の「同意」を得て次々に再稼働し、新増設も進め、もんじゅも動かし、核燃料サイクルも稼働し、世界への原発輸出も大々的に進めて行くであろう。福島のような重大事故が起こって被曝しても「安心」で「問題ない」のだから、事故対策はさらに削られるであろう。ほとんどの原発が設備年齢40年を越えて60年さらには80年と、事故が起こって使えなくなるまで使い尽くす方式で稼働されていくだろう。

　促されるのは原発推進だけではない。安倍政権の進めている「集団的自衛権の行使容認」は、現実には中国、ロシア、北朝鮮、イランなどを仮想敵国

とする戦争計画であり、その場合の戦争とは核戦争が想定されている。広島原爆数百発分（日本政府発表でもセシウム 137 換算 168 発分）の「死の灰」をばらまいた福島原発事故の「目に見える」健康影響が「ない」ことにされれば、日本と世界で人々の放射能アレルギーが払拭されれば、核戦争への「閾値」もまた低下するであろう。途上国への原発輸出は、核技術の拡散を通じて、核兵器の広範な拡散に繋がる危険があり、そうなれば核戦争の危険は、既存の核大国間の世界的勢力圏の再分割をめぐる対立激化を通じても、新たな核保有国の増加と対立抗争を通じても、世界中で拡大し深刻化するであろう。また、アメリカの軍事的覇権が今後いっそう弱体化すれば、安倍的な冒険主義的軍国主義路線の先にあるのは、日本の独自核武装であろうし、核燃料サイクルは核兵器の製造へと転換されるであろう。

このように、人々の放射能や被曝への「不安」「恐怖」が解消すれば、その先に必然的結果として待ち構えているのは、帰還した住民のさらなる健康被害、原発・核施設の重大事故の（日本だけでなく世界における）短くなる確率周期での反復と、局地的および世界的規模での核戦争勃発の現実の危機である。『理科・社会』の著者たちの主張は、知ってか知らずか、その論理を客観的に展開していけば、このような核・原発事故と核戦争と放射線被曝による世界的な核破局を近づけ促す結果を導くであろう。

(3) ほんとうの恐怖は何か

この意味で、放射線の影響は、一民族だけでなく人類全体の存在そのものを脅かしかねないほど深刻で重大な脅威であり、われわれは放射能と被曝の危険性に文字通り「恐怖しなければならない」のである。人々が抱いている本能的ともいえる「恐怖」は正しいのである。真実を追求する科学者たらんとする者は、この「恐怖」に科学的な基礎を与え、この「恐怖」に基づいて対策を立てなければならないと政治や経済の指導者にはっきりと進言すべきである。必要なのはそれを行う勇気である。

米ソの熱核戦争が迫っていた時期には、多くの人々は、核爆弾による直接の被害だけでなく放射性降下物（「死の灰」）による影響にも「恐怖」を感じていた。その本能的な「恐怖」は正しかったのであり、世界熱核戦争が現実に勃発するのを防ぐ大きな力になった。当時世界の人々がもしも放射能に「恐

怖」を抱かなかったとしたら、核戦争は現実に勃発していたかもしれない。その当時、高まっていた原水爆禁止運動に対して、放射線の影響を強調するのは「恐怖をあおる」から止めろと言う者があれば、それは当然、戦争勢力への荷担と見なされたであろう。現在でも同じことである。

　願望と現実を取り違えてはならない。事故や被曝が起こってしまった今となっては、放射線の影響への人々の「恐怖」とともに、「放射線被曝の影響がないか小さければよいのに」という人々の願いや祈りの気持ちが広範に存在するのは当然である。これは誰しも同じであろう。しかし、このような素朴な願望と、放射線被曝の厳しい科学的事実とは、別なものである。

　古代ギリシャの弁論家デモステネスは、次のような警句を残している。「自己欺瞞ほど楽なことはない。自分が真実であってほしいと願っていることを真実だと信じることだから」と。放射線の健康影響についても、人々はこの厳しい試練に耐えなければならない。

8　避難は本当に「健康被害を生む」だけで何の効果もないのか？

　『理科・社会』は「避難生活が多様な健康被害を生んでいる」として、住民の「放射線への恐怖」とそれを「過度にあおり」「避難」を勧める脱原発運動こそが、健康被害の元凶であるかのように攻撃している（70 ～ 71、159 ページ）。しかし、本当に避難は「健康被害を生む」だけで効果がなかったのだろうか。

　明石昇二郎氏による厚労省「人口動態調査」をベースとした調査によれば、住民が避難をした福島県の 7 町村における循環器系疾患による年齢調整死亡率は、それら以外の汚染が深刻な 17 市町村に比較して、明らかに重要な、決して僅かとはいえない低下を示している。明石氏は「汚染地帯から避難することにより、循環器系疾患で亡くなる人を全国平均かそれ以下にまで減らせる可能性がある」と結論づけている（明石昇二郎『宝島』2014 年 10 月号、本章図7参照）[注110]。避難は実際に多くの人々を心臓など一連の急性疾患やそれに

[注 110]　明石昇二郎「福島で急増する『死の病』の正体を追う」月刊『宝島』2014 年 10 月号
　　http://livedoor.blogimg.jp/tkj_takara/imgs/3/4/3458e62d.jpg

図7　明石昇二郎氏による明らかな「避難の効果」を示す「人口動態調査」
　　　——急性心筋梗塞の地域別「年齢調整死亡率」

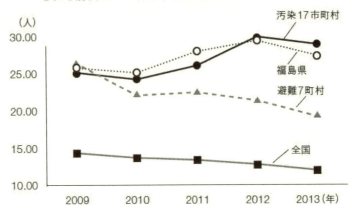

注記：福島県の汚染17市町村では2011年以降急性心筋梗塞による死亡率は急増したが、これと
　　　は対照的に、避難7町村では2011年以降、急性心筋梗塞による死亡率が低下している。
出典：明石昇二郎「福島県で急増する『死の病』の正体を追う」『宝島』2014年10月号
　　　http://livedoor.blogimg.jp/tkj_takara/imgs/3/4/3458e62d.jpg

よる死から救った可能性が高いと言える。

　『理科・社会』の著者たちは、深刻な汚染地帯に住む人々に避難せず「住み続けること」を進言し勧告することによって、人々をこの可能性(「避難効果」)から遠ざけているかもしれないという点について真剣に考察したことがあるのだろうか。

　この項を終わる前に、学童の全員避難について一言触れておこう。「現実的でない」という非難に対して、戦時下で行われた「学童疎開」を対置することは意味があると考える。太平洋戦争末期には、米軍の都市爆撃を避けるために、推定約60万人の学童の集団疎開が組織された[注111]。私的に疎開した児童を加えるならこの数字はもっと多くなるであろう。食糧不足や病気の発生など多くの問題を含みながらも、集団疎開によって多くの子供たちの生命が救われたことは事実である。

　福島県全体の18歳以下の児童数は22万人程度であり、現在の生産力と医

[注111]　全国疎開学童連絡協議会公式ホームページ「学童疎開とは」より引用。
　　　　http://www.gakudousokai.com/sokaitoha.html

療水準の下で、福島県や周辺の汚染が深刻な地域で、将来を担う若い世代を被曝による悪影響から守るという目的のために、全ての学童の集団避難を政府や行政が先頭になって組織できない客観的な理由はない。住民に無用のストレスや不安を与えているのは、避難と被曝の判断を住民個人の責任に委ねて押しつけ、現に現れている住民の健康被害に対し補償も賠償も行わず、被害を申し立てる人々に対して「風評」として逆に攻撃し、そのような被害者を救済しようとする運動を「放射能の恐怖をあおる」として攻撃している政府・行政側にあることは明らかである。この点で旧民主党政権も同罪であるが、とくに戦前戦中に回帰したがっている安倍政権は、国民の未来について、無謀で無用な戦争によって他国民だけでなく数百万の自国民を虐殺しつつあった戦時下の最悪の政府以下の判断力しか持ち合わせていないのである。『理科・社会』の著者たちは、自分たちがどのような政府と政策に追従する結果となっているのか考えたことがあるだろうか。

9　支配層中枢は本当に「健康被害は出ない」と信じているのだろうか？

「福島原発事故による被曝によって目に見える健康影響は出ない」という『理科・社会』の中心的な主張は、政府の健康被害ゼロという見解に対応したものであるが、著者たちはともかく、支配層の中枢は本当にそれを信じているのであろうか？

「覚悟を決めて」という言葉は、財界の中枢の１人、JR東海の葛西敬之会長（当時、現在は名誉会長）が事故直後に使った有名な表現である。葛西氏は、読売新聞紙上で、福島原発事故により、交通事故死亡者（「毎年5000人」）程度の死者が出るとしても「リスクを制御・克服し」「覚悟を決めて（原発を）活用する」べきだとする趣旨の発言をしている（葛西敬之「国益に背く『原発ゼロ』」読売新聞2012年9月10日掲載）。もちろん葛西氏は、後で言い逃れができるようたとえ話として書いているが、たとえの対象にするということは、福島事故が交通事故死亡者に比較できる規模の犠牲者を出す可能性を葛西氏自身が想定していたことを意味する。この年間5000人程度の犠牲者という想定は、10年間で5万人、50年間で25万人という数字であり、ICRPの集団線量モデルから容易に導き出すことができる（表13および14）。これらの表

表13　集団線量による福島原発事故の年5000人の人的被害を与える想定モデル　　　　　　　　　　　　　　　　（DDREF=2と仮定した場合）

地域・分類	人口概数	放射線量上昇分（年）	過剰がん死（年）
事故収集作業員・帰還者など	10万人	20mSv	200人
特に汚染度の高い地域	20万人	10mSv	200人
福島県など	200万人	5mSv	1000人
周辺4県など	1000万人	2mSv	2000人
東京圏とその周辺	4500万人	1mSv	4500人
それ以外	7000万人	0.3mSv	2100人
合計	1億2730万人	（平均0.8mSv）	1万人
DDREF=2を適用（×1/2）			5000人

注記：単純化のためにDDREF適用前の集団線量を100mSv×10万人で過剰がん死1000人と仮定した。この表は、事故直後の半減期の短い放射性物質による大量の初期被曝は捨象されており、がん以外の疾患による過剰死も含まれていない。それらの点で過小評価があることも付記しておきたい。なお、DDREFはICRPによる低線量での補正値である。
参考文献：放射線医学総合研究所『低線量放射線と健康影響』医療科学社

表14　集団線量による福島原発事故の年5000人の人的被害を与える想定モデル　　　　　　　　　　　　　　　　（DDREFなしの場合）

地域・分類	人口概数	放射線量上昇分（年）	過剰がん死（年）
事故収集作業員・帰還者など	10万人	10mSv	100人
特に汚染度の高い地域	20万人	5mSv	100人
福島県など	200万人	2.5mSv	500人
周辺4県など	1000万人	1mSv	1000人
東京圏とその周辺	4500万人	0.5mSv	2250人
それ以外	7000万人	0.15mSv	1050人
合計	1億2730万人	（平均0.4mSv）	5000人

注記、参考文献など表13に同じ。

を見れば、福島原発事故による想定された放射線量の上昇分が、DDREF=2モデルにおいても、DDREFを捨象したモデルでも、十分に現実的な評価となっていることが分かるであろう。

　この数値は、脱原発側のクリス・バズビー氏などの推計とほぼ同じレベルである。これだけの犠牲者が出ることを前提にしても、それでもなお原発をあくまで推進していこうというのが、葛西氏的「覚悟」の意味である。

　安倍首相に最も近い財界人の1人である葛西氏のこの発言は、支配層の中枢部が福島原発事故の被害を極めて深刻に考えており、年間で何千人もの、累計で数十万人もの犠牲者が出る可能性も十分に考慮していることを示唆している。つまり、これが葛西氏的「覚悟」の具体的内容である。

だが実際には、犠牲者の数は年間5000人程度ではとどまらないであろう。ICRPモデルのDDREFを除き、がん死以外の心臓疾患などによる死亡も考慮に入れ、さらに最新の研究でのリスクの上向きの修正（放医研の前掲書は3倍という数字を挙げている〔123ページ〕）なども考慮するならば、この数倍から十数倍になる可能性も排除できない。

　支配層の中枢は、外向きには、つまり一般国民向けには、「被害はまったくない」と宣伝しながら、自分たちの内部では、秘密保護法によって厳重に守られる形で深刻な被害想定を行っている可能性が高いのである。葛西氏の「覚悟を決めて」発言は、支配層中枢の内奥の秘密を図らずも漏らしたものであると言えるかもしれない。

第5節　「原発住民運動と放射線問題」——その根本問題と運動の権威と名誉を著しく傷つける発言について

　野口氏達は「目に見える被害はない」のに、反原発運動が被曝の被害を過大に宣伝することが広範な反原発運動の障害であり、被曝被害を強調しなければ幅広い反原発運動の発展があると主張する。被曝から子供たちを守ろうとする人道的な当然の人権擁護の運動を「不安を煽る」と非難する。だが人権は何よりも尊重されるべきである。客観的には、『理科・社会』の著者たちは加害者である東電・政府の弁護の一役を担う結果となっている。

1　被曝の問題では原発推進勢力と「科学的見解を共有する」という見解

　『理科・社会』177ページ「私自身ははっきり原発には反対の立場なわけですが、放射線の問題については、原発賛成の立場の人とも科学的な見解を共有することがあっても何ら問題はないと考えます」。

　同177ページ「原発に賛成する人たちも反対する人たちも同じテーブルについて肝を据えた議論を行う必要があると思います。このことを行う上で大きな壁になっているのが、『放射線影響が大きければ大きいほど脱原発にとって都合

がいい』という心理です。これを乗り越えて、原発そのものの是非と放射線の健康問題の有無・大小は別の問題で、一緒くたに論じてはならないという一致点を作ることが、原発をどうするのかという日本の将来に関する重要な課題に国民全体が向き合っていくための、重要な第一歩になると考えます」。

　ここでも『理科・社会』の著者たちの歪んだ心理が表現されている。人々は原発に反対するために被曝の危険を探しているのではない。核の歴史とくに核兵器と原子力発電の歴史の中で被曝の危険性が現実に明らかになり、人類的課題として核の利用の廃止が客観的に提起されたのである。放射線被曝の危険性を棚上げにして核の廃絶を議論することはできない。信じられないかもしれないが、放射線の専門家であるはずの科学者が、日本政府でさえも広島原爆168発分に相当すると認めた放射性物質を放出した原発事故が「目に見える」健康被害をいっさいもたらさないであろうと公然と表明するまでに事態は進んでいるのである。

　著者達は何を根拠に、原発反対の人びとが「放射線影響が大きければ大きいほど脱原発にとって都合がいい」と考えていると断言するのか。何の論拠も示されておらず、虚偽の非難というほかない。

　原発に反対する多くの人々はむしろ、チェルノブイリや福島で次々と明らかにされる事実を驚きと恐怖を持って受け止めている。しかもまだそれが十分に明らかにされていないと考えている。そのため汚染地からの避難を訴えているのである。まず、チェルノブイリ法に習い、年に1mSv以上被曝の恐れのある地域の避難を選択した家族や人には、経済的にも避難を可能にする避難の権利が保障されなければならない。年に5mSv以上被曝する地域は政府が避難させる義務があるところとしなければならない。現在のように年間20mSvさらには50 mSv以下であるとして帰還させるのは言語道断である。

　これまで検討してきたように『理科・社会』は、内部被曝をはじめ被曝の健康影響を常に過小評価しようとしているが、それは偶然であろうか。著者たちこそが、危険な放射線被曝の真実を明らかにすることを「恐れている」ように見える。われわれは淡々と被曝の科学を進歩させればよいのである。著者たちはなぜ原発に対する立場を先に問うのであろうか。被曝の科学が正しくなければ判断ができないのではないだろうか。『理科・社会』の、内部被

曝が外部被曝ほど危険でないという見解は、本当に正しいのか。この見解が誤りであることこそ肝心かなめのことである。

　結局、『理科・社会』の出版は、反原発運動の武装解除を説得するための出版であったのである。これではICRPなど原発に賛成する人とも共同行動ができるのは当然である。原発が生み出す放射能の危険性、放射線被曝による健康破壊を抜きにして原発ゼロを説得することが正しいことであろうか。ほとんど大部分の人たちは、子どもたちをはじめ未来の人類の命と健康を守るために原発廃止を要求しているのである。それはICRPの歴史が裏返しの形で証明していることである。歴史的にICRPによって、内部被曝は核の推進のために隠蔽されてきたのである。『理科・社会』の著者たちがこの歴史を知らないはずがない。にもかかわらず、「原発に反対する」彼らが今まで見たようにICRPの見解を支持するのはなぜなのか。われわれには、戦後の日本の原水爆禁止運動、反核平和運動、科学者運動の根本的欠陥が集中的に現れているものとしか考えられない（本節4で検討する。もちろん、これら運動の全体的な総括をすることがここでの課題ではない。その主要なスローガンと基本政策の検討だけを行うこととする）。

　最後に、放射線被曝の歴史を研究し、ICRPや国際的核推進勢力を批判して闘ってきた中川保雄氏の言葉を引用する。

　「今日の放射線防護の基準とは、原子力開発のためにヒバクを強制する側が、それを強制される側に、ヒバクをやむを得ないもので、我慢して受忍すべきものと思わせるために、科学的装いを凝らして作った社会的基準であり、原子力開発の推進策を政治的・経済的に支える行政的手段なのである」[注112]。

2　脱原発運動をめぐる現下の根本問題

　結局、『理科・社会』に関連して、現在の状況の下で提起されているのは、以下の3つの根本的な問題である。

① 住民の健康被害を引き起こし住民のストレスを高めている元凶、真の「加害者」はいったい誰なのか？

[注112] 中川保雄『放射線被曝の歴史』技術と人間（1991年）、同増補版 明石書店（2011年）。

②　「目に見える被害は出ない」という主張はいったい誰の役に立つか？
　③　なぜいまこのような主張をするのか？
　これについてわれわれは次のように考える。
　第1の問題。原発事故を引き起こし大量の放射能を放出させた東京電力・政府・原発推進勢力こそが、住民の健康被害を引き起こし住民に強力なストレスを与えている元凶である。東京電力・政府・原発推進勢力こそが有責であり、生じた事態に対してすべての責任を取らなければならない。彼らは、本来、訴追されなければならない刑事被告人であり、民事上のすべての賠償義務を負うべき被告である。『理科・社会』が、「放射線の恐怖をあおる」脱原発派という虚偽の図式を持ち出すことによって、曖昧にしぼかし隠そうとしているのは、この基本的な対立関係である。それを常に明確にし、一時も忘れてはならない。
　第2の問題。「目に見える被害は出ない」という主張は、重大事故を引き起こし福島と日本全土と世界を汚染した張本人を救済しようとする論理である。彼らが用いる論理――現に被害が出ている事実があるという主張は「風評」であり無用に「人々の恐怖をあおる」ものであるとする論理――もまた、同じように犯人の救済論である。それらは、表裏一体となって、事故を引き起こし放射能をまき散らした張本人が、晩発性の放射性障害を含め長期にわたって賠償し償うべき責任を逃れるのを助ける弁護論である。端的に言えば、このような犯人と責任者の免罪を脱原発運動が行うべきであるというのが、この本の著者たちの主張である。
　第3の問題。「なぜいまなのか」は明らかである。政府・電力会社・原発メーカー・原発推進勢力、これらの福島原発事故を引き起こした張本人は、一体となって、2015年夏から原発の大規模な再稼働を開始した。もっと言えば、福島事故のような重大事故がおよそ10余年から30年程度に1回の確率で起こることをいわば前提として、全国で46基程度を、40年以上経た老朽原発も含めて再稼働しようとしている（つまり廃炉決定5基以外は数基を除いてほぼ全ての原発を再稼働し、原発依存度は事故前2010年の29%から2030年の22%に下げるだけである）[注113]。さらに、核燃料サイクルも推進し続け、六ヶ所

［注113］　事故確率については、経済産業省原子力委員会原子力発電・核燃料サイクル技術等検討小委員会「核燃料コスト、事故リスクコストの試算について」2011年

再処理工場も高速増殖炉もんじゅも動かし、原発の新増設も続け、独自核武装の準備も進めようとしている。問題は国内だけではない。事故で危険性が明らかになった原発を、世界に、とくに途上諸国に、大々的に輸出しようとしている。「事故が起こっても何の問題もない」「被曝しても何の健康影響も出ない」「被害が出ているというのは『風評』すなわち嘘やデマである」「放射線への恐怖こそが被害を生み出している」という主張は、大規模再稼働と原発推進と原発輸出と独自核武装準備を進めるための原発推進勢力の共通のスローガンである。また原発を世界に売りこむための国際的な宣伝競争のキャッチフレーズである。

この第3の問題には、もうひとつの重要な側面がある。政府・東電による賠償・避難者支援の打ち切りと事故原発周辺地域の「核のごみ捨て場」化に対して、福島県の住民の反発が、極めて強くなってきていることである。「健康被害は出ない」という主張は、抵抗する住民を宥め反発を押え込むための策略だと取られても仕方がないし、客観的にその役割を果たしている。

3　福島県住民による『理科・社会』的見解への厳しい批判とそれへの清水氏の反論——脱原発運動が「奇形児の誕生を待ち望むような傾向」をもっているという暴言について

『理科・社会』が図らずも明らかにしている重要な事実は、福島県の住民の多くが、被曝による住民の健康被害を認めず、福島を「核のごみ捨て場」に変えようとする政府・東電また県や行政当局に対して不満や怒りを露わにしていること、またその怒りは行政側の当事者でもある著者たちにも実際に向けられていることである。著者たちは、住民から①「加害者を免罪する」②「反原発運動に水を差す」③「（東電や政府との）裁判を不利にする」④「障害者を差別するものだ」などと厳しく批判されていることを自ら告白している（133～136ページ）。これらはまさに住民からの著者らに対する正当な批判である。驚くべきことに、上記の①から③の批判点について清水氏の明確な反論は見当たらない。反論できないのである。ここでは清水氏が反論を試みている④の福島県の住民や避難者に対する遺伝的障害に関連した差別の問題だ

11月10日の表3の注記を参照。

けを取り上げよう。

　住民によるこの④の批判は、清水氏の次の発言に対するものである。清水氏は、県のアンケート調査で避難区域住民を中心とした成人の約6割が「現在の放射線被曝の次世代以降の人への健康影響の可能性」が「非常に高い」あるいは「やや高い」と回答していることに関連して、次のように述べる。

「(広島・長崎の原爆被爆者と同様に福島事故においても) 被曝による遺伝的な影響は確認されない……先天奇形・異常は通常からある程度の確率で発生する。福島でそうした子供を出産した親の気持ちを考えてみてほしい。『あのとき避難しなかったのがよくなかったのではないか』という悔恨、そして東京電力や政府に対する怨念や憤怒を、一生かかえながら生きることになるかもしれない。これは悲劇だ」「被災者である県民自身が遺伝的影響の存在を信じているようだと、『福島の者とは結婚するな』と言われても全く反論できないし、子供たちから『私たち結婚できないの』と問われて、はっきり否定することもできない」(132～133ページ) と。

　検討に入る前に2点確認しよう。

〔問題のすりかえ〕
　第1は、清水氏の発言が二面的で言葉を弄んでいる点である。清水氏の発言は、字義通り読めば、原爆被爆者において被曝による遺伝的な影響は「確認されない」ということであって、福島について遺伝的影響の可能性を全否定しているのではない。たとえば、チェルノブイリでの遺伝的影響の深刻さについても、清水氏は「判断を保留」している (134ページ) だけで、全否定しているわけではない。ところが、福島の住民意識の批判になると、清水氏はいつの間にか言葉をすり替え、遺伝的影響は「無視していい程度に小さい」(135ページ) ことを前提にして発言している。つまり「確認できない」から「無視できる」への論理的飛躍の間には、清水氏の意図的な主観的判断が入っているのである。この点に、注意が必要である。しかもすでに第4節で見たように (4-6項)、福島県立医大病院患者統計における新生児の先天性奇形の増大など、福島における遺伝的影響を示唆する統計は、すでに現れ始めて

いる（本章第4節(6)の⑪を参照のこと）。

〔差別問題の原則〕

　第2は、差別と被差別の問題を取り扱う際、当該の差別に関して、差別する側が100パーセント有責であるという原則である。差別の禁止は憲法上・国際法上の大原則であり、どんな形であろうと、差別される側の「落ち度」を認める者は、差別主義者であるか、差別主義と一線を画すことができない者と見なされても仕方がない。以下の例を挙げれば十分であろう。アメリカにおいて黒人住民が警察によって不当な差別的捜査（無抵抗な被疑者の理由なき射殺など）の対象となっているが、これに対し黒人住民の犯罪率の高さや遵法意識の低さを挙げて、警察側に対して理解を示すならば、その人は人種差別主義者と見なされて当然である。また、女性が妊娠・出産した場合の就業上の差別についても、妊婦や子供を持つ女性にとって避けられない労働生産性の低下や労働時間の減少などを指摘して差別した企業に理解を示すならば、同じように女性差別主義者と見なされてもいたしかたがない。

　これらと同じように福島についても、住民が抱く被曝の遺伝的影響への不安意識や住民の「放射線安全」への理解度の低さなどを、県民や避難者が差別される原因の一つとして持ち出すならば、差別主義者と見なされて当然である。経済学者でもある清水氏が、このような差別問題に関する基本中の基本を知らなかったとは考えられない。

〔「障害者差別だ」と批判されて当然〕

　清水氏の発言は、福島県民自身が、また障害者とその親たちが、放射線による「遺伝的影響があると信じている」という原因から、差別されても「全く反論できない」「否定できない」という結果になるという主張である。これは「遺伝的影響の存在を信じる」なら差別されても仕方がないという論理である。障害者に対して差別を行う者あるいは差別を生み出す社会制度の側にではなく、差別を受けている障害者とその家族の側に、その考え方や心理の方に、一部であろうと差別が生まれる原因があるという主張である。つまり、差別者の側ではなく被差別者の側に「落ち度」があるというのである。清水氏の見解に対する住民からの「障害者差別だ」との批判は、当然であり、氏

の見解の人権無視という本質を鋭く突いたものである。

さらに、清水氏は次のように付け加える。

「私は、障害をもって生まれること、あるいは障害者を子に持つことが不幸だとは言っていません。それを自分の落ち度だと思い込んだり、人を恨み続けたりすることが不幸だと言っているのです」(135ページ)。

この発言は、その通りに読めば、「不幸」の原因は、障害をもって生まれてきたという客観的な事実ではなく、「(避難しなかった) 自分の落ち度を責めたり」「(事故を起こした) 人を恨み続ける」障害を持って生まれた人とその親たちの心の持ち方と精神的な態度にあるということになる。言い換えれば、「不幸」の責任は、障害者本人と親たちの側にあるということになる。「(事故を起こした) 東京電力や政府に対する怨念や憤怒」をもって「恨み続ける」から「不幸」になるのだということである。障害を持って生まれた人とその親たちは、自分の「不幸」を自分でつくり出しているのだというのである。清水氏の議論は、突き詰めれば、住民が「東京電力や政府に対する怨念や憤怒」を捨てれば「幸福になれる」、「遺伝的影響はないと信じる」ようになれば「差別を受けることはない」と、示唆するものであるというほかない。清水氏は続けて言う。

「自らの、あるいは家族の一員の障害と向き合い、受け入れるのは大変なことですが、天から与えられた試練と厳粛に受け止めるしかありません」(135ページ)。

つまり、障害者が生まれることがもしあったとしても、事故を起こし被曝を引き起こした「人」すなわち東電や政府の責任ではなく、人を超越した「天」すなわち神の意思なのだから、神の与えた「試練」として「厳粛に」「受け入れよ」、要するに「受忍せよ」というのである。

〔清水氏による脱原発運動への誹謗中傷〕

清水氏は、最後に次のように述べる。

「反原発のために奇形児の誕生を待ち望むような傾向こそが、私には障害者差別にほかならないと思えます」(135ページ)。

この発言は何の出典も論拠も提示することなく行われており、しかもこの「傾向」は反原発運動全体がもっているもののように書かれている。露骨なデマというほかない。ここでは、清水氏の議論は「ネトウヨ」的「トンデモ」発言と区別できないまでの悪質な水準に転落している。

これらの発言は、明らかに障害者とその親たちを、またこれから子供を持とうとする人々を、さらには反原発運動を闘っている広範な人々を愚弄し、誹謗し、中傷し、人間としての尊厳を冒瀆するとしか言いようのない暴言である。

4 『理科・社会』的傾向の客観的な社会的性格——国際的原子力推進勢力への屈服

著者たちが、「美味しんぼ」攻撃で、安倍首相や政府・環境省と事実上の「共闘」関係に入ったことは、今では「目に見える」事実である。それと並んで、著者たちのうち2人は、行政側に選ばれて原子力行政内部の一定の重要ポスト(1人は「福島県民健康調査検討委員会」の「副座長」であり、他の1人は事故後に「福島大学客員教授」「福島県本宮市放射能健康リスク管理アドバイザー」)を与えられたこともまた、「目に見える」事実である。著者たちは、客観的に、自分たちもまた被曝被害の隠蔽に荷担し有責となったといわれても仕方のない立場となった。

著者たちが『理科・社会』において展開している見解は、原発をめぐる新しい情勢と著者たちをめぐる客観的な社会的諸関係の変化の結果、著者たちの基本的立場そのものが、政府・環境省・行政・東電の側へと移行しつつあり、原発事故と放出放射能の結果として現実に被害を受けている広範囲の住民の利益から、また脱原発を願う大多数の国民の利害から、「かけ離れて」行っているのではないか、という重大な疑念を広範な人々の間に生じさせても何の不思議もない内容となっている(133ページで「最悪の御用学者だ、大学か

ら追放せよ」という書き込みもあったと書かれているが、象徴的である）。

〔「自主・民主・公開の三原則の下での原子力の平和利用」という要求の根本的欠陥〕

　周知の通り、戦後の日本の反核運動、科学者運動の主流は、福島原発事故まで一貫して、「平和・自主・民主・公開・安全の原則の下での原子力の研究・開発・利用の推進」を掲げてきた。それは、①核武装準備ではなく平和目的の、②アメリカに依存・従属せず日本が独自に進める、③独裁的ではなく民主主義的に行われる、④秘密主義を排して広く国民に公開された、⑤安全で事故を起こさない、という条件付きで原発の推進を要求するものであった。それは平和と民主主義を目指す科学者の運動の破産を示す象徴的なスローガンとなった。

　これは、路線的には、「動揺」を表現するものである。原発の積極的推進でもないが、徹底した原発反対でもない。前者に対しては「平和・自主・民主・公開・安全」の条件を付けて対抗し、後者に対しては原子力「平和」利用の可能性を対置して対抗する。そして、近代政治学の創始者マキャベリが正当にも主張したように、このような動揺は、どちらかをはっきり選択する場合よりも、いっそう悪い結果、多くの場合、最悪の結果をもたらすし、もたらさざるをえなかった。

　一例を挙げよう。『理科・社会』の共著者野口邦和氏が、チェルノブイリ原発事故後に書いた論文（「デタラメだらけの広瀬隆『危険な話』」『文藝春秋』1988年8月号）から該当箇所を引用しておこう。

「ここで原発問題に対する私の立場を簡単に明らかにしておきたい。私は原子力の平和利用に反対する立場を取っていないが、原発は現状では安全性の面で大変問題が多いので、新たな原発の増設は止めるべきであると思っている。またすでに稼働中の原発についていえば、核燃料サイクルが不完全で放射性廃棄物の処理・処分が技術的に未確立の現状では、原発の運転は最小限にとどめるべきであり、安全上問題のある原発は永久停止を含む厳しい規制をとるべきであるとも思っている。」（同誌262ページ）。

　この文章は、野口氏がチェルノブイリ事故の後になってもなお、決して原

発の全廃の立場に立っておらず、上記の中間派的で動揺的な基本的立場に立っていたことを示している。

同論文において野口氏は、広瀬隆氏の原発反対論を「無知と非常識」「全くのデタラメ」「極めて危険」「あわれな二流詐欺師」などと論難している。これは、どう読んでも友好的で同志的な性格の批判や忠告とは言えないだけでなく、敵対的な意図を感じさせる表現である。

他方、野口氏自身は、「平和利用」(すなわち原発の推進)に対して「反対の立場を取っていない」とし、実質的には新増設への反対と部分的な原発の停止や原発依存の低下しか要求していない。また、文字通り読めば、「安全上問題のある原発」とは一部の原発だけであって全ての原発ではなく、「安全上問題のない原発」も存在してその稼働は容認するという見解である。さらに読みようによっては、核燃サイクル推進にすら反対ではないかのような印象さえ与えかねない表現となっている。

こうして野口氏の当時の論文は、原発の危険を公然と訴えた著作(野口氏は「反原発の聖書」とさえ書いている)を口汚く非難することによって、民主的で進歩的な人々の中で「反原発に反対」「原発の危険をいうのは危険」とする雰囲気や気運を自ら先導して醸成しようとしたといわざるをえない。もちろん仮に広瀬氏の見解に一面化や部分的な誤りが含まれていたとしても、原発の危険性を真正面から訴えた功績は広瀬氏の側にある。だから、もしも野口氏の批判が違った形で然るべく行われていれば、より多くの人々が、原発の危険をより早くまたより正確に理解し、反原発の闘いにより意識的に立ち上がったであろうことは疑いえない。これらの事情を考えれば、野口氏の論文が、少なからざる人々を結果として反原発の立場や運動から遠ざけ、客観的には原発の推進に荷担する役割を果たしたと批判されても仕方がない。もちろんこれは野口氏だけの責任ではない。そのような政治的社会的傾向を代表した全ての人々が有責なのである。

上記の5つの原則は、最初の4つについては資本主義・帝国主義の下では実現不可能な条件であり、最後の1つ(安全)については体制の如何にかかわらず科学的に本来ありえない条件を要求するものであった。すなわち、上記の基本要求は、実現不可能な条件の付いた推進論であり、「原則」「条件」の方に重点を置くか「推進」「利用」の方に重点を置くかによって、徹底した原

発推進への絶対反対から欺瞞的で迎合的な積極荷担にいたるまで、いろいろな形での玉虫色の解釈が可能であった。つまり、この基本的に二面的な規定は、ひざまづきながらの批判とも、批判の姿勢を見せながらの容認・迎合とも解することが可能であり、実際にもこの両者の間で絶えざる動揺と分岐と軋轢を繰り返してきた。

　もちろん1980年代末まではソ連・中国は根本的致命的欠陥をかかえながらも社会主義体制下にあり、核武装を進め核実験を繰り返すとともに、社会主義の名の下に「反核平和」と「原子力の平和利用」を主張しており、それが日本の運動の中に少なからず影響を及ぼしていたことは事実である。だが、チェルノブイリ事故がはっきりと示したように、科学的に見て（もちろん技術的および社会経済的に見ても）、原発の推進は社会主義として致命的な誤りであったのであり、同事故は社会主義の崩壊を促す一要因となった。振り返ってみれば、日本の運動は社会主義に対しても原発推進の危険を警告し止めるように要求するべきであった。

　このような国際的な影響を考慮するにしても、上記の路線が基本的には日本の運動の根本的な欠陥であり、真正面からの原発との闘争を妨げて来たことは、疑いえない。また、その規定には大きな欠落があった。

　原発は、その全工程で従業員の被曝を前提にし、とくに稼働時には日常的に放射能を放出し、事故時には原爆の「死の灰」に匹敵するあるいは大きく上回る放射能を放出すること等々によって、原発従業員と立地点周辺に止まらない広範囲の住民に被曝による健康被害や確率的な死を強要し、彼らの基本的人権——健康な生活を送り生命を維持するという人間の最も基本的な生存権・人格権——と根本的に相容れない。上記の規定にはこの肝心な視点が欠けていた。この人権擁護の原則的立場を貫徹できなかった誤りは、原爆の被爆の犠牲を経験した日本においては、一層厳しく批判されるべきである。

〔「核絶対否定」の要求に含まれる二面性と曖昧さ〕

　他方では、歴史的に「三原則による原子力の平和利用」に対抗するとされるもう一つのスローガン、「核絶対否定」にも、重大な欠陥が含まれていたこともまた指摘しておかねばならない。「核絶対否定」というスローガンは、原発に対する根本的な反対を内容として含んでおり、大きな前進であった。同

時にそれは「原水爆禁止」を、原発を含むあらゆる核の否定にまで高めることによって、原水禁運動・反核平和運動と反原発運動とを結合する大きな可能性を切り開き、日本の原水禁運動・反核平和運動だけでなく日本の反原発運動にとっても、歴史的な成果となった。だが、そうだとしても、どうしてこのように曖昧な抽象的一般的なスローガンにとどまってしまったのか、どうしてそこから出発して「原発全廃」や「原発ゼロ」とストレートで具体的な形ではっきりと言わなかったのか、原発立地点における反対闘争と労働組合を中心とする原水禁運動とが結びついて発展していく可能性がどうして十分に追求されなかなかったのか、原発関連産業の労働組合（電機、鉄鋼、機械など）への配慮ではなかったのか、科学者たちに対する政府や原発産業独占体の研究費を介した支配と従属と同じことが、支持母体である労働組合を通じて生じていたのではないか、という疑問が残る。

　今となっては、この「核絶対否定」というスローガンもまた、その抽象性と曖昧さゆえに、路線的には「妥協」すなわち「動揺」の産物であったと考えざるをえない。事実、福島事故の以前には、このスローガンを掲げた人々は、「原発全廃」ではなく、当時の民主党政権による「原子力政策の転換」すなわち原発推進政策の部分的な修正——プルトニウム利用の中止、原子力政策大綱の抜本的見直し、原発の新増設の中止と再生可能なエネルギーへの転換、安全規制体制の抜本的見直しなど——しか掲げていなかった。この事実もまたいまや重く受け止めなければならない。

〔ようやく闘い取られた正しいスローガン「原発ゼロ」と「再稼働反対」〕
　日本の運動が反省しなければならないのは、そして『理科・社会』が沈黙しているのは、福島事故を避けがたいものとした遠因の１つが日本の反核・反原発や科学者の運動自体の弱さにもあった点である。だが、それを弱体なものにしてきた主要な病巣の１つは、まさに上記の基本路線にあったと言うほかない。

　日本の反原発・脱原発運動は、福島原発事故という悲劇的な経験を通じてはじめて、「再稼働反対」と一体のものとして、「全原発の廃棄」「原発の全廃」「原発ゼロ」など表現はさまざまであるが、正しい展望とスローガンをようやく闘いとったのである。この歴史的な成果を大切にし、守り抜いていかなけ

ればならない。だが、もう一度『理科・社会』に帰ろう。

〔『理科・社会』的傾向の国際的連関〕
　『理科・社会』的傾向は、このような旧来からの運動内の屈服的・迎合的な傾向あるいは路線の必然的結果である。つまり『理科・社会』は、日本の反核運動、科学者運動の一部にあった後退傾向が成熟し爛熟して、日本政府だけではなく国際的な原子力推進勢力（国連科学委員会（UNSCEAR）など）の「福島事故によって健康被害はない」とする見解を、さらに被曝を諸国民に強要し原発事故の健康被害を隠蔽するICRPの疑似科学的体系を、公然と取り入れ積極的に掲げるまでにいたった事実を確認する歴史的文書なのである。
　現在の日本において、原発の再稼働を進め、核燃料サイクルをあくまでも推進し、国民への放射線被曝を強要しようとしている原動力は、日本の政府と原発推進勢力の力だけではない。それは、国際的に結合した原発推進勢力、産軍官学の複合した「国際原子力ロビー」の力でもある。この意味において、『理科・社会』の著者たちは、客観的には、アメリカ帝国主義を先頭とする国際原子力複合体に屈服し迎合していると言われても仕方がない。また同書は、福島原発事故による被曝被害の問題に関してこれら国際機関の見解をほとんどそのまま受け入れており、この評価を反証する論拠はほとんど見当たらない。
　もちろん、われわれがこれを指摘し批判するのは、特定の各個人を指弾するためではない。1つの傾向、路線として批判しているのである。著者たちがその責任を逃れることはできない。このことは言うまでもない。だが、被曝についての彼らの立場を仮に捨象したとしても、脱原発の立場からの彼らの任務や責任は残っている。
　著者たちが反原発と原発ゼロのために、「再稼働反対」を掲げてどのように闘うかが問われている。（追記：著者たちは『理科・社会』のなかで、「原発をどうするのか」の「議論を原発に賛成する人も反対する人も同じテーブルで行う」ことを提起していたが（176ページ）、最近「原発推進派との対話」に力を入れているように見受けられる。たとえば、2015年9月5日には神戸で推進派のリーダーの1人澤田哲生氏と著者の1人児玉氏とが参加して「原発『賛成』『反対』の論客が真

摯に語りあう」集会が開かれている。現在、再稼働が進もうとする肝心の時に、彼らが推進派に矛先を向けた「反原発」の闘いからますます離れているように見えるのは残念なことである。)

おわりに

『理科・社会』を通じてくりかえされる言葉がある。それは「目に見える被害はない」という主張である。これは田崎晴明氏の『やっかいな放射線と向きあって暮らしていくための基礎知識』[注114]にも繰り返される言葉である。

私たちが不思議に思うのは、なぜ「被害はない」と言わずに「目に見える」という修飾語が共通に繰り返されるのだろうか。物理学会誌上でも「閾値がある」として本書共著者・山田耕作を批判した稲村卓氏は低線量の遺伝子損傷は「他の効果で見えないから閾値がある」といった。しかし、「見えない」は「存在しない」とは全く異なることである。他の効果で観測が難しくても存在するものは観測と関係なく存在するのである。

本論を通じて議論したように、被害を見るためには不断の努力が必要である。少人数の調査では低線量の被曝被害は見えない。田崎氏の言うように「バタバタと倒れる」ことはないからである。しかし、このような「目に見える」という基準で被害の有無を判定することは、客観的な法則を観測の有無にすり替えることである。ガリレオのように「それでも地球は回っている」というのが科学の精神である。福島原発事故の被害も、誠実な調査が行われなければ「目に見える被害はない」ことになる。見ようとしなければ「目に見える」ことはない。現実に、原発事故の被害をめぐる2つの陣営の国際的対立では、「正式の」科学雑誌に「査読」を経て掲載された英語の論文さえも、都合が悪いものは見ない人や信用しない人があり、それらの人には被害は「見えない」のである。

科学の進歩のためには「見る」ための必死の努力が必要なのである。野口氏の「10mSv以下の被害が明らかになることはないだろう」という言葉は不可知論であり、あくまで真理を探究するという科学の精神に根本的に反する。それ故「目に見える」という実証主義的な言葉は真実をごまかすために

[注114] 田崎晴明前掲書（注35）

用いられているとわれわれは思う。目を閉じれば福島の悲劇は消えるというわけではない。どんなにつらくてもわれわれは真実を追求しなくてはならない。それが過去、現在、未来の人類に対するわれわれに課された責務ではないだろうか。真理は長く永遠に人類に貢献するのである。これはまさに「美味しんぼ」の作者、雁屋哲氏の信念[注115]であると思う。

[注115] 雁屋哲前掲書（注2）

補章 内部被曝を軽減するために
――放射性物質の排泄を促し抗酸化力を高める食品とレシピ――

はじめに

　最近、汚染地域から避難できない場合に取ることのできる当座の対応策として、また避難した人々の中で体調不良に対応する日常的な措置として、食事による内部被曝の軽減策が関心を集めている。もちろん、そのような対策には限界があり、避難したり汚染のない食品を摂取する絶対的な必要性をなくしてしまうものではないし、避難の代替物にはならない。また、これによっては、体内に取り込まれてしまった放射性物質を完全には排出できない。さらに、適切に行われなければ副作用の危険もある。

　しかし、これらの限界をふまえた上でも、内部被曝の軽減策は、長期の保養などとともに、限定的であるにしても被曝による健康被害を現実に軽減する上で大きな意義がある。このことは、チェルノブイリ事故での経験でも証明されている。だが、政府・原発推進勢力は、内部被曝の軽減策についてほとんど情報を提供しておらず、人々から隠そうとしていると考えざるをえない。以下は、遠藤順子医師による放射性物質の体外排出を促進する食品についての分析と、分子生物学者大和田幸嗣元京都薬科大学教授による具体的なレシピの提案である。

　〔注意〕アレルギー体質の場合、食材の選択に注意し、該当する食材やそれが含まれるレシピは避けること（リンゴやエビのアレルギーもある）。アレルギー体質でない場合でも、念のため、試してみる際には体調などを見ながら、何か不調が現れた場合にはすぐに中止すること。また、ヨウ素剤は、甲状腺機能障害など副作用がありうるので、治療や医師の指示の場合を除いて、原発事故の緊急時以外には服用しないこと。　　　　　　　　（文責：渡辺悦司）

第1節　体内に入った放射性物質の影響をできるかぎり少なくする

体内に入ってしまった放射性物質の影響をできるかぎり少なくするには、

①放射性物質をできるだけ早く体外に排出すること、②体内の放射性物質によって産生された過剰な活性酸素を除去すること、の二つが重要である。しかし、キレート剤などの特殊な薬剤は副作用や投与方法などの問題もあり、緊急時の作業者以外には使用する適応はない。

いま、私たちにできる対処方法としては、一般的な食物のなかに含まれる成分で上記①②のような効果があるものを積極的に摂取することであると思われる。

1　放射性物質を吸着し（キレート作用を含む）体外への排泄を促す成分

体内に重金属イオンがあった場合、この重金属イオンを包み込むように結合して捕捉してしまうことをキレート作用と言う。このキレート作用や食物繊維などによって吸着された放射性元素を体外に排出する効果も併せ持つ成分が、体内の放射性元素を効果的に減らしてくれることになる。このような作用のある成分は様々な食物から見つかっている。たとえば、ペクチンという多糖類は、食物繊維の一種である。

チェルノブイリ原発事故後、ベラルーシのヴァシーリ・ネステレンコ博士は「1996年から2007年にわたり、16万人を超える子どもたちに、18〜25日間、アップルペクチン添加食品（ビタペクト）を1日2回5グラムずつ服用させたところ、体内に蓄積されたセシウム137が30〜40％減少した」と報告している。食物繊維には、腸の蠕動運動を促進して排泄を促す効果や腸内細菌を整え、悪玉菌を抑える効果もあり、ペクチンには後述するような抗酸化作用もあり、内部被曝を軽減するのに非常に適した食物成分であると言える。

ペクチンはアップルペクチンが有名であるが、その他の果物や野菜にも含まれている。他にも同様の働きを有する成分が多数あるようであるが、体内の電解質との関係もあり、効果は常に一定とは限らない。表1には、効果が比較的実証されているものを掲載した。

2　過剰な活性酸素を抑える（抗酸化作用）成分

体内には活性酸素は常に存在する。この活性酸素が外から入り込んだ細菌

表1　放射性元素の吸着作用がある成分

種類	成分名	含有される主な食品	吸着作用のある主な放射性元素	備考
多糖類	ペクチン	果物、野菜　特にリンゴ	セシウム、ウランなど	食物繊維
多糖類	アルギン酸	昆布、カジメ、アラメなど	ウラン、ストロンチウムなど	食物繊維
多糖類	キチン	カニ、エビなどの殻、キノコ	ストロンチウムなど	食物繊維
多糖類	キトサン	上記キチンを脱アセチル化	ストロンチウムなど	食物繊維
フラボノイド系	タンニン	柿渋、緑茶	ウラン、トリウムなど	ポリフェノールの一種
タンパク質系	クロレラ・レギュラリス	微細緑藻	ウランなど	クロレラの一種

表2　抗酸化作用が期待される成分

種類	成分名	含有される主な食品	備考
ビタミン類	ビタミンA	人参、かぼちゃ	
	ビタミンC	イチゴ、柿、ブロッコリー	
	ビタミンE	アーモンド、アボカド	
多糖類	ペクチン	リンゴ、ミカンなど果物の皮	食物繊維
フラボノイド系	タンニン	柿渋、緑茶、赤ワイン、バナナ	ポリフェノールの一種
	カテキン	緑茶、リンゴ、ブルーベリー	
	アントシアニン	ブルーベリー、ブドウ、紫イモ	
フェノール酸系	セサミン	ゴマ	ポリフェノールの一種
	クルクミン	ウコン	
カロテノイド系	リコピン	トマト、すいか	天然色素　ビタミンAの前駆体
	カプサンチン	唐辛子、赤ピーマン	
	β-クリプトキサンチン	ミカン	
	アスタキサンチン	サケ、イクラ、エビ	

参考文献：青木芳朗・渡利一夫編『人体内放射能の除去技術』講談社（1996年）
　　　　田澤賢次『林檎の力』ダイアモンド社（2012年）
　　　　『食糧　その科学と技術』No.48（2010.04）Ⅵ　「カロテノイドの吸収と体内動態」など

やウイルスから身体を守る働きもしている。しかし、過剰に活性酸素があると血管や細胞を傷つけてしまう。体内に入った放射性物質は、放射線を出すということのみでなく、活性酸素を生成することでも生体に悪影響を及ぼすため、過剰な活性酸素を抑え、細胞などが酸化するのを防ぐ作用（抗酸化作用）のある成分の摂取も大切である。抗酸化作用を示す成分には、ビタミン類（A、C、E）や前述のペクチン、ポリフェノール類（フラボノイド、フェノール酸など）、カロテノイド類（リコピン、アスタキサンチン、βクリプトキサンチン、カプサンチンなど）などがある。他の成分との関係もあり、効果は一定ではないが、その一例を表2に掲載しておく。 　　　　　(文責：遠藤順子)

第2節　体内に取り込まれた放射能の除去を促すレシピの例

〔原則〕ビタミン、ミネラル、食物繊維が豊富で、安全な食材をとる。免疫力を高めるために体を温め体温を下げないようにつとめる。

1　玄米と味噌汁（ワカメ入り）を1日1回はとる

秋月辰一郎著『死の同心円――長崎被爆医師の記録』[注]（原著弘文堂1966年、2010年に長崎文献社より復刻されており現在入手可能）は、被曝した場合に玄米と味噌を摂取する重要性を主張している。
　注意点としては：
(1)　玄米の炊飯には手間がかかり実行が難しい場合には、精米時に一分づきか二分づき米にすると白米と同じ様に炊飯出来るので次善の策として採用出来る。
(2)　玄米の代わりに全粒粉のパンでもよい。
(3)　大和田幸嗣の即席ワカメ味噌汁の作り方（沖縄の生姜味噌汁をまねたもの）。
　　おろした生姜（ティースプーン1杯）、味噌（ティースプーン2杯）、粉末

のだし（ティースプーン1杯）、市販の刻みワカメ（塩抜きした生ワカメや地域特産の海藻でもよい）をお椀に入れて、熱湯180cc（1合）を注ぐ。かき混ぜて味噌を溶かす。刻みネギやとろろ昆布など、好きな具を入れて出来上がり。

　生姜は上述した原則を満たしている。その味噌汁は血液循環を良くし体を温めてくれる。

2　糠（ぬか）ふりかけをとる

　ビタミン類の中でもビタミンEは、「抗酸化作用が非常に強く」、効果的に活性酸素種（以下活性酸素と略す）を除去できることが医学的に証明されている（吉川敏一監修『酸化ストレスの医学』診断と治療社〔2008年〕386ページ）。
　余分な体内の活性酸素を除去するためには、ビタミンEのサプリメントよりも食からビタミンEを摂取する方がより安全と考え、ビタミンEが最も豊富な糠（ぬか）から、毎日食べられる「ふりかけ」を作って実行している。
　放射能汚染米では糠に放射能が多いということが知られているので、自然栽培米の玄米を放射能検査しキログラム当たり1ベクレル以下のものを販売しているコメ農家から玄米を購入している。精米機で玄米を一分づき米にして出てきた糠を使用している。
　「糠ふりかけ」のレシピは次の通りである。
(1)　適当量の糠（1回でしゃもじ2杯分）を温めたフライパンで弱火で煎る。キツネ色になるまで焦がさないように丁寧に煎る。芳しい匂いがしてくる。
(2)　これに、青のり（お好み焼き用）、炒りごま、松の実、ヒマワリの種、それぞれを2分の1袋加えて煎る。お好みの量で良い。また、お好みの品を加えて自分好みのふりかけを作ることが出来る。
　　なお、松の実、ヒマワリの種は前もってフライパンで軽く煎って水分を除き、ブレンダーで粉にしておく。
(3)　最後に塩を少々加えて味付けをする。タッパーに入れて室温で保存する。
　　ご飯やパンなどに振りかけて食する。後述のペクチンペーストの上にのせて食べてもよい。

3 アルギン酸をとる

褐藻類（昆布、ワカメ，アラメなど）の細胞間を満たす粘質性の多糖類は、多くの金属と錯塩を形成し不溶性となる。消化管内のストロンチウムの吸収抑制剤、除去剤としての利用研究がヒトやラットで古くから行われてきた実績がある（放射線医学総合研究所／監修、青木芳朗／渡利一夫／篇『人体内放射能の除去技術——挙動と除染のメカニズム』講談社サイエンティフィク〔2011年〕72〜74および81ページ）。

これは、セシウムにも効果があると考えられる。

(1) アルギン酸と活性炭を組み合わせたAC（アルギン・カーボン）健康食品が販売されている（京都アルギン化学研究所など）。ACは褐藻類からのアルギン酸と活性炭粉末からなる真っ黒な粉末。

使用方法は、水1合（180cc）にティースプーン1杯程度（約1.6g）のACを加え4〜6時間放置する。ドロッとなった状態のものをよく混ぜてから飲む。ふたのできる容器を使用する。1日1回か2回、食前あるいは食後30分以上たってから飲む。

(2) とろろ昆布を食事と一緒に食べる。食物繊維、ビタミン、ミネラル，ヨードを豊富に含む。ベストなのは無添加のものをとる。

(3) アルギン酸ナトリウム。食品添加物としてのアルギン酸のナトリウム塩（リッチパウダーなどから発売）。

冷水や温水に容易に溶けて粘りのあるコロイド状になる。1回1〜3gを3〜4回、空腹時に経口投与（放医研前掲書、81ページ）。1〜2回でも良いと思われる。

4 ペクチンをとる

食物繊維の一種リンゴペクチンを摂取することにより、体内に蓄積された

放射性セシウムを減少させ、内部被曝による症状を軽減させたり全くなくす効果があることは、ヴァシーリ・ネステレンコとガリーナ・バンダジェフスカヤなどによりベラルーシの子供たちで実証されている（ヴィラディーミル・チェルトコフ著『チェルノブイリの犯罪（上、下巻）』緑風出版 2015 年）。

「ビタペクト」は、リンゴペクチンにビタミンやミネラルを添加しパウダーとしたもので、ネステレンコが設立したベルラド放射線防護研究所（ベラルーシ）で考案されたものである。

ペクチンは、鉛、カドミウム、水銀などの重金属そして放射性物質を吸着し排出する。一方、ペクチンは新陳代謝に不可欠なミネラルである銅、亜鉛、鉄、マンガン、セレン、カリウムなどには働かない。またペクチンは抗酸化物質に似た作用を持つことが実証されている（チェルトコフ前掲書 上巻 478～480 ページ）。

ペクチンはリンゴや柑橘類の皮に豊富に存在する。北国ではリンゴを、関西地方では柑橘類を使うと便利である。無農薬・自然農法や有機栽培のものを使用するのが望ましい。

パウダーにするには時間と手間がかかるので、ペーストにし食物繊維も含んだままで十分と考えた。なお、細菌やカビの防止策として抗菌作用のある生姜をおろして、ペーストを作るとき皮に加えた。砂糖は一切使わない。生姜の甘みだけで十分である。

大和田幸嗣のペクチンペーストのレシピ：
〔例1：夏場のミカンで皮が厚い河内晩柑〕
(1) 河内晩柑（熊本産）を水につけて、和製たわしでよく洗う。
(2) 皮（外皮と内皮全部使う）は最大 400g になるまで冷蔵保存バックに入れ冷蔵庫に保存する。できるだけ空気を入れない。
(3) ホーロー鍋や土鍋に水 800cc を入れる（地下水または蒸留水。水道水は発がん性の塩素を含むので一度沸騰させるか一晩置いてから使用する）。
(4) クエン酸を約 2g（10mM〔ミリモル〕）加える。軽くかき混ぜて溶かす。弱酸性にすることによりペクチンが皮から溶出し易くなる。
(5) 皮をできるだけ細かく刻んで鍋に入れ強火で炊く。
(6) 沸騰したらおろした生姜（100g、皮の 4 分の 1 の重量）を入れ、中火で

炊く（20〜30分）焦げないようにへらなどで時々かき混ぜる。
(7) 弱火でさらに最大10分、焦げが突き出したら止める。さます。
(8) ブレンダーで砕き混ぜる。ミキサーを使っても良い。
(9) 冷ましてから器に入れてれ冷蔵保存する。
(10) 単独、またはヨーグルトやパンと一緒に毎日中さじ一杯食する。
1か月以上使っていてもカビや細菌の増殖はなかった。

〔例2：冬から春にかけての皮が薄いミカン〕
手順は例1と同様。
洗って冷蔵保存しておいたミカンの皮1.3kgをハサミで切って鍋に入れる。皮が浸るくらい水を入れる（〜2,000cc）。クエン酸は4〜5g加える。沸騰後中火にして、生姜260g（皮の5分の1の重量）をおろしたものを入れる。全体に行き渡るようにかき混ぜる。中火で40分、弱火で10分炊く。
なお、生姜の量を皮の5分の1重量まで下げても抗菌作用は維持される。それ以下は検討していない。

〔例3：リンゴの皮〕
皮だけでなく芯や種も保存しておいて使う。芯や種は皮より栄養が豊富である。2週間以上の長期保存には冷凍が安全である。
フジやトキのリンゴの皮、芯、種、併せて600g、クエン酸〜2.4g、生姜120g、水は1,200ccを使用した。手順は例1と同様。
出来上がったペクチンペーストはミカンペーストより流動性が高かった。リンゴの皮はミカンの皮より水分が多いためだと考えられる。流動性が低いものを好む場合は、加える水の量を皮などが浸るくらい少なくするとよい。

5 キトサンをとる

エビやカニの外殻成分、キノコなどの細胞壁などに含まれるキチン（塩基性多糖類で構造はセルロースに似る）を脱カルシウム、除タンパク、脱アセチル化したものがキトサンである。キトサンは、アルギン酸と同様、前もって摂取することにより、放射性核種の著しい体内残留率の低下をはかることが

できる（放医研前掲書 74 ページ）。

6　体を温めて体温を下げない

　40℃近くの比較的ぬるめのお湯にゆったりとつかって血流を促進し体を暖める。湯たんぽやカイロなども使用する。夏場でもできるだけ暖かいものを飲み体の冷えを防ぐこと。これらの方法により体の免疫力を高めることにより放射能防御につなげられる。

〔例1：エプソムソルト入りのお湯で体を温める〕
　40〜42℃のお湯に市販の入浴剤エプソムソルト（硫酸マグネシウム、$MgSO_4$）半カップを浴槽に入れる。10〜20分位の入浴でじわっと汗がでてくる。上がる時はシャワーを浴びて流す。皮膚から取り込まれたマグネシウム（Mg）や硫黄（S）は抗酸化作用として働くことが期待される。
　（このお湯に入って皮膚にかゆみなどの変化が現れる人は中止する。）

〔例2：炭（炭素）からの遠赤外線輻射共鳴波による皮脂腺からの排汗〕
　汗には、汗腺から出るものと皮脂腺からでる汗がある。皮脂腺から出る汗は入浴や運動、サウナなどでかく汗とは異なり、ネットリした汚い脂汗である。この汗には体内で蓄積された重金属などの有害物質が含まれている。この汗を出す方法としてはマラソン（20〜30 km走）で長時間走る必要があるが、手軽に誰にでもできるものではない。これに代わるものとして、寝ながら簡単にできる（私が9年間使用している）「フジカ・スマーティ」を紹介する。
　この装置は、有機物の炭から遠赤外線輻射エネルギーを出して人体の細胞（有機物）と共鳴し増幅させ、体の深部まで温め代謝排汗させるものである。半円形ドーム型のこの装置は、寝ながらリラックスした姿勢で30〜40分で無理なく汗をかくことができる。汗をかいた後、入浴やシャワーにより清潔にする。
　濡れたタオルで体を拭いても良い。この汗をかいた後は疲れを感ぜず体が軽くなり快適である。スマーティに入る前後に水をコップ一杯飲む。
　注目したいのはこの汗の分析結果である（フジカ・スマーティのカタログよ

り)。
(1) 水、塩化ナトリウム、カリウム、アンモニア、尿素、アミノ酸など
(2) コレステロール類、脂肪酸エステル，遊離脂肪酸、乳酸、過剰な脂肪など
(3) 鉛、亜鉛、コバルト、カドミウム、水銀等の重金属など
(4) ダイオキシン、農薬、除草剤や殺虫剤、食品添加物
(5) 活性酸素種

放射能の分析はないが、(3)〜(5) までからして、放射能も排出され防御に活かせるせる装置であることが推察できる。

皮脂腺からの汗をビニールシートを敷いて採取し瓶などに入れて室温で保存する（腐らない）。その後に放射能を測定することが出来る（バイオアッセイ法）。この方法では、γ線は勿論、ホールボディカウンターでは検出できないα線やβ線も測定し検出できる。

この装置があれば寒気を感じたら簡単に体を温めることも可能である。私や家族はこの装置を使ってから風邪などもひかなくなり、風邪をひきかけても軽く済むことを体験している。

フジカ・スマーティの購入に少々値がはるが、月賦販売をしている販売店もネットで見つかるので気軽に相談出来ると思う。

7　ヨウ素の摂取とヨウ素剤（iodine tablet）

予防原則として、緊急時に早期にヨウ素剤ヨウ化カリウム（KI）を摂取することにより放射性ヨウ素（I131）の甲状腺への集積を拮抗阻害できる（放医研前掲書82ページ）。

チェルノブイリ事故の際にポーランド政府が取った迅速なヨウ素剤投与により、ポーランドでは一人も甲状腺がん発症をみなかった。投与量は、新生児には 15mg、5歳児以下は 50mg、その他は 70mg であった。妊婦あるいは授乳時の母親へも投与が推奨されたが、強制的ではなかった。子供へは 1050 万錠、大人へは 700 万錠の KI が投与された。備蓄は KI（100mg）として 9,000 万錠あった（放医研前掲書 86〜87 ページ）。

福島原発事故の際に日本政府は何の予防措置もとらなかった。もし、ポー

ランド政府と同様の措置をとっていたら子供甲状腺がんの発症率を小さく押さえることができたかを知れない。

自己防衛のために原発から少なくとも 30km 圏内の住民は、ヨウ素剤を保持しておくべきだ。摂取量はポーランドに学んだらどうだろう。

(文責：大和田幸嗣)

注記：この秋月氏の著作は非常に貴重な証言である。秋月氏は、当時医長として勤めていた病院（長崎の爆心地から 1.4km）において、医薬品・医療機器がほとんど失なわれた状況下で、被爆した職員と入院患者にこの食事法を実施し、その効果を実証した。同病院では、病院スタッフや入院患者が、被爆による「レントゲン・カーター（宿酔）」症状を示したにもかかわらず、原爆症による急性症状で亡くなることはなく、治療活動を続けることができたと記されている。また同時に秋月氏は、自分の食事療法のもつ限界（結核には有効ではなかった）にも率直に言及しており、真摯な姿勢に感銘を受ける。なお秋月氏の著作の該当部分の要約は、以下のサイトで読むことができる。「長崎原爆　被爆医師の放射性物質対策を見習おう」

http://www.chiffonya.com/shop/kouza/titoku205.htm

玄米食による別な事例としては、広島の原爆で 9 歳のときに被爆し、全身火傷だったが一命を取り留めた平賀佐和子さんの経験も紹介されている。
平賀さんは、被曝後、ケロイドが残り、原爆症で白血球数も肝機能も低下した。大学時代に玄米食をしていた平賀（一弘）先生のすすめで、玄米食と山菜と薬草の食事をを試みた。数カ月で変化が現れた。ケロイドははがれ落ち皮膚は再生した。髪の毛も眉も元に戻った。結婚し子供も授かった。（平賀佐和子氏の回想は以下のサイトにある。

https://www.uminosei.com/images/kaihou/1315317051/1315317051_1.pdf）

大和田幸嗣（おおわだ　こうじ）
1944 年秋田県生まれ、大阪大学理学研究科博士課程修了、前京都薬科大学教授。専門はがんウィルスと分子細胞生物学。共著『原発問題の争点』緑風出版（2012 年）の第 1 章「内部被曝の危険性」を執筆。

あとがき

　2015 年 6 月 27 日に開かれた大飯原発差し止め訴訟原告団総会で福島からの避難者を代表して、鈴木絹江さんは、原発事故からの避難が障がい者にとって如何に過酷なものであるかを自らの体験をもとに話された。「障がい者は事故で真っ先に死ぬ、炭鉱におけるカナリアのようなものだ」と言われた。社会的な弱者を含めて共生する民主的社会においては、穏やかな日々は絶対的な必要条件である。しかし、不可抗力である天災はいやでも弱者に対して、緊急避難という厳しい試練をもたらす。そのような緊急避難を前提として、人間の意志で強引に推進される原発は障がい者にとって地獄の苦しみをもたらすのである。社会的弱者の生命と健康を破壊する緊急避難を必要とする原発は、避難体制整備の問題以前に、本来人権と相容れないものであり、民主主義社会においては存在を許されないものである。

　「安保法制」反対運動において、「戦争法案に反対するママの会」は「誰の子供も殺させない」を合言葉にした。戦争法案に反対する多くの人たちは、世界のどこの国の子供も等しく健康に生きる権利があり、幸せな未来を与えるべきであると考えている。これは、世界の全ての人に保障された、人間としての平等から導かれる基本的な権利である。何人もどのような理由によってもこの権利を侵害することは許されない。「人格権」「基本的人権」とも呼ばれる世界の全ての人に保障された権利である。これは世界の全ての人が人間として生まれた瞬間から等しく保障された権利なのであり、無条件に保証された民主主義の原点である。それ故、どのような法に比べても上位にあり優先する。

　この観点からすると発電という企業の利益のために人の生命、健康を傷つけることは許されない。それ故 ICRP の ALARA 原則「社会的・経済的利益を考慮した上でできるだけ低く」(as low as reasonably achievable) という被

曝の原則は、電力の生産という経済的利益を人権の上におくものであり、人権侵害を容認する基準であり、正当性のない撤廃されるべき基準である。これは福島原発事故の現実が証明している。さらに現在、電力技術革命が進展し、原発がコスト面からも自然エネルギーによって完全に代替可能となっていることによって、このことはいっそう明らかである。

　科学は人類の平和と幸福に利用されるべきものであり、軍事研究や兵器の製造に利用されるべきではない。これも人権の立場から、厳しく要請されるものである。原発もまた、人類に大惨事をもたらすことが完全には避けられないのであるから、存在が許されないのである。原発は、年間におよそ広島原爆1000発分の放射性物質を生み出しながら、地震・津波・風水害などの自然災害やテロやサイバー攻撃、誤操作やソフトのバグや作業ミスなど外部からの攪乱に対しても、経年劣化や放射線による設備損傷に対しても、十分な技術的対応能力を持たないし持つことはありえない。原発は、技術的に見て、必然的に事故を引き起こす可能性を内在している。学者の中には「完全な科学や技術は存在しないから、原発の危険を覚悟してこそ科学は進歩する」と開き直る人もいるが、それは、被害者の人権を考慮していないからであり、根本的な誤りである。

　前著『原発問題の争点』の共著者、故橋本眞佐男さんもわれわれを励ましてくださっていると思う。もし、議論に参加していただけたなら、新しい被曝の危険性にいっそう意欲的に取り組まれたことと思う。現実には、夫人の恵美さんに議論に参加いただき適切なコメントと激励の言葉をいただいた。大和田幸嗣氏も大変お忙しい中、がん発生と分子細胞生物学の専門家としての貴重なコメントを適切なタイミングで下さり、補章の第2節を執筆していただいた。薬学が専門の渡辺典子さんには多くの重要なアドバイスをいただいた。

　本書を完成する上で多くの方々から心温まる議論やコメントをいただいた。厳しい批判的な意見もあったが、真剣な討論がなされ、われわれには貴重な発見があった。

　以下に主な方々の名前を挙げ、心から感謝の意を表する。落合栄一郎、松崎道幸、山本英彦、小柴信子、矢ケ﨑克馬、澤田昭二、松井英介、松井和子、

田中一郎、田島直樹、岡山博、片岡光生、高木伸、井手禎昭、小澤洋一、須藤百合子、三田茂、広瀬俊雄、山内知也、藤岡毅、遠坂俊一、宮武好、増田善信、明石昇二郎の各氏。他にも様々な機会に議論し、忠告していただいた多くの方があり、深く感謝したい。また、われわれの論文をブログに掲載いただき、メーリングリストで検討・議論をしていただいた「市民と科学者の内部被曝問題研究会」とその会員の皆さまに深く御礼申し上げる。奥森祥陽さんはじめ「京都市民放射能測定所」、石田紀郎、荻野晃也、槌田劭さんはじめ「市民環境研究所」の皆さん、落合祥堯、米澤鐵志、小笠原信夫さんはじめ反戦老人クラブの皆さん、ご議論ありがとうございました。

　最後に、この論文を本として出版するにあたり、様々なご苦労をおかけしながらも快く対応下さった緑風出版の高須次郎代表、斎藤あかねさんをはじめ編集者の皆様に心より感謝を申し上げる。

2016年3月30日

[著者略歴]

渡辺悦司（わたなべ　えつじ）

1950年香川県高松市生まれ。大阪市立大学経済学部大学院博士課程単位取得。マルクスの恐慌・危機理論と第二次大戦後の資本主義の経済循環、太平洋戦争下日本の戦時経済動員などを研究。民間企業勤務の後、早期定年退職。語学学校にて翻訳および技術翻訳講師。政治経済学・経済史学会（旧土地制度史学会）会員。市民と科学者の内部被曝問題研究会会員。

共著『原発問題の争点』緑風出版（2012年）の第4章「マルクス主義経済学からの原発批判」を執筆。

遠藤順子（えんどう　じゅんこ）

1959年北海道釧路市に生まれる。室蘭工業大学工業化学科卒。1992年弘前大学医学部卒。内科医。日本核医学会PET核医学認定医、日本プライマリケア・連合学会認定医、日本医師会認定産業医。現在、津軽保健生活協同組合・健生病院非常勤医師。市民と科学者の内部被曝問題研究会会員。

共著『環境・地域・エネルギーと原子力開発～青森県の未来を考える～』（弘前大学出版会）の第3章「内部被曝について―放射線科学の歴史から紐解く―」を執筆。

山田耕作（やまだ　こうさく）

1942年兵庫県小野市に生まれる。大阪大学大学院理学研究科博士課程中退。東京大学物性研究所、静岡大学工業短期大学部、京都大学基礎物理学研究所、京都大学大学院理学研究科に勤め、2006年定年退職。京都大学名誉教授。理学博士。専門は理論物理学。『電子相関』『凝縮系における場の理論』（いずれも岩波書店）などを著し、磁性や超伝導に関する理論を専門分野とした。市民と科学者の内部被曝問題研究会会員。

原発・環境問題の著書としては以下の共著がある。『環境危機はつくり話か』（2008年緑風出版）の第Ⅲ部第1章「中西リスク論は環境汚染を容認するための政策手段である」、『原発問題の争点』（2012年緑風出版）の「第3章　原発に対する科学者の責任」、『福島への帰還を進める日本政府の4つの誤り』（2014年旬報社）の第3章「『放射線リスクに関する基礎的情報』の問題点」などを分担執筆。

放射線被曝の争点
―― 福島原発事故の健康被害は無いのか

2016年5月20日　初版第1刷発行　　　　　　　定価3000円＋税

著　者　渡辺悦司、遠藤順子、山田耕作 ©
発行者　髙須次郎
発行所　緑風出版
　　　　〒113-0033　東京都文京区本郷2-17-5　ツイン壱岐坂
　　　　［電話］03-3812-9420　［FAX］03-3812-7262　［郵便振替］00100-9-30776
　　　　［E-mail］info@ryokufu.com　［URL］http://www.ryokufu.com/

装　幀　斎藤あかね
制　作　R企画　　　　　　印　刷　中央精版印刷・巣鴨美術印刷
製　本　中央精版印刷　　　用　紙　中央精版印刷・大宝紙業　　　　E1000

〈検印廃止〉乱丁・落丁は送料小社負担でお取り替えします。
本書の無断複写（コピー）は著作権法上の例外を除き禁じられています。なお、複写など著作物の利用などのお問い合わせは日本出版著作権協会（03-3812-9424）までお願いいたします。
Printed in Japan　　ISBN978-4-8461-1606-4　C0036

JPCA 日本出版著作権協会
http://www.e-jpca.jp.net/

＊本書は日本出版著作権協会（JPCA）が委託管理する著作物です。
　本書の無断複写などは著作権法上での例外を除き禁じられています。複写（コピー）・複製、その他著作物の利用については事前に日本出版著作権協会（電話03-3812-9424, e-mail:info@e-jpca.jp.net）の許諾を得てください。

◎緑風出版の本

原発問題の争点
――内部被曝・地震・東電

大和田幸嗣・橋本真佐男・山田耕作・渡辺悦司 共著

A5判上製 二三八頁 2800円

福島原発事故による低線量内部被曝の脅威、原発の耐震設計の非科学性と耐震設計が不可能であることを自然科学の観点から考察。また科学者の責任を問い、東電の懲罰的国有化の必要性、原発によるエネルギー生産の永久放棄を提言する。

どんぐりの森から
――原発のない世界を求めて

武藤類子 著

四六判上製 二一二頁 1700円

3・11以後、福島で被曝しながら生きる人たちの一人である福島原発告訴団団長の著者。彼女のあくまでも穏やかに紡いでゆく言葉は、多くの感動と反響を呼び起こしている。本書は、現在の困難に立ち向かっている多くの人の励ましとなる。

原発は滅びゆく恐竜である
――水戸巌著作・講演集

水戸巌 著

A5判上製 三三八頁 2800円

原子核物理学者・水戸巌は、原発の危険性をいち早く力説し、反原発運動の黎明期を切り開いた。彼の分析の正しさは、福島原発事故で悲劇として実証された。3・11以後の放射能汚染による人体への致命的影響が驚くべきリアルさで迫る。

原発の底で働いて
――浜岡原発と原発下請労働者の死

高杉晋吾 著

四六判上製 二一六頁 2000円

浜岡原発下請労働者の死を縦糸に、浜岡原発の危険性の検証を横糸に、そして、3・11を契機に、経営者の中からも上がり始めた脱原発の声を拾い、原発のない未来を考えるルポルタージュ。世界一危険な浜岡原発は、廃炉しかない。

チェルノブイリと福島

河田昌東 著

四六判上製 一六四頁 1600円

チェルノブイリ救援を続けてきた著者が同事故と福島原発災害を比較し、土壌汚染や農作物・魚介類等の放射能汚染と外部・内部被曝の影響を考える。また汚染下で生きる為の、汚染除去や被曝低減対策など暮らしの中の被曝対策を提言。

■ 全国のどの書店でもご購入いただけます。
■ 店頭にない場合は、なるべく書店を通じてご注文ください。
■ 表示価格には消費税が加算されます。